ARCHITECTUUR IN NEDERLAND

JAARBOEK/YEARBOOK

ARCHITECTURE
2007/08 IN THE
NETHERLANDS

SAMENSTELLING/EDITED BY
DAAN BAKKER, ALLARD JOLLES,
MICHELLE PROVOOST, COR WAGENAAR
NAI UITGEVERS/PUBLISHERS

OMSLAGFOTO/COVER PHOTO
JEROEN MUSCH
DYNAMO ARCHITECTEN, NDSM-ATELIERSTAD/NDSM STUDIO CITY

DEZE UITGAVE WORDT MEDE GEFINANCIERD DOOR
ADVERTENTIES VAN DE VOLGENDE BEDRIJVEN/
THIS PUBLICATION WAS PARTLY FINANCED THROUGH
ADVERTISEMENTS BY THE FOLLOWING COMPANIES:

WIENERBERGER B.V. (OMSLAG/COVER)
REYNAERS ALUMINIUM (OMSLAG/COVER)
KONINKLIJKE MOSA B.V. (175)
FORBO (176)
ALCOA NEDERLAND (177)
CORUS KALZIP (178)
BRICKHOUSE (179)
ING REAL ESTATE (180)
COPIJN UTRECHT B.V. (181)
STIMULERINGSFONDS VOOR ARCHITECTUUR (182)
A10 MAGAZINE (183)
FONDS BKVB (183)
VELUX NEDERLAND (184)

3

DRAAIEND HUIS

Ook de Hasseltrotonde in Tilburg, een van de belangrijkste toegangspoorten tot de stad, krijgt een kunstwerk. John Körmeling ontwierp een draaiend vrijstaand rijtjeshuis met voor- en achtertuin dat in 20 uur een rondje maakt. Het door zonnepanelen aangedreven huis wekt vervreemding op door de omkering van bewegen en stilstaan en herstelt daarnaast op symbolische wijze de voor Tilburg kenmerkende lintbebouwing.
> www.johnkormeling.nl

ROTATING HOUSE

The Hasselte roundabout in Tilburg, one of the major gateways to the city, has acquired an artwork. John Körmeling designed a free-standing 'terrace' house, complete with front and back garden, which makes a full circuit of the roundabout in 20 hours. Powered by solar panels, the house has a disorienting effect in that it upsets our preconceptions of moving-stationary. It can also be read as symbolic restoration of Tilburg's characteristic ribbon development.
> www.johnkormeling.nl

VOORWOORD /FOREWORD

DAAN BAKKER, ALLARD JOLLES, MICHELLE PROVOOST, COR WAGENAAR

Vier essays, een rubriek in woord en beeld gevuld met spraakmakende gebeurtenissen van het afgelopen jaar, en een dertigtal projecten – ziedaar de oogst van een jaar architectuur in Nederland. Aan bijzondere gebouwen was ook in 2007 geen gebrek – dit jaar is er weer genoeg te genieten. Tegen mooie architectuur valt weinig in te brengen. Toch wil het Jaarboek ook dit jaar iets anders zijn dan een verzameling spectaculaire beelden. Achter elk gebouw gaat een hele wereld schuil. De architect heeft zich die wereld eigen gemaakt: de visies van de opdrachtgever, de grootte van de budgetten, de randvoorwaarden van bouwbesluiten, protocollen die de aanbesteding in een keurslijf dwingen, bestemmingsplannen, de ambities van lokale politici, in het nationale beleid gestolde speerpunten (ecologie, duurzaam bouwen, de creatieve stad). In het spel van het bouwen speelt iedereen een eigen rol. Wie is verantwoordelijk voor wat? Hoe stelt de architect zijn eigen positie veilig?

Elk project is een incident. En tegelijkertijd is elk project typerend, medebepaald als het is door onderliggende tendensen, modes, structurele veranderingen in de opgaven die actueel zijn en in de samenstelling van het spelersveld – meer of minder privaat initiatief, een duidelijke of juist een vage rol voor de partijen die het publieke domein vertegenwoordigen. Ver weg van de bewoonde wereld zijn ongebonden creatieve geesten in staat een oude werf tot een bruisend centrum te transformeren – niet alleen in afstand, ook in mentaliteit mijlenver van de wereld van het Damrak verwijderd. Toch zal die wereld ze op den duur willen verdrijven: de creativiteit van de kunstenaar inspireert de kwartiermakers, maar die moet allicht het veld ruimen zodra de economische hoofdmacht van de commerciële creatieve industrie zich meldt – die van de multimedia, de televisie en exploitanten van door *lifestyle* getypeerde koopkracht. Zelfs wie alle speerpunten van het overheidsbeleid in een enkel gebouw samenbalt, heeft de kans stuk te lopen op de wereld die zichzelf beschaafd vindt, zeker wanneer de hoeders van het publieke domein zich door deze wereld op sleeptouw laten nemen. Dat overkwam Jan Husslage in Steenwijk. Incidenten op de grens van de architectuur zijn het, heel anders dan de grote opgave van de stedelijke vernieuwing. De alledaagsheid van de oude wijken botst er op het bijzondere waarmee ook de architectuur als luxe consumptieartikel klanten moet werven – het zijn tenslotte de bewoners van de vernieuwde stadsdelen die van elke probleemwijk een prachtwijk moeten maken. Vakmanschap, visie en vormwil zijn de polen waartussen de architectuur zich in de stedelijke vernieuwing beweegt.

Elk project is een verhaal, soms zijn het avonturenromans. Een architect vindt een bevlogen opdrachtgever, samen spelen ze het grote stratego spel met geldverstrekkers, plaatselijke opinieleiders (er moet draagvlak komen), de handhavers van regels en bepalingen. Het succes van dit spel bepaalt de kwaliteit van de architectuur. Maar wat gebeurt er als de spelers gevangen zitten in de spelregels, als het spel een hard gevecht is? Dat is maar al te vaak het geval wanneer het publieke belang – het functioneren van scholen of gebouwen voor de gezondheidszorg – gegijzeld is door ideologisch verblinde politici of oppermachtige lobbies. Dan krijgt niet alleen de architectuur het voor de kiezen, maar ook vooral de gebruikers. Het dwingt de architecten na te denken wie in dat geval hun opdrachtgever is: de instituties met de opdrachten en het geld, of het publiek – wij allemaal.

Four essays, a cross section in words and pictures of the most talked-about events of the past year, and thirty projects – behold the fruits of one year's architecture in the Netherlands. There was no lack of exceptional buildings in 2007; once again, there was plenty to enjoy. It is difficult to find much to object to in fine architecture. Nevertheless, this year too the Yearbook aspires to be more than a collection of stunning images. Behind each and every building lies a whole world. The architect has assimilated that world: the client's views, the size of the budget, the constraints imposed by building regulations, protocols that circumscribe the procurement process, zoning plans, the ambitions of local politicians, the key objectives of national policy (ecology, sustainable building, the creative city). In the complex game of construction, everyone plays their own role. Who is responsible for what? How does the architect safeguard his or her position?

Each project is unique. At the same time, each project is typical in that it is partly determined by underlying trends, fashions, fundamental changes in the task and in the composition of the players – more or less private initiative, a clear or an ill-defined role for the parties representing the public domain. Far removed from the populous centre, free creative spirits succeed in transforming an old shipyard into a dynamic centre of activity – far removed, not just in distance but also in mentality from the world of finance. Yet that other world will eventually try to oust them: the artists' creativity inspires the quartermasters, but they will probably be expected to quit the field as soon as the economic big guns appear on the scene in the form of the commercial creative industry: the multimedia, television and businesses that cater to cashed-up 'lifestyle' consumers. Even someone who manages to combine all the key objectives of government policy in a single building can fall foul of this professedly civilized world, especially when the guardians of the public domain allow themselves to be swayed by that world. This is what happened to Jan Husslage in Steenwijk. Incidents on the margins of architecture, you could say, and very different from the large-scale task of urban renewal. The ordinariness of the old districts is quite at odds with the notion of architecture as a luxury consumer article that must be exceptional in order to attract customers. In the end it is up to the residents of the refurbished urban districts to turn a 'problem' area into a great place to live. Professional expertise, vision and formal ambitions are the poles of architectural activity in urban regeneration.

Every project is a narrative and some are real adventure stories. An architect finds an enthusiastic client and together they play the great Stratego game with the financial backers, local opinion leaders (there must be public support), the upholders of rules and regulations. The success of this game determines the quality of the architecture. But what happens if the players are in thrall to the rules of the game, if the game becomes a bitter struggle? This is all too often the case when the public interest – the functioning of schools or buildings for the health care sector – is held hostage by ideologically blinkered politicians or all-powerful lobbies. Then it is not only the architecture that suffers, but more especially the users. It compels architects to ask themselves who their true client is: the institutions with the commissions and the money, or the public – which is all of us?

HET BLAUWE HUIS

Het Blauwe Huis aan de Willy Mullenskade op IJburg in Amsterdam is op initiatief van beeldend kunstenaar Jeanne van Heeswijk opgericht als ontmoetingsplek en om initiatieven van bewoners en kunstenaars te accommoderen. Het afgebeelde steigerwerk op de foto is een project van de Franse kunstenaar Hervé Paraponaris, dat onder de titel *Pump Up the Blue* gebruik van gevel en dak mogelijk maakt.
> www.blauwehuis.org

THE BLUE HOUSE

The Blue House on Willy Mullenskade on IJburg in Amsterdam is the brainchild of artist Jeanne van Heeswijk. It is intended as a meeting place and a space for the initiatives of local residents and artists. The scaffolding in the photo is a project by French artist Hervé Paraponaris: *Pump Up the Blue* makes it possible to use the facade and the roof.
> www.blauwehuis.org

In al je enthousiasme voor de positieve ontwikkelingen in Nederland voor wat betreft het ecologisch bouwen zet je eindelijk de grote stap: je koopt een kavel in wat in de reclamefolders van de gemeente Steenwijkerland een van de meest energievriendelijke wijken van ons land moet worden. Je ontwerpt je eigen milieuvriendelijke huis, je krijgt de bouwvergunning en je begint met bouwen. Dat doe je dan ook nog – in gedachten de filosofie achter het project – voornamelijk met gebruikt of tweedehands bouwmateriaal. Je bouwt zelf, want je vindt dat eigen huis zo belangrijk dat je het niet over laat aan anderen, zoals aan traditionele aannemers. Het duurt langer dan je dacht, maar je werkt met alle energie die

het Hof geeft de gemeente Steenwijkerland uiteindelijk gelijk en besluit dat de gemeente de

> ## Langzamerhand wordt de sfeer agressiever

kavel weer terugkrijgt en tevens jouw woning mag slopen. Dat ecologische huis waar je drie jaar lang elke dag van je eigen energie aan hebt gegeven. Je wordt wel depressief van de gang van zaken en probeert in Spanje bij vrienden tot rust te komen. Inmiddels

rchiNed
NIEUWS OPINIE AGENDA PRIJSVRAGEN MEDIA SITES ONTWERPERS VACATURES SERVICE

1 ✉ ARCHINED NIEUWS PERSBERICHTEN SOCIETY ARCHI-TV REPORTAGES DOSSIERS

CTUUR STEDENBOUW LANDSCHAP RUIMTELIJKE ORDENING INTERIEUR DESIGN BELEID INTERNET PRIJZEN/PRIJSVRAGEN ACTIVITEITEN LEZINGEN RECENSIES

Holland op z'n smalst

Januari 2008

De al jarenlang slepende controverse rond het zogenaamde ecohuis van de zelfbouwende ex-electrotechnisch ingenieur Jan Husslage heeft een nieuwe fase bereikt, de gemeente heeft van de rechter slooptoestemming gekregen en lijkt dit nu ook daadwerkelijk van plan te zijn.

DOE MEE
AAN DE 08
STAALPRIJS
berlage institute
call for applications
2008-2009

Een korte samenvatting. De gemeente Steenwijk besluit in 2000 om in de nieuwbouwwijk Woldmeenthe een aantal particuliere kavels te bestemmen voor ecologische woningen. Uiteindelijk is Jan Husslage de enige die daadwerkelijk een ecowoning gaat bouwen. Hij doet dat zelf, gebruikmakend van zoveel mogelijk hergebruikt materiaal.

Tot zover niets aan de hand, een project dat mooi past in het beleid van de hogere en lagere overheden die zowel het particuliere als het ecologische bouwen willen bevorderen.

De overige kopers/bewoners waarvan de woningen – boerderettes en notariswoningen – nogal afwijkt van die van Husslage, ruiken echter onraad en dwingen bij de gemeente af dat de bouwtijd niet langer dan 2 jaar na overdracht van de grond mag duren. Die clausule zou Husslage jaren later ... k omdoen.

Doorgeslagen

Sloop ecohuis leidt tot protest

Het CO₂-vriendelijke ecohuis in Steenwijk gaat tegen de vlakte. De Rijksbouwmeester protesteert: 'Dit is pas echt een voorbeeld van energieverspilling.'

DOOR LAURENS PELS
AMSTERDAM

'Het prairiehuis', zoals de ecowoning in Steenwijk heet, gaat toch tegen de vlakte. De bouw van het huis duurt te lang en geeft te veel overlast, laat de woordvoerder van de gemeente Steenwijkerland weten. De gemeente lijkt daarmee na grondig voer protesten van de Rijksbouwmeester, die de sloop van het CO₂-vriendelijke huis rond vindt. Het huis van ingenieur en ex-... gienaar Jan Husslage is namelijk en voorbeeld van duurzaam bouwen. Rijksbouwmeester Mels Crouwel stuurde dinsdag een brief naar de gemeente als laatste poging om de sloop tegen te gaan. 'De sloop is een ... verkeerd signaal op het verkeerde

vindt de sloop echt een voorbeeld van energieverspilling.

De rol van de Rijksbouwmeester is gevaagd of ongevraagd over heidsorganen, waaronder gemeenten, te adviseren over onder andere duurzaam bouwen. 'Maar het is aan de gemeente om er iets mee te doen', legt de Nienke de Boer, medewerker van de Rijksbouwmeester termeerwerker, uit.

De gemeente blijft echter bij haar standpunt dat dat de woning weg moet. Husslage doet namelijk al twee jaar te lang over de bouw en dat zorgt voor overlast in de buurt. Gemeentewoordvoerder Marcel de Werd: 'We hebben de alternatieven bekeken, maar die bleken financieel en bouwtechnisch niet haalbaar. Het kost de gemeente ruim (70 duizend euro om de woning af te bouwen.' Het gerechtshof in Arnhem stelde de gemeente in het gelijk. De gemeente koopt nu met Husslage te schikken. Husslage krijgt een financiële tegemoetkoming als hij afziet van verdere rechtsmiddelen.

Husslage laat in een verklaring vanuit Spanje, waar hij nu werkt, weten dat de onverwachte steun van de Rijksbouwmeester hem weer goede hoop geeft dat zijn huis blijft staan.

En als het huis toch moet weg, kan Husslage altijd nog verhuizen.

ECOHUIS HUSSLAGE

Wegens overschrijding van de bouwtijd is in Steenwijk de kavel teruggevorderd waarop het zelfbouwhuis van Jan Husslage staat. Het gemeentelijke sloopbesluit is inmiddels door twee rechters bekrachtigd. Met deskundige hulp en een oproep tot het insturen van petities probeert Husslage het tij te keren, maar tevergeefs. De gemeente gaat nu tot sloop over.

> www.solvir.wordpress.com

HUSSLAGE ECOHOUSE

Because of a construction deadline overrun, the plot in Steenwijk on which Jan Husslage's self-build house stands was reclaimed by the local authority. The latter's decision to demolish the house was twice upheld by the courts. With the help of legal experts and a petition campaign, Husslage is now trying to turn the tide, but to no avail. The council will now demolish his house.

> www.solvir.wordpress.com

Cobouw NR 5
WOENSDAG 9 JANUARI 2008   REPORTAGE

Jan Husslage bouwde aan het Bolwerk in Steenwijk een ecowoning die het milieu ontziet. Een aantal omwonenden moest er niets van hebben. De gemeente voert o verschrijding van de bouwtijd aan om de kavel terug te vorderen.

'Sloop extreme straf voor overschrijding bouwtijd'

Bart Mullink

Steenwijk – "De gemeente Steenwijkerland wil mijn woning af omdat een aantal buurtbewoners lawaai maakt. Met een snelle sloop zorgt ze voor een voldongen feit", verzucht Jan Husslage.

De Lorentse architect Michael de Vos, tevens bouwschadedeskundige, heeft zich op de zaak gestort. "Ik vond dit een geinig project. Toen ik een paar weken geleden in Cobouw las dat deze woning wordt gesloopt, dacht ik: het kan toch niet waar zijn. Ik heb veel bouwschadezaken meegemaakt maar dit is ongekend.

Ecowoning Gemeente Steenwijkerland wil af van levenswerk van ingenieur

De woning van Jan Husslage is opgetrokken uit hergebruikte materialen. Bij de bouw is minimaal gebruikgemaakt van brandstof of elektriciteit. Foto NRC Handelsblad, Rien ...

Einde van het prairiehuis in Steenwijk

De gemeente wil het ecologische „prairiehuis" in Steenwijk slopen. Maar bedenker en bouwer Jan Husslage geeft de moed nog niet op. „Ik ben een vechter."

Door onze correspondent
ANNETTE TOONEN

STEENWIJK, 10 JAN. De gemeente Steenwijkerland staat op het punt het levenswerk van Jan Husslage af te breken. Demonstrage van wat in de Steenwijker volksmond „het prairiehuis" is gaan heten, lijkt onvermijdelijk. De Zwolse rechter heeft al een oordeel geveld: Jan Husslage moet de kavel waarop het huis staat teruggeven aan de gemeente omdat het huis, eenvoudig gesteld, niet binnen de contractuele ...

lage, is uit het veld geslagen. „De ellende is niet te overzien. Als dit gesprek is beëindigd, kan ik er alleen maar stil over zijn en huilen", reageert hij vanuit Spanje, waar hij tijdelijk bij vrienden verblijft.

Dinsdag bespreekt het college van B en W van Steenwijkerland de situatie. De kavel is inmiddels, overeenkomstig de gerechtelijke uitspraak, weer in handen van de gemeente. Wethouder Andre van de Nadort (PvdA): „En de opstal is niet van ons. Daar zit een probleem. We moeten ons eerst laten adviseren over de gevolgen die de eventuele cassatie bij de Hoge Raad door Husslage nog kan hebben. We willen een besluit zorgvuldig nemen." Maar hoogstwaarschijnlijk zal het college zo snel mogelijk overgaan tot „demontage" van de woning, zoals de wethouder het formuleert.

De huisraad en andere spullen ...

Tot ontsteltenis van Husslage. „Ik sta perplex. De grond mag dan weer eigendom zijn van de gemeente, maar die constateerde dat het huis aan de bouwvergunning noch aan het Bouwbesluit voldeed.

„Tja, ze vinden telkens wel iets", moppert de ingenieur. „Dan is er een stopcontact niet goed, of moet een deur de andere kant opdraaien." De wethouder heeft het over de kachelpijp van de houtkachel die niet brandveilig is en het ontbreken van de aansluiting op nutsvoorzieningen. „De woning heeft alleen bouwstroom." Buurtbewoners spreken over „een huis dat aan alle kanten kiert".

Husslages advocaat, Siebrand Maakal uit Heerenveen, kan zich niet aan de indruk onttrekken dat zijn cliënt „is aangepakt omdat hij anders is dan de meeste mensen in Steenwijk. Hij voegt zich niet zo gemakkelijk naar het gezag." De advocaat meldt dat een paar stra...

'De ellende is niet te overzien'
Huiseigenaar Husslage

lage een „gereedmelding" bij de gemeente, maar die constateerde dat het huis aan de bouwvergunning noch aan het Bouwbesluit vol ...

pen, zo'n verschil in be ... ling." De wethouder stelt om een huis gaat dat aan ... zenzijde wel op tijd af wa ... dat van binnen nog moet afgewerkt. „Bovendien ... buitenkant overeen met ... diende bouwtekening. Iets van het huis van Husslage kunnen zeggen."

Hoe teruggeslagen hij ... Husslage geeft de moed n ... „Ik ben een vechter." Spanje probeert hij sympa ... ten te mobiliseren. „De ... „mensen met gezag" op zij ... andere gedachten van B ... bestokent met rechtsmiddel ... dat zij het college en B e ... persoonlijk die zijn huis ... jaar publiekelijk en goe ... beeld van ecologisch b ... noemde, zegt hij.

Bouwer ecohuis even gearresteerd

Door onze correspondent
ENSCHEDE, 6 MAART. De bouwer van het ecohuis in Steenwijk, Jan Husslage, is gistermiddag aangehouden door de politie, omdat hij zich op het terrein begaf waarop zijn ecologische woning staat. Het perceel is weer in handen van de gemeente Steenwijkerland. De gemeente is in juridische procedures verwikkeld geraakt met Husslage omdat hij zijn huis niet binnen de vooraf bepaalde bouwtijd af had. Husslage is gisteravond weer vrijgelaten.

Correcties & aanvullingen

Cobouw

Ecowoning mag gesloopt worden
10-3-2008 16:48:47

De gemeente Steenwijkerland heeft terecht een sloopvergunning afgegeven voor de veelbesproken ecowoning aan Het Bolwerk in Steenwijk. Dat heeft de rechtbank in Zwolle besloten.

Vorige week heeft de bouwer van de sloopvergunning bij de rechtbank aangevochten. Na de zitting heeft de gemeente aangegeven zo snel mogelijk over te gaan tot sloop als de rechter tot deze uitspraak zou komen. De bouwer van de ecowoning is vorige week opgepakt, toen hij het huis had opengebroken.

PRINT

vel waarop het

... lopen

De ... wij ... ten ... won ... van ... men ... dwars. Zij wil de woning laten slopen en de kavel terugvorderen. ...

secretaris het particuliere ... hgbverzorging in een ... ving heeft kunnen onder ... Maar er gebeurt niets. Je ... aanwijfde het terrein kan ... en immiddels vijandige ... persoonlijk zijn in gedachte woont ... ari aanstaande zal zijn huis daadwerkelijk gesloopt worden als ... je het ingaat op het voorstel van ... beeld van ecologisch b ... gemeente. In de plaatse ... nadert met rasse schreden. Wat ... zou zij – ontdekt de ...

minister van Milieu Jacqueline Cramer in NOVA als zij „mijn huis toch een goed voorbeeld is van waar het naar toe moet: woningen die minder energie gebruiken en ...

ENTER UTOPIA?

Het zou het begin van een apocalyptische ballade kunnen zijn: 'Er staat een huis in Steenwijkerland, genoemd het Prairiehuis…'[1]

We hebben het hier over het in het plan Woldmeenthe gebouwde Ecohuis van Jan Husslage aan Het Bolwerk in Steenwijk. Deze van oorsprong ecologische wijk, waar bewoners de eigen kavels 'vrij van eisen aan de architectuur' mochten bebouwen, kent slechts één echte ecowoning, gebouwd volgens de ideologische overtuiging van de in duurzaamheidsprincipes en *cradle-to-cradle*-aanpak doorknede Husslage. De huizen in de wijk waren niet geheel welstandsvrij: ze moesten een ecologische uitstraling hebben en onderling samenhang vertonen. Dat eerste geldt overduidelijk voor de woning van Husslage, en hij doorstond de welstandstoets tot twee keer toe moeiteloos. Maar wie de uitgangspunten van de wijk leest en vervolgens denkt dat er hier meer van dergelijke woningen staan, heeft het mis. Gedurende het proces heeft de gemeente het criterium op 'ecologische uitstraling' wegens tegenvallende belangstelling behoorlijk afgezwakt. Dat er uiteindelijk geen sprake is van bovengenoemde 'onderlinge samenhang' tussen het huis van Husslage en de andere woningen, ligt dus niet aan Husslage, integendeel.

Toch moet Husslage letterlijk het veld ruimen vanwege het feit dat zijn huis te laat klaar was. De gemeente heeft de kavel teruggevorderd. En inmiddels heeft begin 2008 de rechter uitspraak gedaan dat dit een terecht besluit was. Husslage moet zijn huis laten afbreken. Die regel van tijdig opleveren was destijds opgesteld om er voor te zorgen dat er geen kavels leeg zouden blijven; op zich heel verstandig, zeker ook vanuit het oogpunt van grondspeculatie. Maar nu levert diezelfde regel een lege kavel op! Tevens blijft de vraag in hoeverre de uitspraak van de rechter in 'de geest van' de regel is geweest. De gemeente had hier de intentie tot het bouwen van een ecowijkje, en het lijkt er op dat men achteraf verbaasd wakker schrok toen zich een échte ecofreak meldde, die aan het bouwen sloeg. Eigen schuld, beste gemeente. Maar des te erger is het voor de eco-architect. Want deze woning is niet zomaar een woning, het is de catharsis van alles waar Husslage voor staat. Zijn huis kan gezien worden als een boetedoening voor en een fysieke spijtbetuiging aan de *carbon footprint* die ieder mens nu eenmaal achterlaat. Dit gebouw is een statement, Husslages statement, en voorbeeldig voor iedereen die achter de *cradle-to-cradle*-filosofie staat.

Al met al blijkt er een behoorlijke afstand te zitten tussen 'vrije architectuur' en werkelijke bouwvrijheid. Van dat laatste is hier namelijk geen sprake. Het betreft slechts de suggestie van onvoorwaardelijke vrijheid, want er gelden allerlei eisen: het bouwen moet op begrensde, bepaalde kavels, het moet op een bepaalde manier en binnen een bepaalde tijd.

Vanzelfsprekend was dit gebied ook niet vergunningsvrij: alle gebouwen moesten voldoen aan het bouwbesluit. Dat deed Husslage overigens, uiteindelijk. Het belangrijkste is echter het feit dat juist in dit soort gebieden niemand 'sociaal vrij' is. Er zijn altijd buren waar rekening mee gehouden moet worden. Het is niet zo dat zomaar alles mag, dat kan immers nergens in Nederland, en wat dat aangaat gelden hier toch duidelijk algemene omgangsnormen van Steenwijkerland. Zondagsrust is zondagsrust. Als het je voorkeur heeft om veel lawaai te maken, dan is wellicht dit wijkje niet de meest ideale plek. Wie daar niet aan gehoorzaamt, of wie anders is of iets anders wil, kan vervolgens met pek en veren de gemeente uit. Mogelijk heeft die overweging meegespeeld bij het besluit tot terugvorderen van de kavel. De gepleegde overtreding, in dit geval de te late oplevering, lijkt hier niet in overeenstemming met de straf, uitmondend in sloop.[2] Wat dat aangaat, lijken alle verhoudingen zoek. Waarom niet bijvoorbeeld gewoon een kleine boete uitgedeeld? Samengevat is het immers zo, dat de enige bewoner die zich daadwerkelijk aan de originele uitgangspunten van de wijk heeft gehouden daarvoor wordt gestraft.[3]

Het had zo mooi kunnen zijn, het bleek als zo vaak een utopie.

NDSM

Het kan ook anders. Wie bijvoorbeeld in Amsterdam kraakt – nog altijd een illegale actie – en daar vervolgens een broedplaatsachtig gebied van maakt met een creatieve of ecologische uitstraling, liefst allebei, loopt niet alleen de kans gedoogd te worden, maar kan het zelfs schoppen tot gesubsidieerd en gelegaliseerd paradepaardje van een stadsdeel. Wat de gebruikers van de NDSM-loods hebben gedaan met Kinetisch Noord is vergelijkbaar met wat Husslage heeft gedaan. Maar illegaal en langzaam zelf iets bouwen in een kraakpand in een grote stad levert blijkbaar een stuk meer zekerheid op dan legaal hetzelfde doen op een daarvoor aangewezen plek in de omgeving van Steenwijk. Het enige verschil is de functie: waar illegaal verblijvende kunstenaars, artiesten en andere creatieve ondernemers in steden tegenwoordig worden gezien als een indicator dat er een interessant gebied aan het ontstaan is, met 'ontwikkelingspotentie', wordt de minstens zo creatieve einzelgänger elders tot buitenbeentje, outcast en 'ongewenst element'. Had Husslage in Amsterdam zijn ecowoning neergezet, en had hij zichzelf gepositioneerd in de goed te vermarkten niches van creatieve klasse, zelfbouw, duurzaamheid en voorbeeldproject, dan was ook hij voor zijn aanpak gemeentelijk geknuffeld. Wellicht had hij zijn nu leegstaande verdieping kunnen verhuren als creatieve werkplek en had hij er slim aan gedaan zich te verbinden met bijvoorbeeld een multinational uit de houtbranche of de *cradle-to-cradle*-wereld. Dan had hij de tegenwoordig bij iedere volwassen planontwikkeling onmisbare stakeholders gemobiliseerd en was er ook vanuit 'de markt' een gezonde basis geweest. Dan verloopt ook zo'n rechtszaak anders.

De voormalige krakers in Noord hebben wél van bovenstaande strategie gebruikgemaakt. Geheel terecht, want in eerste instantie zijn juist zij het waardoor bedrijven als IdtV, MTV, Discovery Channel en de HEMA hun intrek hebben genomen of binnenkort nemen in een van de oude of nieuw te bouwen panden op het NDSM-terrein. Dit terrein, in 1946 ontstaan na de fusie van de Nederlandsche Dok Maatschappij (NDM) en de Nederlandsche Scheepsbouw Maatschappij (NSM), is inmiddels rijksmonument, vooral vanwege de logistiek van de scheepsbouw, die nog steeds direct afleesbaar is aan de structuur van het terrein en het uiterlijk van de gebouwen.

Monumentenzorg is een handige stakeholder in dit soort gevallen: behoud door gebruik is inmiddels gemeengoed, en dat is onmiskenbaar in het voordeel van de zittende gebruikers. En de gemeente, in dit geval Stadsdeel Amsterdam-Noord, heeft de verplichting de loods zelf in goede staat te houden en telt dus als de volgende belangrijke stakeholder. Het stadsdeel ziet er ook op toe dat Kinetisch Noord als architectonische vrijplaats wel over de juiste vergunningen beschikt. De veiligheid van de gebruikers mag nooit in het geding zijn.

Tot dit punt alles in orde. Toch brengt ook hier het vraagstuk van de sociale vrijheid direct een spanningsveld met zich mee, vergelijkbaar met dat in Steenwijk.

Het laat zich raden dat MTV en de andere ondernemingen, zodra ze ook maar een beetje last krijgen van de vrijplaats bij de buren in de loods, bij de gemeente gaan klagen. Dat gebeurt overigens nu al, en de klachten zijn voorspelbaar: er zijn te weinig parkeerplaatsen, de buurt ziet er slordig uit met al die graffiti, er loopt vreemd volk rond, de lantaarnpalen doen het niet allemaal, de openbare ruimte is een rommeltje, er staan gevaarlijke, omwaaibare relicten uit de scheepsbouw… wat in eerste instantie door multinationals als positief gehonoreerde vestigingsfactor wordt gezien, blijkt enkele maanden na ingebruikneming een struikelblok van jewelste voor een gladde en winstgevende bedrijfsvoering. De uitstraling van de creatieve buurman mag wel hip zijn, graag zelfs, maar mag nergens uit de bocht schieten of al te veel confronteren. Waar de ene creatieveling gedijt in kraakpanden en zelfgebouwde ecowoningen, gedijt de andere, doorgaans wat meer commercieel ingestelde ontwerper vooral in een omgeving die er alleen maar zo uitziet. Slechts de suggestie van robuustheid, chaos, duurzaamheid, creativiteit, zelfbouw en dergelijke, is *manageable*; het 'echte' is veel te onberekenbaar en lastig.

Het is te hopen dat het stadsdeel het oor niet te veel laat hangen naar de bedrijven die geld in het laatje brengen, en de mensen van Kinetisch Noord, de katalysatoren van het gebied, blijft steunen. De crux zit hem hier in een gedurfd ontwerp voor de samenbindende openbare ruimte, waarbij de combinatie schoon, heel, veilig en leuk wordt aangevuld met hergebruik en bijvoorbeeld een ontwerpvrije zone rondom de NDSM-loods.

Er speelt nog iets anders, en dat heeft te maken met het verschil in bevolkingssamenstelling tussen steden en het buitengebied. Waarom lukken dit soort initiatieven juist in grote steden zo vaak, in dit geval Amsterdam? Ten eerste groeit de bevolking, vooral in stedelijk gebied,[4] en dat geldt dus ook voor de hoofdstad. Wat verder opvalt is dat Amsterdam nog altijd de meeste jongeren uit de rest van Nederland trekt, waaronder veel hoger opgeleiden uit de andere universiteitssteden. Dit is precies de groep relatief jonge kenniswerkers waar bedrijven als MTV het van willen en moeten hebben. Noord profiteert mee: daarom zijn MTV en de andere ondernemingen aan het IJ terechtgekomen.[5]

De voedingsbodem en de broodnodige frisse aanwas voor een duurzaam gezond creatief klimaat zijn hier dus aanwezig. Het NDSM-terrein kon mede een succes worden omdat er al wat was: bovengenoemd krakersinitiatief, voldoende lokale vraag naar ruimte voor dat type bedrijvigheid en voldoende afnemers van de aangeboden creatieve diensten.

Als dat niet zo is, en een werf wordt *from scratch* ontwikkeld, dan gaat het allemaal niet zo snel. Wat dat betreft is het voormalige RDM-terrein op het schiereiland Heijplaat in Rotterdam, een belangrijk onderdeel van Stadshavens, een aardige testcase. Gaat het lukken om daar vanuit het niets het gewenste creatieve klimaat te ontwikkelen? In Rotterdam zijn overal plekken waar goedkoop vestigen mogelijk is, maar die stad trekt toch minder hoogopgeleiden en minder creatieven, waardoor het benodigde volume tot het ontstaan van zoiets wellicht ontbreekt. Het eerste initiatief met Droogdok RDM, met ruimtes voor technische onderwijs (Albeda College), de Academie van Bouwkunst en bedrijven op het gebied van duurzame energie, (auto)mobiliteit en bouw, lijkt op voorhand een goede zet: deze eerste kleine stap heeft een bij stad en gebied passend profiel, en de jongeren komen vanzelf door de bijbehorende opleidingen.

Frame

Terug naar Noord. De grote NDSM-loods in Amsterdam is een zelfgebouwde ideale samenleving, droom en daad tegelijk, en wordt in afwisselend belang gevormd door initiatiefnemer, markt en overheid, schouder aan schouder.

Enter: Dynamo, de architect.

Wat architectenbureau Dynamo, ondersteund door de gemeente en in opdracht van en in samenwerking met de gebruikers heeft gedaan, is voorbeeldig, in gebouwde, conceptuele, theoretische en maatschappijkritische zin. Geen enkel ander gebouw vat de geest van het jaar 2007 zo goed samen als dit. Aan de hand van dit project is goed te vertellen wat de architect tegenwoordig vermag, moet, kan en wil. Tevens is het effect van de gekozen architectonische strategie geheel conform de wens van het individu om zijn of haar droom te realiseren in een zelfgekozen, niet door de overheid aangewezen gebied. Dynamo heeft namelijk niets meer of minder gedaan dan het aanbieden van een frame, letterlijk en figuurlijk, als een in staal gevatte randvoorwaarde. Een frame! Dat omvat niet veel meer dan een staalskelet, waar nog minder materiaal voor nodig is dan het toch al zo karig afgewerkte casco, waarbinnen iedereen zijn eigen ding kan doen. Hier ontbreken zelfs de gevels en de vloeren. Daarbij geldt het principe 'collectief wat moet, individueel wat kan'. Kabels, leidingen, riool, openbare ruimte, opslag: allemaal keurig gezamenlijk geregeld. Maar vervolgens laat het frame iedereen vrij om – binnen de op papier vastgelegde afspraken en het in zwartstaal gegoten skelet – naar eigen goeddunken te handelen en te bouwen. Gipsplaat, hout, betonsteen: allemaal prima. Uitstekende delen: ook best. Lange bouwtijd: geen punt, in die zin valt het bouwen aan de eigen unit in dezelfde categorie als het in die unit werken aan een kunstwerk. Sterker nog: het bouwen zelf is hier gepromoveerd van voorwaardenscheppende activiteit tot doel op zich. Het frame maakt dat mogelijk, en het bouwen is onderdeel van en medewerker aan de vervolmaking van het *gesamtkunstwerk* Kinetisch Noord. Het gebouw is het meest karakteristiek op die momenten dat er bouwactiviteiten plaatsvinden. Het 'aan het werk' zijn is onlosmakelijk verbonden met het architectonische beeld, het imago en

het verwachtingspatroon van kunstklant of bezoeker. 'Architectuur is bouwen', de inmiddels klassieke woorden van Ludwig Mies van der Rohe, waren nooit eerder zo duidelijk en zichtbaar. Het bouwen valt volkomen samen met het gebruiken, net als dat het bouwen voor Husslage gelijkstaat aan het bewonen.

Dat Dynamo hier, onder de stolp van de gigantische scheepsbouwhal, kon volstaan met het begeleiden van een driedimensionaal stedenbouwkundig plan, is een voorbeeld van een architectuur met een minimum aan vormwil en een maximum aan vrijheid voor de gebruiker. Het gevolg is dat het geheel exact die expressie heeft die het moet hebben: hier vindt creatieve productie plaats voor de vrijstaat Kinetisch Noord.

Vertrouwen

Niet alleen Husslage heeft het zwaar. Zijn wederwaardigheden passen in een breder perspectief. Uit het recente debat over de ruimtelijke ordening blijkt dat het individu het moeilijk heeft.[6] Wie kan hij of zij nog vertrouwen?[7]

Het individu is ontevreden over de effecten van marktwerking en heeft inmiddels de grens gezien van de terugtredende overheid. Na de euforie de ontnuchtering: liberalisering brengt niet overal lagere prijzen, betere kwaliteit en betere benutting – integendeel. Bij grote privatiseringen worden bijvoorbeeld grote fouten gemaakt, zie de Spoorwegen. Ander voorbeeld: opstappende topmanagers, waaronder ook managers die fouten hebben gemaakt, worden steevast beloond met vette bonussen. Laatste voorbeeld: de angst voor het grootkapitaal, mede veroorzaakt door wat inmiddels de Amerikaanse hypotheekcrisis is gaan heten. Hedgefondsen, voor menig investeerder een soort goedmakertje voor als het misgaat, hebben inmiddels zo veel vermogen dat ze de hele AEX-index meerdere keren kunnen kopen. Tegelijkertijd biedt de overheid geen soelaas: het directe contact overheid–individu loopt vooral via belastingen, de stijgende WOZ-waarde of de nog niet werkende OV-chipkaart. En in de krant leest de burger met ongenoegen over geldverslindende investeringen als de Betuwelijn en de Hogesnelheidslijn. Het nut van deze grote projecten is moeilijk uit te leggen aan de toch eerst aan de eigen portemonnee denkende burger. De lijst ten positieve is daarentegen ultrakort; markt en staat lijken machteloos.[8]

Wie moet het individu nog vertrouwen? Want zodra

het publieke niet meer helder wordt gedefinieerd en onderdeel wordt van een of andere publiek-private samenwerking, komt de essentie van het bestel in het geding. Het individu voelt zich door niemand meer vertegenwoordigd zodra de gekozen overheid als het ware verdwijnt achter een ondoorzichtige samenwerkingsovereenkomst.

Ontwerpers gaan alle bovenstaande problemen niet zomaar even oplossen. Maar ontwerpers zouden op zijn minst zichtbaar moeten zijn als bondgenoot en vertrouwenspersoon van het individu en als verbeelder van de wensen van de (al dan niet individuele) opdrachtgever.

Enter: OTH, de architect.

Naast het NDSM-terrein, in het water, staat Kraanspoor, een relict uit de tijd dat het nog lekker liep met de scheepsbouw in Amsterdam. Als deze constructie zou zijn gesloopt, zou er op deze plek, in twaalf meter diep water waarschijnlijk nooit meer iets gebouwd zijn. Met de nieuwbouw is niet alleen op sloopkosten bespaard, maar ook bedrijfs- en kantoorruimtes gebouwd met een karakteristieke en afwijkende verschijningsvorm. Het hele gebied heeft er een identiteitsverschaffer van jewelste bij, die nog deels authentiek is ook. Echt oud. De redactie kwam in Utrecht iets vergelijkbaars tegen. Daar waren kantoorunits gemaakt in stalen constructies die sterk leken op oude silo's. Bij nadere beschouwing bleken ze totaal nieuw: er hadden weliswaar ooit silo's gestaan, maar het inbouwen van de kantoortjes bleek alleen financieel haalbaar door de oude te vervangen door nieuwe, met een handigere inhoudsmaat. Zo belangrijk is inmiddels het 'aura van het voorbije' geworden: de aanwezigheid van water alleen was hier mogelijk niet voldoende om de gewenste havensfeer te bewerkstelligen.

Bij Kraanspoor ging het anders. De oude constructie werd de drager van een nieuw volume. Dankzij het enthousiasme van een individu, in dit geval Trude Hooykaas van OTH, die onvoorwaardelijk in haar droom bleef geloven, is het gebied een *landmark* rijker. Het oude Kraanspoor was naam-, maat- en richtinggevend voor het nieuwe, waardoor er een volkomen nieuw, opvallend langgerekt gebouwtype ontstond. Dit plan gaat de wereld over, en figureert straks als referentie- en wensbeeld in talloze brochures, plannen van aanpak of programma's van eisen voor vergelijkbare, door industrie verlaten havenlocaties.

De ontwerpster heeft, door haar droom verleidelijk te presenteren en uit te dragen, markt en overheid kunnen mobiliseren om het hierboven geschetste vertrouwen te verkrijgen. Vervolgens heeft ze dat gebruikt om medewerking aan de ontwikkeling van het project (ING Vastgoed) en juridische goedkeuring (het stadsdeel) te krijgen. Markt en staat zijn volgend; het ontwerp bemiddelt en is communicatiemiddel tussen beide grootheden en het individu.

Roest

Er zijn meer overeenkomsten tussen al die transformatieprojecten die overal in Nederland op relatief mooie locaties gebruikmaken van vrijgekomen grote gebouwen voor de zware industrie. Wat te denken van de Schiecentrale, waar wonen en werken een voormalige electriciteitsfabriek vullen? En waar de combinatie van oud en nieuw mede door het symbolisch robuuste materiaalgebruik maakt dat het gebouw ruig en eigenwijs oogt, zonder de oorspronkelijke uitstraling teniet te doen? Of het St. Jobsveem, waar wonen, commercie en creatieve bedrijven in een pakhuis terecht zijn gekomen? En waar de cascowoningen zijn uitgevoerd met de originele gietijzeren kolommen en de vloerbalken in het zicht? En waar de gevel met betonnen laad- en losperrons gebruikt wordt als balkonwand, bestand tegen weer en wind, uitzicht biedend op het ontembare, door water gedomineerde 'Hollandsche' weer? En de mediatheek in Delft? Waar het ruwe, onbewerkte casco tot esthetische verantwoorde drager van het gebouw is gepromoveerd? Waar beton en leidingwerk niet zijn verstopt?

Ook hier met dank aan de architect, in alle gevallen. De architect als heruitvinder, als identiteitsmakelaar, als inventieve omvormer, als ruimtekunstenaar met andermans afval. Maar bovenal als degene die visies van individuen kan vertalen in marktconforme en staatsvriendelijke plannen en vormen.

Mits goed getransformeerd, voorzien oudere panden niet alleen door hun vaak overdadige hoeveelheid vierkante meters in een ruimtebehoefte voor een bepaalde categorie stedelingen, maar vormen zij tevens het meest in het oog springende element, het frame, de basis, het *plug-in* artefact waar vele jaren geleden evenzovele architecten en kunstenaars van droomden. Wat voor de architecten van ondere andere Archigram in de jaren zestig van de vorige eeuw onbereikbaar bleek, wordt nu op verschillende plaatsen in Nederland in een en hetzelfde jaar tot bewezen haalbaar toekomstperspectief omgebouwd. Al deze gebouwen staan via een onzichtbare draad in verbinding met elkaar, want al deze gebouwen gaan uit van hetzelfde principe en zijn gebouwd voor bijna dezelfde doelgroep. Programma, stijl, uitstraling: mogelijk gemaakt door het respectvolle gedrag van de ontwerper die weet wat dit soort klanten wel en niet wil, die weet dat iedere ingreep een aanvulling is op het bestaande, die de zaken niet mooier voorstelt dan ze zijn, die het eigen architectonisch taalgebruik ondergeschikt maakt aan de grammatica van het al gebouwde, of die zich er zelfs ongegeneerd door laat inspireren. Deze groep architecten laat de individuele gebruiker bloeien door oude gebouwen weer tot leven te wekken. Het historische beeld wordt nergens vertroebeld door een overdosis eigenheid. Het lijkt wel een recept tot succes.

Snel terug naar Husslage.
Er is geen gebouw in Nederland waar hergebruik, respect voor oude materialen, het in het zicht laten van leidingen, het celebreren van ruwe schors, balken en houtconstructie zo ver is doorgevoerd als hier.
Husslage heeft, achteraf en bovenstaand verhaal indachtig, niets verkeerd gedaan. Hij is er ingetrapt. Ten eerste in een overheid, die geen ruggengraat toonde toen de belangstelling voor ecokavels tegenviel.

En ten tweede in zijn buren, die tezamen als een soort veelkoppig monster steeds weer dezelfde marktwoning uit de catalogus bestelden. Husslage vertrouwde op de overheid die hem ging faciliteren, en hij vertrouwde erop dat zijn buren uit hetzelfde hout gesneden zouden zijn. Twee keer mis. De voedingsbodem voor ecologisch bouwen is hier afwezig geweest, en daar valt door niemand tegenop te ontwerpen. Zoals alle in dit boek behandelde transformaties voortbouwen op iets wat al aanwezig is, hetzij een oud gebouw of een oude constructie, zo moeten deze initiatieven het in programmatische zin hebben van een culturele voedingsbodem. En dan, doorgaans niet eerder, komt de onontbeerlijke steun van overheid en markt als vanzelf. Steenwijkerland, en dat gebrek aan realiteitszin mogen we deze gemeente aanrekenen, heeft niet voldoende beseft dat deze culturele laag wat betreft ecologisch bouwen niet binnen haar grenzen aanwezig was. De gemeente doet er goed aan een andere strategie te kiezen. Waarom niet meteen de 'vrije' kavels bij voorbaat volzetten met cataloguswoningen? Dan is er niemand te laat met opleveren.

De potentiële zelfbouwers in stedelijke gebieden kunnen voorlopig voort met alle al dan niet kraakbare, op basisniveau afgewerkte, leegstaande panden in de bestaande voorraad.

Toekomstig gebruikers- en bewonersgeluk is meer dan ooit in embryonale vorm aanwezig in de bouwkundige relicten van vorige generaties.

En toch... analoog aan de ecologische bouwer die een wijkje aangewezen krijgt en vervolgens de hele gemeente aan het schrikken maakt, is ook in Amsterdam de broedplaats beperkt houdbaar. Want zodra het sjiekere gebruiks- en inrichtingsniveau van de rijke buren er overhand krijgt, is het gedaan met de anarchie. En in Rotterdam gunt men de creatieve bevolking niet eens de mogelijkheid een broedplaats zelf op te starten – die wordt topdown voor ze geregeld en georganiseerd.

Enter Utopia?

1   Annette Toonen, 'Einde van het prairiehuis in Steenwijk', *NRC Handelsblad* 10 januari 2008.
2   Bart Mullink, 'Sloop extreme straf voor overschrijding bouwtijd', in: *Cobouw* 9 januari 2008, p. 5.
3   Inleiding met dank aan Dirk Baalman.
4   In 2007 woonde voor het eerst meer dan 50% van de wereldbevolking in steden. Deze trend zet zich door: over 50 jaar is het naar verwachting van demografen zelfs 66%.
5   Cijfermateriaal en stedenvergelijking Dienst Onderzoek en Statistiek Amsterdam, www.os.amsterdam.nl, met dank aan Jeroen Slot.
6   Zie het slotnummer (2007, nr. 6) van het tijdschrift *Ruimte in Debat*, huisorgaan van het in 2007 opgedoekte Ruimtelijk Planbureau.
7   Zie over vertrouwen en individu: Willem Hartman, *De Vloeibare Stad*, Architectura & Natura Press, Amsterdam 2007, p. 50 e.v.
8   Heiko Geue, 'Wie viel Staat darf's sein', *Die Zeit*, 8 november 2007.

ENTER UTOPIA?

It sounds a bit like the start of an apocalyptic ballad: 'There is a house in Steenwijker Land, They call the Prairie House…'[1]

This is all about the Ecohouse that electrical engineer Jan Husslage built for himself on Het Bolwerk in the Woldmeenthe housing scheme in Steenwijk. What started out as an 'ecological estate', where residents were to be allowed to build on their own plots of land without being constrained by architectural conventions, has only one genuine ecohome, built according to the ideological convictions of Husslage, a man well versed in the principles of sustainable building and the cradle-to-cradle approach. The houses in the estate were not entirely exempt from critical scrutiny: they were required to exude an air of eco-friendliness and to display a certain degree of coherence. Husslage certainly satisfied the first demand and he sailed through two building application reviews. But anyone who, having read the guiding principles drawn up for the estate, expects to see more such dwellings in Woldmeenthe, will be sorely disappointed. Along the way, the council toned down the 'eco-friendly aura' requirement quite a bit on account of insufficient interest. The lack of any 'coherence' between Husslage's house and other houses in the area, is consequently not Husslage's fault, quite the reverse in fact.

And yet Husslage's house must literally abandon the field because it was not finished within the stipulated deadline. The council officially re-claimed the plot and early in 2008 the court upheld that decision. Husslage was ordered to demolish his house. The rule in question here was originally formulated in order to ensure that no plots remained empty; in itself quite sensible, especially from the point of view of land speculation. Ironically, that same rule is now giving rise to an empty plot! And the question remains as to what extent the court's verdict is

not seem to be commensurate with the punishment, culminating in demolition.[2] As far as that's concerned, all sense of proportion seems to be lacking. Why not simply impose a small fine, for example? In short, what it comes down to is that the only resident who actually kept to the original premise of the estate, has been punished for so doing.[3]

It could have been so beautiful, but it turned out, as so often, to be a utopian dream.

NDSM

There are other ways of doing it. Someone who occupies an abandoned building in Amsterdam – still technically illegal – and then turns it into an 'incubator' with a creative or an eco-friendly aura, if possible both, not only stands a good chance of being 'tolerated' (the classic Dutch response to the kind of activities that would be prosecuted elsewhere), but may even rise to become the subsidized and legalized showpiece of an urban quarter. What the users of the NDSM shed have done with their Kinetisch Noord project is comparable to what Husslage did. But slowly building something illegally inside squatted premises in a big city is obviously a good deal more secure than doing the same thing legally on a designated plot in the vicinity of Steenwijk. The sole difference is the function: whereas groups of artists, performers and other creative entrepreneurs living illegally in the nation's big cities are nowadays seen as an indicator of the emergence of an interesting area with 'development potential', the equally creative loner in other parts of the country is seen as an outsider, an outcast and an 'undesirable element'. Had Husslage built his ecohouse in Amsterdam, and if he had positioned himself in one or more of the highly marketable niches of creative class, self-construction, sustainability and model project, the council would have clasped him to its bosom. He would probably have been able to rent out his now empty upper floor as a creative workplace and he would have been well advised to forge an association with, say, a multinational from the timber industry or the cradle-to-cradle world. This would have enabled him to mobilize the stakeholders, an indispensable element of every mature development process, which in turn would have given him a sound, 'market' basis. No doubt the court case would have turned out very differently, too.

The erstwhile squatters in Amsterdam-North *did* make use of such a strategy. And rightly so, because when you come down to it, they are the reason that companies like IdtV, MTV, Discovery Channel and HEMA have been so keen to occupy one of the old or new buildings on the former NDSM site. This precinct, which was created in 1946 after the merger of a drydock (NDM) and a shipbuilding (NSM) company, has since been declared a national monument, chiefly because the logistics of shipbuilding are still clearly legible in the structure of the site and the outward appearance of the buildings.

The heritage authority is a useful stakeholder in this kind of situation: preservation through adaptive reuse is the new orthodoxy and that is unarguably to the advantage of the incumbent users. And the local authority, in this instance Stadsdeel Amsterdam-Noord, which has an obligation to keep the shed itself in good repair, is the next most important stakeholder. It is also the local authority that sees to it that the architectural 'refuge' of Kinetisch Noord has all the right permits. The safety of the users must never be compromised.

So far, so good. But once again the issue of social freedom reveals an area of tension comparable to that in Steenwijk.

It goes without saying that as soon as MTV or any of the other companies at NDSM experience the slightest inconvenience from their free-wheeling neighbours in the shed, they will complain to the council. In fact, it is already happening and the complaints are wholly predictable: there aren't enough parking spaces, the area looks scruffy with all that graffiti, there are some rather odd people wandering around, some of the street lights don't work, the public space is messy and there are all

'in the spirit' of the rule. The council's intention was to build a modest eco-housing scheme but it appears that it got a rude shock when a genuine eco-freak took up its offer and started to build. Which makes it all the worse for the eco-architect. For this is not just any house, but the emotional culmination of everything Husslage stands for. His house can be seen as a form of penance for and a physical expression of regret for the 'carbon footprint' that every human being leaves behind. This building is a statement, Husslage's statement, and a model for all those who support the cradle-to-cradle philosophy.

All in all there appears to be a big gap between 'architectural freedom' and genuine building freedom. There was certainly no question of the latter in this instance. It was no more than the suggestion of unconditional freedom, for in fact it was subject to all sorts of restrictions: building had to take place on circumscribed, specified plots, in a specified manner and within a specified time.

Needless to say, the area was not 'permit-free': all construction had to satisfy the building regulations. Which Husslage did, eventually. But more importantly, no one is 'socially free' in areas like this. There are always neighbours to be taken into account. You can't just do whatever you like, here or anywhere else in the Netherlands, and it is clear that in this case the general standards of conduct in the wider Steenwijkerland community applied. Sunday rest is Sunday rest. If that's your preferred time for engaging in noisy activities, then this area is probably not the most ideal place for you. Anyone who violates these unspoken rules, or who is different or has different priorities, can better pack their bags and go somewhere else. It's possible that such considerations played a role in the council's decision to re-claim the plot. The actual infringement, overrunning the completion deadline, does sorts of dangerous, unstable shipbuilding relics... What the multinationals initially saw as a positive reason for moving into the area turns out, a few months down the track, to be an enormous obstacle to a smooth and profitable business operation. The creative neighbours are welcome – indeed more than welcome – to radiate an aura of trendiness, as long as they don't go too far or become overly confronting. Whereas one creative type flourishes in squats and self-built ecohouses, the other, usually more commercially-minded, designer flourishes in an environment that only 'looks' creative. The suggestion alone of sturdiness, chaos, sustainability, creativity, self-construction and the like is manageable; the 'real McCoy' is much too unpredictable and troublesome.

One can only hope that the district council will not take too much notice of the companies that put money in their coffers, and will continue to support the people of Kinetisch Noord who were the catalyst for the whole area. What is really needed here is a daring design for the public space that knits these diverse activities together, a design in which the combination of clean, whole, safe and attractive is complemented by adaptive reuse and, perhaps, a design-free zone around the NDSM shed.

There's another factor at play here and it has to do with the difference in demographics between cities and their peripheries. Why do these kinds of initiatives so often succeed in the big cities, in this case Amsterdam? Firstly, the population is growing, especially in urban areas,[4] and that also applies to the capital. Secondly, Amsterdam attracts the largest number of young people from the rest of the country and these include a fair percentage of highly educated people from the other university cities. It is precisely this group of knowledge workers that companies like MTV have set their sights on and one of the reasons they and other companies have set up shop on the shores of the IJ.[5] Amsterdam-North shares in the spoils.

The incubator and the supply of fresh blood so vital to a durable and sound creative climate are present here. The NDSM site owes its success in part to the fact that there was already something here: the aforementioned squatters' initiative, adequate local demand for space for that kind of activity and sufficient customers for the creative services on offer.

When that is lacking, and a former shipyard has to be redeveloped from scratch, things don't move quite so quickly. In that respect, the former RDM dry-docks on the Heijplaat peninsula in Rotterdam, is a nice test case. Will

they succeed in developing the desired creative climate out of nothing? Rotterdam is full of inexpensive real estate and yet the city attracts fewer highly educated and fewer creative people than Amsterdam, which means that the critical mass necessary for the development of such a climate may be lacking. The first initiative on the RDM site, which comprises premises for technical education (Albeda College), the Academy of Architecture and companies in the field of sustainable energy, mobility, and construction would appear to be a good move: this small first step has a profile appropriate to the city and the area, and the young people will arrive as a matter of course because of the associated schools.

Frame

Back to Amsterdam-North. The huge NDSM shed is a self-built ideal society, dream and act in one, and it consists, in varying degrees of interest, of the initiator, the market and local government, shoulder to shoulder. Enter Dynamo, the architect.

What Dynamo Architecten have done, supported by the district council and on behalf of and in cooperation with the users, is exemplary – architecturally, conceptually, theoretically and socially. No other building so perfectly encapsulates the spirit of 2007 as this. This project is a good illustration of what today's architect is able, required and prepared to do. At the same time, the effect of the chosen architectural strategy is completely in line with the wish of the individual to realize his or her dream in a self-chosen rather than a government-designated area. For what Dynamo has done is simply provide a frame, literally and figuratively, in the form of a steel-mounted parameter. A frame! That amounts to not much more than a steel skeleton and requires even less material than the already frugally finished shell, within which everyone can

do their own thing. There are not even any facades or floors, the guiding principle being 'collective where necessary; individual where possible'. Cables, pipes, sewerage, public space, storage are all collectively organized. But after that the frame allows everyone – within the pre-established limits and the black steel skeleton – to act and build at their own discretion. Plasterboard, wood, concrete block: all fine. Projecting bits and pieces: fine as well. Long construction time: no problem, for building your own unit falls into the same category as working on an artwork inside that same unit. In fact, the act of building has been promoted from a facilitating activity to an end in itself. The frame makes that possible, and the individual is part of and a contributor to the achievement of the *Gesamtkunstwerk* known as Kinetisch Noord. The building is most purely itself at those moments when there is building work going on. Being 'at work' is inextricably bound up with the architectural concept, the image and the expectations of customers or visitors. Mies van der Rohe's dictum that architecture is building has never been so explicit and visible. Construction coincides completely with use, just as for Husslage construction is the equivalent of occupancy.

That Dynamo here, under the protective shell of the gigantic ship-building shed, have confined themselves to providing a steel support for a three-dimensional spatial masterplan, is an example of an architecture with a minimum of formal ambition and a maximum of freedom for the user. As a result, it expresses precisely what it is: a place where creative production takes place for the Kinetisch Noord free state.

Trust

Husslage is not the only one having a hard time. His vicissitudes are part of a broader picture. Judging from the recent debate about spatial planning it appears that the individual per se is having a rough time.[6] Who can he or she still trust?[7]

The individual is dissatisfied with the effects of market forces and feels that the retreat of government has gone far enough. After the euphoria, the disillusionment: liberalization of the market does not bring lower prices, higher quality and a better use of resources – quite the contrary. With major privatization operations, for example, major mistakes are made, one has only to look at the railways. Another example: departing CEOs, including those guilty of grave errors, are invariably rewarded with hefty bonuses. Final example: the fear of big business, partly due to what is being dubbed the American sub-prime mortgage crisis. Hedge funds, for many an investor a buffer against disaster, are sitting on so much capital that they could buy the entire Amsterdam Exchange (AEX) several times over. Nor does the government offer any comfort: direct contact between government and individual occurs mainly via taxation, rising property valuations or the long-touted, still not fully functional public transport smart card. And in the newspapers, citizens read with indignation about high-cost investments like the Betuwe and High Speed rail links. The benefit of these big projects is difficult to explain to tax-payers interested primarily in their own hip pocket. The list of positive things is by contrast extremely short; market and state appear to be powerless.[8]

Who can the individual still trust? The problem is that as soon as 'the public' is no longer clearly defined and becomes subsumed in one or other public-private partnership, the essence of the existing order is called into question. When the elected government disappears, as it were, behind an impenetrable cooperation agreement, the individual no longer feels represented by anyone.

Clearly, designers are not going to solve these issues just like that. But designers should at least be visible as an ally and adviser of the individual and as the interpreter of the wishes of the client, individual or otherwise.

Enter OTH, the architect.

In the water beside the NDSM site stands Kraanspoor ('crane track'), a relic of the days when shipbuilding flourished in Amsterdam. Were this structure to be demolished, it is doubtful whether anything would ever be built in its place, in twelve metres of water. The decision to build a new volume on top of the old one not only saved the cost of demolition but also delivered commercial and office spaces with a distinctive and highly original appearance. The entire area has gained a first-rate icon with the added virtue of being partly authentic. Genuinely old. In Utrecht the editors came across something similar in the form of office units in steel containers that looked like old silos. On closer inspection, they were found to be completely new. There had indeed once been silos on that spot but it turned out that the only financially feasible way to build offices in them was to demolish them and build new ones with a more convenient internal volume. This is how important the 'aura of the past' has become; but the presence of water alone was probably not enough here to deliver the desired harbour atmosphere.

Things were done differently in the case of Kraanspoor.

The old structure became the support for a new volume. Thanks to the enthusiasm of one individual, in this case Trude Hooykaas of OTH, who continued to believe unconditionally in her dream, the area has gained a landmark. The old Kraanspoor provided the name, size and parti for the design of the new volume, resulting in a completely original, strikingly elongated building type. This plan is making headlines around the world and will soon feature as reference and ideal in countless brochures, action plans or building briefs for comparable abandoned industrial port sites.

By presenting and propagating her dream in a beguiling way, the designer was able to mobilize market and local government in order to acquire the aforementioned trust, which she was then able to convert into the financial (market, ING Real Estate) and legal (local council) support needed to get the project off the ground. In this instance the market and the state are followers; the design is the mediator and the means of communication between the two leviathans and the individual.

Rust
There are other similarities among the myriad of transformation projects taking place on relatively attractive locations all over the country, and involving large buildings vacated by heavy industry. What about the Schiecentrale, where a mix of housing and offices is filling the site of a former power station? And where the combination of old and new, thanks in part to the symbolically robust materialization, has produced a building that looks rugged and idiosyncratic while still maintaining the original ambience? Or St. Jobsveem, where housing, retail and creative businesses have come together in a former warehouse? And where the shell apartments were delivered with the original cast-iron columns and the ceiling joists exposed? And where the facade of concrete loading bays was turned into a balcony wall, a wind- and weather-proof window on the indomitable, water-dominated 'Dutch' weather? And the multimedia library in Delft? Where the rough, undressed shell was elevated to the aesthetic touchstone of the building? Where no attempt was made to conceal concrete and piping.

And once again, in every case, thanks to the architect. The architect as re-inventor, as identity broker, as imaginative converter, as spatial artist working with other people's cast-offs. But above all, as the one who can translate the ideas of individuals into plans and forms acceptable to both the market and the local authority.

Properly converted, older – often capacious – buildings not only cater to the spatial demands of a particular category of city dweller, but also constitute the most eye-catching element, the frame, the basis, the plug-in artefact that was once the dream of architects and artists alike. What proved unattainable for Archigram and other architects in the 1960s, has now, in a single year and in various places in the Netherlands, been converted into a realistic prospect. All these buildings are linked to one another by an invisible thread, for all these buildings are based on the same principle and built for the same target group. Programme, style, ambience: made possible by the respectful demeanour of the designer who is familiar with the likes and dislikes of this type of client, who knows that every intervention is an adjunct to the existing, who does not glamourize things, who subordinates his or her own architectural language to the grammar of the existing building, or even unabashedly draws inspiration from it. This group of architects allow the individual user to blossom by reinvigorating old buildings. Nowhere is the historical image obscured by an overdose of singularity. It would appear to be a recipe for success.

Back to Husslage
There is no building in the Netherlands where re-use, respect for old materials, the conscious display of the workings, the celebration of rough bark, beams and timber construction have been so definitively carried through as in the so-called prairie house.

In retrospect and with the foregoing account in mind, Husslage did nothing wrong. He was doubly let down. First by the local authority, which showed a distinct lack of backbone when interest in eco-plots failed to live up to expectations. And secondly by his neighbours who, like some hydra-headed monster, kept on ordering the same commercial catalogue house. Husslage trusted in the local authority that had undertaken to facilitate him, and he trusted that his neighbours would be cast in the same mould as himself. Wrong on both counts. The incubator for eco-building was absent here and no one can design in the face of that lack. Just as all the transformations featured in this book build on something that is already there, whether it be an old building or an old structure, so they also relied for their programmatic infill on the existence of a cultural substrate. Once it is there, and usually no earlier, the vital support from government and market flows automatically. Steenwijkerland may fairly be blamed for its failure to realize that this cultural foundation for eco-building was lacking within its boundaries. The council would have done well to adopt a different strategy. Perhaps it should have filled all the 'free' plots with catalogue houses from the start. At least then no one would have overrun the completion deadline.

Potential self-builders in urban areas can for the time being carry on with the stripped-down shells of existing empty buildings, 'squattable' or not. More than ever, the future happiness of users and occupants is present in embryonic form in the architectural relics of previous generations.

And yet... analogous to the eco-builder who is assigned a plot in a particular (supposedly sympathetic) area and then proceeds to put the wind up the whole municipality, even in Amsterdam the creative incubator has a limited shelf life. For as soon as the classier design standards of the wealthy neighbours start to prevail, it will be all over with the anarchy. And in Rotterdam they don't even grant the creative denizens the opportunity to establish their own incubator; instead it is regulated and organized from the top down.

Enter Utopia?

1 Annette Toonen, 'Einde van het prairiehuis in Steenwijk' [End of the prairie house in Steenwijk], *NRC Handelsblad* 10 January 2008.
2 Bart Mullink, 'Sloop extreme straf voor overschrijding bouwtijd' [Demolition excessive punishment for exceeding construction deadline], in: *Cobouw* 9 January 2008, p. 5.
3 Introduction with thanks to Dirk Baalman.
4 In 2007, for the first time, over 50% of the world's population lived in cities, a trend that is set to continue: in another 50 years demographers expect the figure to be 66%.
5 Statistics and city comparisons from Department for Research and Statistics, Amsterdam, www.os.amsterdam.nl/english/ With thanks to Jeroen Slot.
6 See the final issue (2007, no. 6) of *Ruimte in Debat* [Space in debate], the in-house publication of the Netherlands Institute for Spatial Research, which was wound up in 2007.
7 On trust and the individual see: Willem Hartman, *De Vloeibare Stad* [The Fluid City], Architectura & Natura Press, Amsterdam 2007, p. 50 ff.
8 Heiko Geue, 'Wie viel Staat darf's sein' [How much state would you like], *Die Zeit* 8 November 2007.

P. 8
JAN HUSSLAGE, ECOHUIS/ECOHOUSE, STEENWIJK
FOTO/PHOTO: BRAM VERHAVE

P. 9
DYNAMO ARCHITECTEN,
NDSM-ATELIERSTAD/STUDIO CITY, AMSTERDAM
FOTO/PHOTO: JEROEN MUSCH
FOTO/PHOTO: REDACTIE/EDITORS

P. 10
OTH ONTWERPGROEP TRUDY HOOY-KAAS, KRAANSPOOR, AMSTERDAM
FOTO/PHOTO: REDACTIE/EDITORS

P. 11
DOK ARCHITECTEN,
MEDIATHEEK/MULTIMEDIA CENTRE
FOTO/PHOTO: REDACTIE/EDITORS
STUDIO NL-D, U-TRECHTERS, VEILINGHAVEN UTRECHT
FOTO/PHOTO: REDACTIE/EDITORS

P. 12/13
MEI ARCHITECTEN,
KRATON 230 (SCHIECENTRALE FASE/PHASE 4A)
FOTO'S/PHOTOS: JEROEN MUSCH

DYNAMO ARCHITECTEN
NDSM-ATELIERSTAD/NDSM STUDIO CITY

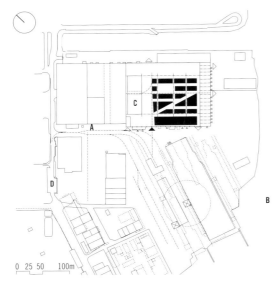

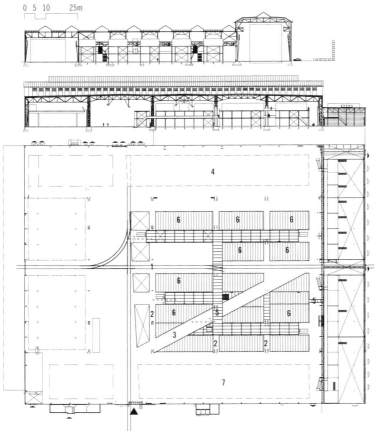

In een rijksmonument op de voormalige werf van de Nederlandsche Droogdok en Scheepsbouw Maatschappij (NDSM) is de overdekte Atelierstad gevestigd. Kunstenaars bouwen binnen een zwart stalen frame van Dynamo Architecten aan gestapelde atelierruimtes. De enorme scheepsbouwloods fungeert als een beschermende stolp over het kwetsbare creatieve dorp.

Stichting Kinetisch Noord, winnaar van een prijsvraag over de toekomst van het NDSM-terrein, wilde in de loods casco-inbouw aanbieden waarbinnen culturele ondernemingen hun eigen werkplek konden realiseren. Daarbij stelden gemeente (eigenaar van en verantwoordelijk voor de loods zelf) en brandweer nogal wat eisen aan de veiligheid. Bovendien bepaalde Monumentenzorg dat het productieproces van de scheepsbouw zichtbaar moest blijven en de relevante inboedel op de eigen plek.

Dynamo heeft de opdracht opgepakt als 'binnenhuisstedenbouw', een volkomen nieuwe discipline. Zo is er een binnenplein gemaakt en is er handig gebruikgemaakt van elementen die al in de hal aanwezig waren. De lichtstraten bepaalden de oost-west georiënteerde indeling van de atelierblokken.

Dynamo ontwierp een stalen frame als een uitwendig skelet, waarbinnen ateliers ingebouwd konden worden. Het frame heeft een eenduidig uiterlijk, waardoor de hal – ondanks alle verschillende vaak feestelijke uitingen van de ateliers – toch iets gemeenschappelijks heeft. Op enkele belangrijke plaatsen zijn opvallende kleuren aangebracht: geel op deuren en trekstangen in het frame, knaloranje voor de lift.

Het frame is geschikt voor meerdere bouwlagen. De eerste laag is hoger dan de tweede en biedt plaats aan bedrijven met een werkplaatsachtig karakter. Vloeren, plafonds en de aansluiting op de basisvoorzieningen moesten allemaal door de huurders worden geregeld. De riolering is onder de grond aangebracht; de andere basisvoorzieningen zijn via een plug-insysteem toegankelijk.

Studio City is housed in a listed building on the site of the one-time drydock and shipbuilding yard nowadays referred to by the initials of its former name: NDSM. Inside a multi-storey black steel frame designed by Dynamo Architecten, artists are busy building their own studio spaces. The vast shipbuilding shed acts as a protective 'cloche' over the vulnerable creative village.

It was Kinetisch Noord, the foundation that won a competition to decide the future of the NDSM site, that had the idea of erecting a structural frame inside the shed and then allowing cultural businesses to build their own workspaces in it. The city council (the accountable owner of the shed) and the fire brigade imposed quite a few safety requirements while the heritage authorities insisted that the shipbuilding process remain visible and all related equipment left in situ.

Dynamo approached the commission as a completely new discipline they dubbed 'interior urban design': an internal 'square' was created and clever use was made of existing elements. The rooflights determined the east-west layout of the studio blocks.

Dynamo designed a steel frame within which the studios could be built. In spite of the widely different, often rather showy studios, the homogeneous frame lends the shed interior a sense of unity. At several important points, eye-catching colour has been applied: yellow for doors and tie rods, bright orange for the lift. The first level of the multi-storey frame is taller than the second level. Tenants are responsible for installing floors and ceilings and for organizing the connection of basic services which, with the exception of the underground sewerage system, are all available via a plug-in system.

0 25 50   100m

TT. NEVERITAWEG 15
AMSTERDAM

ARCHITECT:
**DYNAMO ARCHITECTEN, UTRECHT:
EDO KEIJZER, CHARLOTTE ERNST,
PETER DE BRUIN**
PROJECTARCHITECT/PROJECT
ARCHITECT:
PETER DE BRUIN
MEDEWERKERS/CONTRIBUTORS:
**ED VAN VULPEN, INGRID NIEROP,
GERCO MEIJER**
VERANTWOORDELIJKE
STEDENBOUWER/URBAN PLANNER:
**DYNAMO ARCHITECTEN, UTRECHT,
I.S.M. HUURDERS/WITH TENANTS
EN/AND FILIP BOSSCHER**
ONTWERP–OPLEVERING/
DESIGN–COMPLETION:
2004-2007
OPDRACHTGEVER/CLIENT:
STICHTING KINETISCH NOORD,

AMSTERDAM
AANNEMER/CONTRACTOR:
**VOF KUNSTSTAD (AMSTELVLIET
EN/AND MVB-BOUW), AMSTERDAM**
CONSTRUCTEUR/STRUCTURAL
ENGINEER:
**KONSTRUKTIEBURO BOERKOEL,
UTRECHT**
KALE BOUWSOM/BASIC BUILDING
COSTS:
€ 1.650.000 (casco)
BOUWKOSTEN PER M²/
BUILDING COSTS PER M²:
€ 220 (casco)
FOTO'S/PHOTOS:
FRANK HAASWIJK

0 5 10   25m

SITUATIE/SITE PLAN
A   TT. NEVERITAWEG
B   IJ
C   DOCKLANDSHAL
D   MS. VAN RIEMSDIJKWEG

FOTO/PHOTO
STADSARCHIEF AMSTERDAM

DOORSNEDEN/SECTIONS

BEGANE GROND/FIRST FLOOR
1   KRAANSPOOR/CRANE TRACK
2   STEEG/ALLEY
3   DIAGONAAL/DIAGONAL
4   NOORDSTROOK/NORTH STRIP
5   BRUG/BRIDGE
6   ATELIER/STUDIO
7   ZUIDSTROOK/SOUTH STRIP

SITUATIE/SITE PLAN
A   KRAANSPOOR
B   IJ

DOORSNEDE/SECTION

VIERDE, TWEEDE VERDIEPING,
BEGANE GROND/FOURTH, SECOND,
GROUND FLOOR
1   PANORAMALIFT/PANORAMIC LIFT
2   VRIJ INDEELBAAR KANTOOR/
     FREELY DIVISIBLE OFFICE
3   STALEN LOOPBRUG/STEEL
     BRIDGE
4   ARCHIEF/ARCHIVES

FOTO/PHOTO OTH

0   5   10   25m

TRUDE HOOYKAAS
KRAANSPOOR

KRAANSPOOR 12-58
AMSTERDAM-NOORD

ARCHITECT:
OTH ONTWERPGROEP TRUDE
HOOYKAAS BV, AMSTERDAM
PROJECT TEAM:
TRUDE HOOYKAAS, JULIAN WOLSE,
STEVEN REISINGER, GERALD LINDNER
INITIATIEF EN ONTWERP/INITIATIVE
AND DESIGN:
TRUDE HOOYKAAS
MEDEWERKERS/CONTRIBUTORS:
STEVEN REISINGER, GERALD
LINDNER
PROJECTADVISEUR/PROJECT
ADVISOR:
INBO ADVISEURS BOUW,
WOUDENBERG
ONTWERP–OPLEVERING/
DESIGN–COMPLETION:
1997–2007
OPDRACHTGEVER/CLIENT:

ING REAL ESTATE DEVELOPMENT,
DEN HAAG/THE HAGUE
AANNEMER/CONTRACTOR:
BOUWCOMBINATIE M.J. DE NIJS
EN/AND ZN., WARMERHUIZEN; BOT
BOUW, AMSTERDAM
CONSTRUCTEUR/STRUCTURAL
ENGINEER:
ARONSOHN RAADGEVENDE
INGENIEURS, ROTTERDAM
ADVISEUR INSTALLATIES/BUILDING
SERVICES CONSULTANT:
HUYGEN INSTALLATIE ADVISEURS,
ROTTERDAM
BOUWFYSISCH EN AKOESTIEK
ADVISEUR/BUILDING PHYSICS AND
ACOUSTICS CONSULTANT:
LICHTVELD, BUIS & PARTNERS BV,
NIEUWEGEIN
PROJECTMANAGEMENT/PROJECT
MANAGEMENT:
GRONTMIJ/KATS & WAALWIJK,
GORINCHEM

Het meest opvallende pand op de voormalige NDSM-werf in Amsterdam-Noord is zonder enige twijfel Kraanspoor. Langs de kade in het IJ, op een lange betonnen constructie uit 1952 waarop kranen heen en weer reden om schepen af te bouwen, is een langgerekte glazen doos gezet. De constructie bleek nog bruikbaar, maar het draagvermogen moest worden verhoogd om nieuwbouw mogelijk te maken. Daarom zijn, onzichtbaar vanaf de kade, in de vier oorspronkelijke stijgpunten extra draagconstructies gebouwd. De opbouw is geplaatst op kolommen op het platform, en zweeft er als het ware boven. Zo zijn niet alleen 'oud en nieuw' van elkaar gescheiden, maar is het geheel transparanter geworden. Door de opengehouden tussenlaag is er zicht op het water mogelijk vanuit de liften en – niet onbelangrijk – is de constructie een herkenbaar onderdeel van het geheel gebleven. Door het onderscheid tussen oud en nieuw te benadrukken, zijn ze gelijkwaardig; het oude deel is niet tot een sokkel gedegradeerd.
De opbouw staat asymmetrisch op het platform, omdat aan de waterzijde het platform sterker belast kon worden: hier stonden vroeger de kranen. Door het gebruik van lichte, holle vloeren kon alle installatietechniek worden weggewerkt. Daardoor is de verdiepingshoogte royaal gebleven, terwijl de installaties uit het zicht zijn. Omdat bij een dergelijk transparant gebouw de warmtelast zeer hoog kan worden, is de gevel voorzien van een tweede huid, bestaande uit individueel kantelbare glazen lamellen met print. De nieuwbouw is duurzaam in het gebruik: zo wordt oppervlaktewater uit het IJ gebruikt voor koeling, verwarming en als spoelwater voor de toiletten.

The most striking building on the former NDSM shipbuilding site in Amsterdam-North is without doubt Kraanspoor (Crane Track). On a quay beside the IJ, above a long, 1952 concrete structure on which cranes rolled back and forth during the fitting-out of ships, rests an elongated glass box. Although the old structure was deemed reusable, its loadbearing capacity needed to be augmented to accommodate the new building. This was achieved by inserting additional support structures at the four original lift points. The building stands on columns on the platform, appearing to float above it. This strategy served not only to separate 'old and new' but to make the whole more transparent. The open intermediate level preserves the view of the water from the lifts and – just as importantly – the construction remains a recognizable part of the whole. Drawing attention to the distinction between old and new gives them equal weight and stops the old structure from being reduced to a mere pedestal for the new. The new structure stands asymmetrically on the platform because the bearing capacity of the water side of the platform, where the cranes used to stand, is greater. The use of light, hollow floors allowed all the services to be hidden away and also resulted in a generous storey height. Because transparent buildings are susceptible to very high heat loads, the facade has a second skin consisting of individually tiltable, screen-printed glass louvres. The new building is quite economical to run: surface water from the IJ is used for cooling, heating and to flush the toilets.

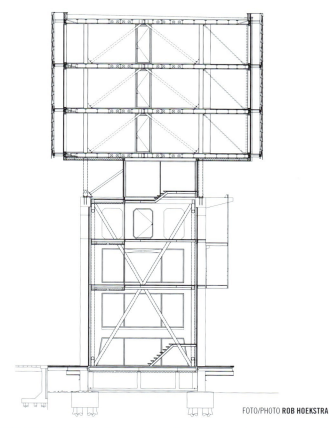

FOTO/PHOTO **ROB HOEKSTRA**

FOTO/PHOTO **ROB HOEKSTRA**

FOTO'S/PHOTOS **FEDDE DE WEERT**

FOTO/PHOTO **CHRISTIAAN DE BRUIJNE**

FOTO/PHOTO **CHRISTIAAN DE BRUIJNE**

MEI
KRATON 230 (SCHIECENTRALE FASE/PHASE 4A)

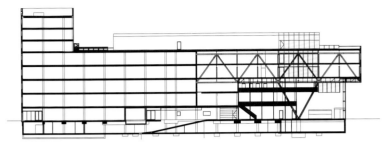

Het gebouw voor RTV Rijnmond is onderdeel van de Schiecentrale aan de Lloydstraat, een complex waar wonen en werken plaats krijgen op het terrein van een voormalige elektriciteitsfabriek. Dit gebouw, het hart van de audiovisuele bedrijvigheid in Rotterdam, ontleent zijn stevige verschijning en grootte vooral aan de omvang van de voormalige fabriek en de vele schepen die hier vroeger lagen aangemeerd. Vanaf de straat zijn de studio's achter de glazen gordijngevel goed te zien. Een logische keus: de studio's zijn de belangrijkste ruimtes in het gebouw, omdat daar immers alle radio- en tv-producties worden gemaakt. De architect heeft zo geprobeerd de nieuwsverwerking zichtbaar te maken. Rondom de studio's bevinden zich de kantine, de redactieruimtes en een serverruimte. Door de entreepartij in glas uit te voeren, waarboven nog twee met staalplaten beklede verdiepingen uitkragen, loopt de aangrenzende buitenruimte als het ware door in het gebouw. De uitkraging werkt als luifel en accentueert de entreepartij.

De gesloten gevels zijn bekleed met bruingeroeste, gietijzeren panelen, voorzien van motieven uit de maritieme sfeer. De venster-openingen in dit gedeelte van het gebouw strekken zich uit over twee verdiepingen. De architect heeft relatief veel beslissingen van de aannemer en de gebruikerswensen laten afhangen, waardoor een prettige pragmatische samenhang is ontstaan tussen ontwerp en bouwerslogica enerzijds en de dagelijkse werkelijkheid van een omroeporganisatie anderzijds; zie bijvoorbeeld de kabels- en leiding-bundels die overal door de gangen zijn getrokken. De bouwers-invloed vinden we terug in de twee kloeke v-vormige staanders, het grootste formaat H-balk, waarvan de naar elkaar toelopende poten op het studioplein samenkomen. Op de staanders rusten twee grote vakwerkliggers, waarvan de boutverbindingen in het zicht zijn gelaten. De combinatie van dergelijke uit de bouwpraktijk voortkomende details met de roestige gevelpanelen maakt dat het gebouw ondanks de recente opleveringsdatum doorleefd oogt.

The building for public broadcaster RTV Rijnmond is part of the Schie-centrale on Lloydstraat, a complex where living and working are gradually colonizing the site of a former power station. This building, the heart of audiovisual activities in Rotterdam, owes its robust size and appearance primarily to the dimensions of the old electricity plant and to the many ships that were once moored alongside here. From the street the studios are clearly visible behind the glass curtain wall, a logical decision because the studios are the most important rooms in the building in that it is here that all the radio and televison programmes are made. The architect has accordingly tried to make the news processing visible. Clustered around the studios are the canteen, editorial suites and a server room. The glazed entrance topped by two cantilevered floors clad in steel plate, makes it look as though the adjoining outdoor space continues on into the building. The cantilever acts as an awning and draws attention to the entrance.

The imperforate facades are clad with rust-brown, cast-iron panels with a raised maritime motif. The window openings in this part of the building extend over two storeys. The architect allowed quite a lot of design decisions to depend on the contractor and the users' preferences, resulting in an agreeable, pragmatic relationship between the design and builder's logic on the one hand, and the daily reality of a broad-casting organization on the other. The latter is evidenced by the cables and bundles of wires running through all the corridors. The builder's influence can be found in the two massive V-shaped columns, the converging legs of which meet on the studio plaza. The columns support two large truss girders where the bolt connections have been left in full view. Such constructional details in combination with the rusty panels suggest a venerability that belies the building's recent completion date.

DOORSNEDE/SECTION

VIJFDE, DERDE VERDIEPING, BEGANE GROND/FIFTH, THIRD, GROUND FLOOR
1   HOOFDENTREE/MAIN ENTRANCE
2   ENTREE KANTOOR/OFFICE ENTRANCE
3   RECEPTIE/RECEPTION
4   TV STUDIO
5   LIFT

6   TECHNISCHE RUIMTE/ TECHNICAL ROOM
7   KANTOOR/OFFICE
8   INRIT PARKEERGARAGE/CAR PARK ENTRANCE
9   BERGING/STORAGE
10   EDIT ROOMS/EDITING ROOMS
11   TERRAS/TERRACE
12   PRESENTATIERUIMTE/ PRESENTATION ROOM

SITUATIE/SITE PLAN
A   LLOYDSTRAAT
B   ST. JOBSHAVEN
C   SCHIEHAVEN
D   KRATONKADE

LLOYDSTRAAT 23
ROTTERDAM

ARCHITECT:
MEI ARCHITECTEN EN
STEDENBOUWERS B.V., ROTTERDAM
PROJECTARCHITECT/PROJECT
ARCHITECT:
ROBERT WINKEL
MEDEWERKERS/CONTRIBUTORS:
ROBERT PLATJE, HENNIE DANKERS,
ERWIN VERHOEVE, THEUN
FRANKEMA, MICHEL ZAAN
VERANTWOORDELIJKE
STEDENBOUWER/URBAN PLANNER:
MEI ARCHITECTEN EN
STEDENBOUWERS, B.V., ROTTERDAM
ONTWERP–OPLEVERING/
DESIGN–COMPLETION:
2002–2007
OPDRACHTGEVER/CLIENT:
ONTWIKKELINGSBEDRIJF
ROTTERDAM, ROTTERDAM

AANNEMER/CONTRACTOR:
VISSER EN SMIT BOUW,
PAPENDRECHT
CONSTRUCTEUR/STRUCTURAL
ENGINEER:
PIETERS BOUWTECHNIEK, DELFT
INTERIEURARCHITECT/INTERIOR
DESIGNER:
RTV RIJNMOND: MEI ARCHITECTEN
EN STEDENBOUWERS I.S.M./WITH
BUREAU STRIJKERS, ROTTERDAM;
ARA: MEI ARCHITECTEN EN
STEDENBOUWERS
KUNSTENAAR/ARTIST:
STUDIO JOB (FIGURATIE GIETIJZEREN
GEVELPANELEN/DESIGN CAST-IRON
FACADE PANELS)
KALE BOUWSOM/BASIC BUILDING
COSTS:
€ 14.000.000
BOUWKOSTEN PER M²/BUILDING
COSTS PER M²:
€ 1.200

FOTO'S/PHOTOS:
JEROEN MUSCH

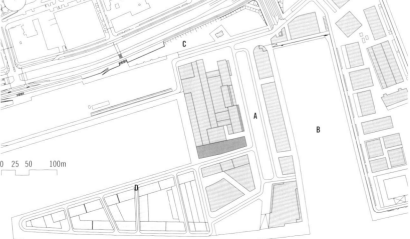

MEI/WESSEL DE JONGE

JOBSVEEM

LLOYDSTRAAT 138
ROTTERDAM

SAMENWERKENDE
ARCHITECTEN/COLLABORATING
ARCHITECTS:
MEI ARCHITECTEN EN
STEDENBOUWERS B.V., ROTTERDAM
EN/AND WESSEL DE JONGE
ARCHITECTEN BNA B.V., ROTTERDAM
PROJECTARCHITECT/PROJECT
ARCHITECT:
MEI: ROBERT WINKEL
WESSEL DE JONGE: WESSEL DE JONGE
MEDEWERKERS/CONTRIBUTORS:
MEI: JOS SCHÄFFER, BART SPEE,
JANE NAGTEGAAL, ROBERT PLATJE,
NARS BROEKHARST
WESSEL DE JONGE: SANDER
NELISSEN, LUCAS VAN ZUIJLEN,
RALPH KNUFING
ONTWERP–OPLEVERING/
DESIGN–COMPLETION:

1999–2007
OPDRACHTGEVER/CLIENT:
BAM VASTGOED/BAM VOLKER
BOUWMAATSCHAPPIJ, ROTTERDAM
AANNEMER/CONTRACTOR:
BAM VOLKER BOUWMAATSCHAPPIJ,
ROTTERDAM
CONSTRUCTEUR/STRUCTURAL
ENGINEER:
PIETERS BOUWTECHNIEK, DELFT
INTERIEURARCHITECT/INTERIOR
DESIGNER:
MEI ARCHITECTEN EN
STEDENBOUWERS B.V., ROTTERDAM
KALE BOUWSOM/BASIC BUILDING
COSTS:
€ 20.000.000
BOUWKOSTEN PER M²/BUILDING
COSTS PER M²:
€ 1.200
FOTO'S/PHOTOS:
JEROEN MUSCH

26

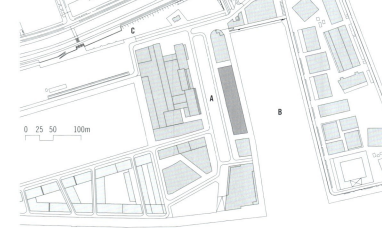

0 25 50   100m

Het St. Jobsveem (1912) is van oorsprong een kloek industrieel gebouw van architecten J.J. Kanters en F. Eriksson. De samenwerking tussen Mei en Wessel de Jonge heeft geresulteerd in een goede balans tussen respectievelijk transformatie en behoud. Het pakhuis was ooit ontworpen als gesloten geheel om de goederen die er lagen opgeslagen te beschermen tegen daglicht, regen en wind. Maar woningen en commerciële ruimtes vragen juist om veel daglicht: drie nieuwe atria van glas en staal zorgen daarvoor. Tevens verschaffen ze uitzicht aan de woningen die hieraan grenzen. De lichthoven benadrukken de monumentale onderdelen die zorgvuldig in het voormalige pakhuis zijn teruggebracht.
In de atria bevinden zich de hoofdtrappenhuizen, liften en entrees voor de begane grond. Het zijn levendige, lichte ruimtes geworden waar bewoners elkaar kunnen tegenkomen. De hoven dienen ook als rook- en warmteafvoer.
Vanwege de gebouwdiepte is gekozen voor een middengang en relatief brede woningen. De verdiepingen hebben een vrije indeling, omdat dragende wanden afwezig zijn. Dezelfde flexibiliteit is terug te vinden in de plattegronden van de woningen. De woningen zijn casco opgeleverd met vrijstaande gietijzeren kolommen en de vloerbalken zichtbaar in het plafond. Het bestaande dak moest vanwege zijn slechte bouwkundige staat worden verwijderd. Hiervoor in de plaats is een nieuwe verdieping aangebracht, waarop zich tien penthouses bevinden. Zo werd het project ook beter te bekostigen. Op de begane grond zijn de commerciële ruimtes ondergebracht; de overige ruimtes zijn bestemd voor creatieve bedrijven. De unieke gevel van betonnen laad-en-losperrons – een belangrijk gegeven bij de aanwijzing tot rijksmonument – aan de waterkant kon blijven: het zijn balkons geworden.

St. Jobsveem (1912) began life as a robust industrial building designed by architects J.J. Kanters and F. Eriksson. The collaboration between Mei and Wessel de Jonge has produced a happy balance between conversion and preservation.
The warehouse was originally designed with very few windows in order to protect the goods stored there from light, wind and rain. But houses and shops require abundant daylight, and this has been provided, together with a view of neighbouring houses, by three new glass and steel atria. The light courts accentuate the carefully restored monumental elements of the former warehouse.
The atria contain the main staircases, lifts and ground floor entrances. They are lively, light-filled places where residents can meet one another. They also act as smoke and heat extractors.
Given the depth of the building, the architects opted for a central corridor and relatively wide dwellings. There are no internal loadbearing walls so the various floors are freely subdivisible. The same flexibility applies to the individual dwellings which were delivered as an empty shell with freestanding cast-iron columns and exposed ceiling beams. The existing roof was in such a poor state that it had to be demolished. It was replaced by a new storey containing ten penthouse apartments which helped to defray the cost of the project. Most of the ground floor spaces have been allocated for retail; the remaining ones are earmarked for creative businesses. The unique waterside facade of concrete loading bays – one of the main reasons for the building's heritage status – has been retained and the bays turned into balconies.

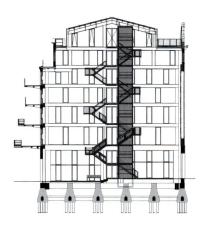

SITUATIE/SITE PLAN

A   LLOYDSTRAAT
B   ST. JOBSHAVEN
C   SCHIEHAVEN

DOORSNEDEN/SECTIONS

EERSTE VERDIEPING/FIRST FLOOR

1   COMMERCIËLE
     RUIMTE/COMMERCIAL SPACE
2   BERGING/STORAGE
3   GANG/CORRIDOR
4   WONINGEN/DWELLINGS
5   ATRIUM
6   BALKON/BALCONY

0   5   10   25m

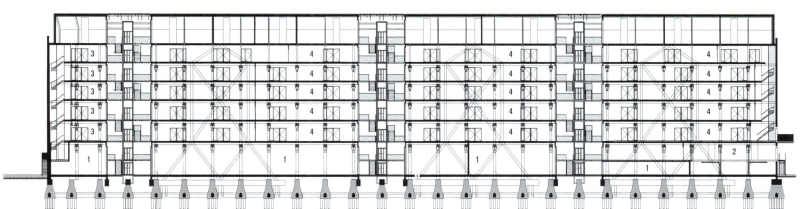

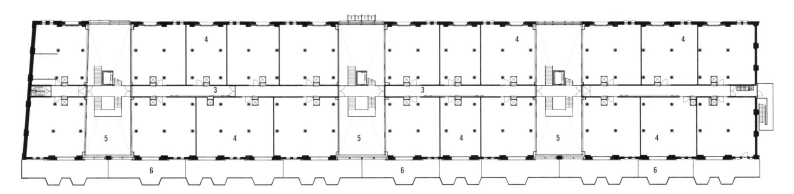

27

FOTO/PHOTO LUUK KRAMER

DOK ARCHITECTEN/ AEQUO ARCHITECTS
MEDIATHEEK/MULTIMEDIA CENTRE

VESTEPLEIN 100
DELFT

ARCHITECT:
DOK ARCHITECTEN, AMSTERDAM:
LIESBETH VAN DER POL I.S.M./WITH
AEQUO ARCHITECTS, ASSEN: AAT VOS
PROJECTARCHITECT/PROJECT
ARCHITECT:
PATRICK CANNON
MEDEWERKERS/CONTRIBUTORS
DOK: SJUUL VAN GEMERT, MICHIEL
HARDONK, HARRY OVEREEM, ROB BOS,
HISKE WEGMAN, PIETER LIEVENSE
AEQUO: FARZAD SALEHI, SVEND
PANJER (LIGHT PLANNING)
VERANTWOORDELIJKE STEDEN-
BOUWER/URBAN PLANNER:
AWG ARCHITECTEN, ANTWERPEN/
ANTWERP: BOB VAN REETH
ONTWERP–OPLEVERING/
DESIGN–COMPLETION:
2003–2007

OPDRACHTGEVER/CLIENT:
GEMEENTE DELFT
AANNEMER/CONTRACTOR:
HEIJMANS BOUW, ROTTERDAM;
COORS INTERIEURBOUW, RIDDER-
KERK
CONSTRUCTEUR/STRUCTURAL
ENGINEER:
DHV, DEN HAAG/THE HAGUE, D3BN
INTERIEURARCHITECT/INTERIOR
DESIGNER:
AEQUO ARCHITECTS, ASSEN
KALE BOUWSOM/BASIC BUILDING
COSTS:
€ 5.300.000 (INTERIEUR/INTERIOR:
€ 2.700.000)
BOUWKOSTEN PER M²/BUILDING
COSTS PER M²:
€ 533 (INTERIEUR/INTERIOR: € 600)
FOTO'S/PHOTOS:
ARJEN SCHMITZ

0 10 25m

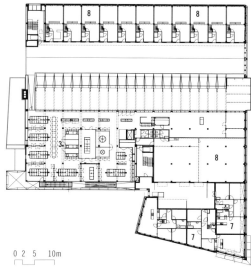

0 2 5 10m

SITUATIE/SITE PLAN
A VESTEPLEIN
B ZUIDWAL
C ASVEST

DOORSNEDE/SECTION

TWEEDE, EERSTE VERDIEPING,
BEGANE GROND/SECOND, FIRST,
GROUND FLOOR

1 ENTREE MEDIATHEEK/
MULTIMEDIA CENTRE ENTRANCE
2 FIETSENSTALLING/BICYCLE
STORAGE
3 MEDIATHEEK/MULTIMEDIA CENTRE
4 WINKELS/SHOPS
5 NIEUWE WINKELS/NEW SHOPS
6 WONINGEN/DWELLINGS
7 NIEUWE WONINGEN/
NEW DWELLINGS
8 KANTOREN/OFFICES

31

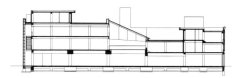

De mediatheek is gevestigd in een tot casco teruggebracht pand uit 1970 van E.F. Groosman en ligt aan het Cultuurplein in het centrum van Delft, ingebed in de omringende bebouwing met winkels, horeca, woningen en een fietsenstalling. De ingang is pregnant gemaakt door toevoeging van een hoge, glazen gevel met boeken-print die twee meter voor de bestaande gevel is geplaatst. Binnen is het gestripte rauwe casco als esthetisch uitgangspunt genomen: plafonds zijn van kaal beton, zaagsneden en leidingwerk bleven in het zicht. Als contrast hiermee is het interieur zorgvuldig vorm-gegeven met juist zachte materialen in felle kleuren, gebruikt in uitnodigende zitelementen, mooi meubilair en balies die met leer zijn bekleed. Centraal in het pand vormen de trap/tribune, een openbaar café en een openbaar podium tezamen een open plein, gelegen onder een opvallende glazen kap. De diverse afdelingen en collectieonderdelen hebben ieder een eigen identiteit, zonder dat het losse onderdelen zijn geworden. De collectie is zodanig in het gebouw geplaatst dat er meerdere kleinere ruimtes zijn ontstaan met steeds een andere sfeer. Kleur en licht zijn ingezet om de oriëntatie voor de bezoeker verder te vergemakkelijken en het karakteristieke casco te benadrukken. Het kastensysteem is speciaal ontwikkeld om frontale presentatie van alle media mogelijk te maken, waarbij de kaften zichtbaar zijn en niet alleen de ruggen, zodat de aangeboden waar er veel aantrekkelijker uitziet.

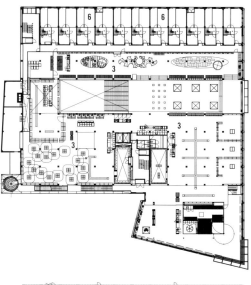

The multimedia centre, which is housed in the shell of a 1970 building by E.F. Groosman, stands on Cultuurplein in the centre of Delft, embedded in a neighbourhood of shops, restaurants, houses and a bicycle garage. The entrance has been emphasized by placing a tall glazed facade, screen-printed with the image of a book, two metres in front of the old front facade. Inside, the stripped down shell provided the aesthetic starting point: no attempt has been made to conceal bare concrete ceilings, saw marks and piping. By contrast, the interior has been meticulously designed using soft materials and bright colours in inviting seating, stylish furniture and leather-clad counters. In the middle of the building the stairs (which double as seating for events), a public café and a public stage together form an open plaza beneath a striking glazed roof. Each department and collection has its own identity while remaining part of the whole. The collections have been arranged in such a way as to create several smaller spaces with their own individual atmosphere. Colour and light have been used to make it easier for visitors to find their way around and to accentuate the distinctive shell. The shelving was specially designed to allow for a front-on presentation of all the media: instead of a row of spines, borrowers are offered a much more enticing display of front covers.

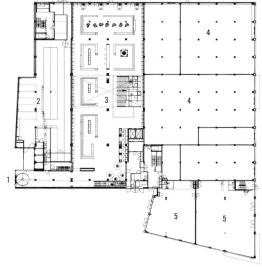

FOTO/PHOTO **JAN BARTELMANS**

FOTO/PHOTO JAN BARTELMANS

FOTO/PHOTO JAN BARTELMANS

FOTO/PHOTO JAN BARTELMANS

CLAUS EN KAAN
STADSARCHIEF DE BAZEL /DE BAZEL CITY ARCHIVES

VIJZELSTRAAT 32
AMSTERDAM

ARCHITECT:
CLAUS EN KAAN ARCHITECTEN,
AMSTERDAM/ROTTERDAM
PROJECTARCHITECTEN/PROJECT
ARCHITECTS:
FELIX CLAUS, JAAP GRÄBER
MEDEWERKERS/CONTRIBUTORS:
MARC VAN BROEKHUIJSEN, WING
TANG, JAMES WEBB, SURYA
STEIJLEN, JAN KERKHOFF, OLIVER
EBBEN, WALLY GLASHOUWER
ONTWERP–OPLEVERING/
DESIGN–COMPLETION:
2003–2007

OPDRACHTGEVER/CLIENT:
STADSARCHIEF AMSTERDAM
PROJECTMANAGEMENT/PROJECT
MANAGAMENT:
PROJECTMANAGEMENTBUREAU
GEMEENTE AMSTERDAM
AANNEMER/CONTRACTOR:
JURRIËNS BOUW, UTRECHT
CONSTRUCTEUR/STRUCTURAL
ENGINEER:
VAN ROSSUM, AMSTERDAM
INTERIEURARCHITECT/INTERIOR
DESIGNER:
CLAUS EN KAAN ARCHITECTEN,
AMSTERDAM/ROTTERDAM
RESTAURATIEARCHITECT/
RESTORATION ARCHITECT:

MAARTEN FRITZ, BUSSUM
KALE BOUWSOM/BASIC BUILDING
COSTS:
€ 20.000.000
BOUWKOSTEN PER M²/BUILDING
COSTS PER M²:
€ 700
FOTO'S/PHOTOS:
LUUK KRAMER

Van een zwaar en gesloten bankgebouw, dat vooral moest uitstralen dat ons geld veilig opgeborgen lag, een open en publieksvriendelijk pand maken, lijkt geen eenvoudige opgave. Toch is hier, met achteraf beschouwd relatief eenvoudige ingrepen, op alle fronten aan voldaan. Het voormalige hoofdkantoor van de Nederlandsche Handel-Maatschappij uit 1926 is een rijksmonument en geldt als een hoogtepunt in het oeuvre van architect K.P.C. de Bazel. De verbouwing valt grofweg in twee delen uiteen: Claus en Kaan maakten het pand geschikt voor gebruik en Maarten Fritz deed vooral de restauratie van de vloer van de hoofdverdieping, de schatkamer en de stijlkamers op de tweede en derde verdieping. De openheid is ten eerste bereikt door glazen openingen aan de Vijzelstraat te maken. Voor het eerst is 'naar binnen kijken' mogelijk. Ten tweede zijn in het interieur de eerder dichtgezette lichthoven weer opengemaakt. Een publiek gebouw heeft meer profijt van een lichte hal dan van extra meters kantoorvloer. Tegelijkertijd is het een ingreep die de creatie van De Bazel eer aandoet. Het pand is verder dusdanig flexibel bruikbaar gemaakt dat toekomstige veranderingen geen grote ingrepen zullen vergen. De omslag van een gesloten naar een 'open' gebouw wordt het mooist gesymboliseerd door het openbaar maken van het kluizencomplex onder in het gebouw. Daar is de schatkamer van het archief gevestigd: van een ruimte waar vroeger slechts een enkeling naar binnen mocht, is nu de museale hoofdruimte gemaakt.

Turning a massive, largely imperforate bank building designed to reassure clients that their money is in a safe place into an open and welcoming building, is no easy task. And yet that is precisely what has been achieved on all fronts here and, in retrospect, with relatively simple measures. The former head office of the Nederlandsche Handel-Maatschappij (1926) is a listed building and is considered one of the high points in the oeuvre of architect K.P.C. de Bazel. The conversion was a two-part affair: Claus en Kaan made the building fit for use and restoration expert Maarten Fritz concentrated on the restoration of the floor of the main storey, the Safe Deposit in the basement and the period rooms on the second and third floors.
The required openness was achieved firstly by creating openings in the Vijzelstraat elevation, thereby allowing passers-by their first chance to 'peek inside'. The second strategy involved reopening the closed light courts – a public building has more to gain from a light-filled hall than from additional square metres of office space and besides, this measure does justice to De Bazel's creation. For the rest, the building was made so flexible that any future changes in use will not require major interventions.
The transformation from a closed to an 'open' building is best symbolized by the opening up of the vaults in the basement. It is here that the city archive's Treasury is located, turning a space that very few people ever penetrated into the main museological space.

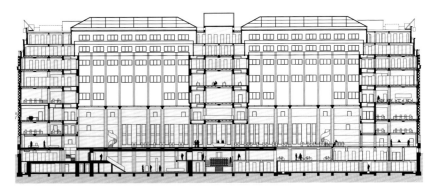

0   5   10   25m

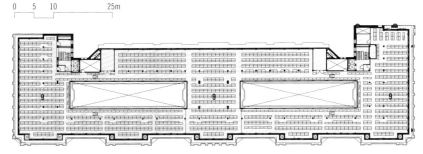

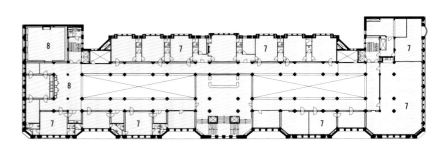

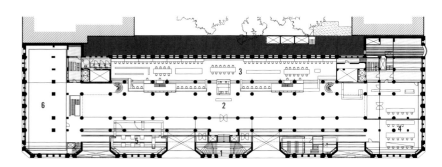

SITUATIE/SITE PLAN
A   VIJZELSTRAAT
B   KEIZERSGRACHT
C   HERENGRACHT

LANGSDOORSNEDE/LONGITUDINAL
SECTION

ZESDE, TWEEDE VERDIEPING, BEL-
ETAGE/SIXTH, SECOND, MAIN FLOOR
1   TRAPPEN HOOFDENTREE/
    STAIRS, MAIN ENTRANCE
2   CENTRALE HAL/CENTRAL HALL
3   LEESZAAL/READING ROOM
4   STUDIEZAAL ORIGINELEN/
    ORIGINAL MATERIALS STUDY
    ROOM

5   BOEKWINKEL/BOOK SHOP
6   TENTOONSTELLINGSRUIMTE/
    EXHIBITION SPACE
7   KANTOOR/OFFICE
8   VERGADERRUIMTE/CONFERENCE
    ROOM
9   STANDAARD DEPOT/STANDARD
    STOREROOM

0   25   50   100m

FOTO/PHOTO **ABN AMRO HISTORISCH ARCHIEF**

FOTO/PHOTO **STADSARCHIEF AMSTERDAN**

FOTO/PHOTO **ABN AMRO HISTORISCH ARCHIEF**

NEUTELINGS RIEDIJK/DP6
WALTERBOSCOMPLEX

Het Walterboscomplex is met 3500 werknemers een van de grootste vestigingen van de Nederlandse Belastingdienst. Het oorspronkelijke complex uit de jaren zestig (architect Piet Zanstra) is omgevormd tot een moderne campus, met een heldere interne gangenstructuur en restaurants, conferentiezalen, een bibliotheek, een sportzaal en parkeerplaatsen voor ruim duizend auto's.
Aan vier bestaande kantoorgebouwen zijn naar ontwerp van DP6 twee torens met voornamelijk werkplekken toegevoegd; dit was in het oorspronkelijke ontwerp van Zanstra ook al de bedoeling. De torens hebben een amorfe, compacte *footprint* en zijn vrij indeelbaar. Voor de volledig glazen gevels hangen lamellen, die de gevel reliëf en een afwisselend patroon geven.
De samenbindende beganegrondlaag, waarin de meeste andere functies zitten, is ontworpen door Neutelings Riedijk. Deze laag bevindt zich voornamelijk onder het straatniveau. Het dak ervan is bedekt met een groot waterreservoir, waarboven een aantal met roestvrij staal beklede elementen uitsteekt. Deze brengen daglicht in de ondergrondse wereld. Op de elementen zijn reliëfs van draken en waterspuwende maskers aangebracht, ontworpen door kunstenaar Rob Birza. Het water wordt gebruikt om het gebouw te koelen. De ondergrondse gevels van de belangrijkste interne routes zijn gemaakt van zwart beton en omlijsten als hedendaagse kloostergangen groen ingerichte patio's. Vloeren, plafonds en wanden zijn gemaakt van antracietkleurig natuursteen en marmerwitte betonnen panelen. Deze stenen wereld vindt zijn contramal in intiemere ruimtes en bijvoorbeeld de zachte, kleurrijke wandtapijten, ook ontworpen door Birza.

With a staff of 3500, the Walterbos complex is one of the Dutch taxation authority's largest offices. The original 1960s complex (Piet Zanstra) has been turned into a modern campus with a lucid system of internal corridors plus restaurants, conference rooms, a library, a sports hall and parking for 1000 cars.
DP6 have implemented Zanstra's original plan by adding two towers, mainly of office space, to the existing four buildings. The new buildings have an amorphous, compact footprint and freely subdivisible floors. In front of the all-glass facades hang louvres which give the facade depth and a variable pattern.
The ground level building, which binds the complex together and contains most of the other functions, was designed by Neutelings Riedijk. This level is mainly below street level. Its roof is covered by a large water tank from which protrude a number of stainless steel-clad boxes. The water is used to cool the building while the boxes, which bring light into the subterranean world, are decorated with reliefs of dragons and water-spouting masks designed by artist Rob Birza. The underground walls of the main internal routes are of black concrete and, like modern-day cloister walks, enclose planted patios. Floors, ceilings and walls are of charcoal-coloured stone and marble-white concrete panels. This stone world is counterbalanced by more intimate spaces and by soft and colourful wall hangings, also designed by Birza.

JOHN F. KENNEDYLAAN 8
APELDOORN

ARCHITECTEN/ARCHITECTS:
NEUTELINGS RIEDIJK ARCHITECTEN,
ROTTERDAM: MICHIEL RIEDIJK,
WILLEM JAN NEUTELINGS EN/AND
DP6 ARCHITECTUURSTUDIO, DELFT
PROJECTARCHITECT/PROJECT
ARCHITECT:
NEUTELINGS RIEDIJK ARCHITECTEN:
STAN AARTS; DP6: CHRIS DE WEIJER
MEDEWERKERS/CONTRIBUTORS:
NEUTELINGS RIEDIJK: HANS-PETER
HÖHN, KERSTEN GEERS, KENICHI
TERAMOTO, ELISABETH ERIKSEN,
ANN LAU, STEPHAN SCHÜLECKE,
KORINNA THIELEN, KASPER
LARSSON, JOOST MÖHLMAN, JORRIT
SIPKES, JEROEN BOS
DP6: DAAN VAN DER VLIST, LOES
OUDENAARDE, ANDREAS LEUPOLD,
DANIELA BELLELI, RICHELLE DE JONG
VERANTWOORDELIJKE

STEDENBOUWER/URBAN PLANNER:
KRAAIJVANGER URBIS, ROTTERDAM
ONTWERP–OPLEVERING/
DESIGN–COMPLETION:
2000–2007
OPDRACHTGEVER/CLIENT:
MINISTERIE VAN VROM RIJKS-
GEBOUWENDIENST: JAN BRINKHUIS
(DIRECTIE PROJECTEN/PROJECT
MANAGEMENT)
AANNEMER/CONTRACTOR:
BAM UTILITEITSBOUW, UTRECHT
CONSTRUCTEUR/STRUCTURAL
ENGINEER:
INGENIEURSBUREAU ZONNEVELD,
ROTTERDAM
INTERIEURARCHITECT/INTERIOR
DESIGNER:
DP6 ARCHITECTUURSTUDIO, DELFT
LANDSCHAPSARCHITECT/LANDSCAPE
ARCHITECT:
BOSCH EN SLABBERS TUIN- EN
LANDSCHAPSARCHITECTEN, ARNHEM
BOUWFYSISCH ADVISEUR/BUILDING

PHYSICS CONSULTANT:
DGMR RAADGEVEND INGENIEURS,
ARNHEM
TECHNISCH ONTWERP EN
BOUWADVIES/DETAILED DESIGN AND
BUILDING CONSULTANT:
BUREAU BOUWKUNDE, ROTTERDAM
ADVISEUR INSTALLATIES/BUILDING
SERVICES CONSULTANT:
RAADGEVEND TECHNISCH BURO VAN
HEUGTEN, NIJMEGEN; DEERNS
RAADGEVEND INGENIEURS, RIJSWIJK
KUNSTENAAR/ARTIST:
ROB BIRZA, HARMEN LIEMBURG
KALE BOUWSOM/BASIC BUILDING
COSTS:
€ 60.000.000
BOUWKOSTEN PER M²/BUILDING
COSTS PER M²:
€ 1.330
FOTO'S/PHOTOS:
DARIA SCAGLIOLA/STIJN BRAKKEE

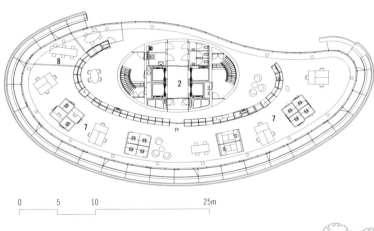

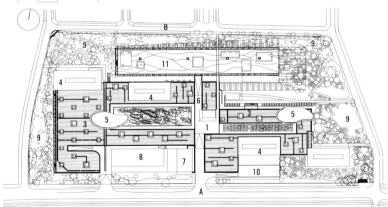

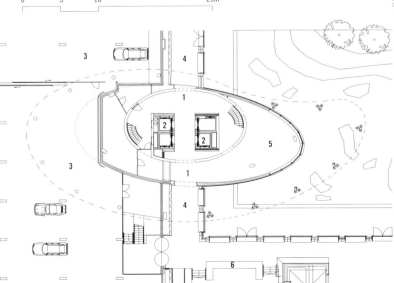

DOORSNEDE/SECTION

TYPISCHE KANTOORVERDIEPING,
BEGANE GROND/TYPICAL OFFICE
FLOOR, GROUND FLOOR
1 ENTREE TOREN/TOWER
  ENTRANCE
2 LIFT
3 PARKEERGARAGE/CAR PARK
4 GANG/CORRIDOR
5 WINKEL/SHOP
6 RESTAURANT
7 KANTOOR/OFFICE
8 VERGADERRUIMTE/CONFERENCE
  ROOM

SITUATIE/SITE PLAN
A JOHN F. KENNEDYLAAN
B JOOST VAN DEN VONDELLAAN
1 ENTREEGEBOUW/ENTRANCE
  BUILDING
2 VERDIEPTE TUINEN/SUNKEN
  GARDENS
3 WATERRESERVOIR/WATER TANK
4 BESTAANDE TORENS/EXISTING
  TOWERS
5 NIEUWE TORENS/NEW TOWERS
6 INRIT PARKEERGARAGE/
  CAR PARK ENTRANCE
7 ENERGIEGEBOUW/POWER
  SUPPLY BUILDING
8 COMPUTERGEBOUW/COMPUTER
  BUILDING
9 TUIN/GARDEN
10 EXPEDITIE /DELIVERY & LOADING
11 BEELDENTUIN/SCULPTURE
   GARDEN

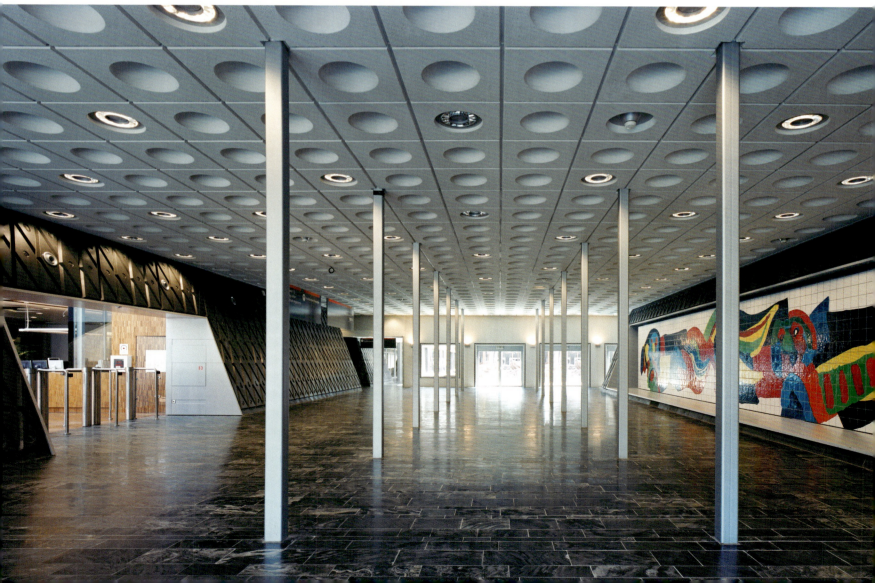

100 NIEUWE RIJKSMONUMENTEN

100 gebouwen die tussen 1940 en 1958 werden opgeleverd, hebben op 15 oktober 2007 de status van rijksmonument gekregen. Monumenten van de wederopbouw zijn het en het is dan ook niet vreemd dat twintig ervan in Rotterdam te vinden zijn – na het bombardement in 1940 moest daar tenslotte een heel nieuwe stad uit de grond worden gestampt. Hoogtepunt vormt de Lijnbaan die, hoewel de stad vast voornemens was dit ensemble op te offeren aan de belangen van het vastgoedbeheer, nu toch hét monument van deze voor de stad zo cruciale jaren kan blijven. Voor een van de drie onbetwiste toppers in Rotterdam kwam de lijst te laat: op 15 oktober stond de sloop van het Centraal Station al vast.

> www.minocw.nl

100 NEW STATE MONUMENTS

On 15 October 2007, 100 buildings completed between 1940 and 1958 were granted heritage status. They are post-war reconstruction monuments so it is not surprising that twenty of them are in Rotterdam which was almost entirely rebuilt in the wake of the devastation of the 1940 bombardment. The Lijnbaan, which the city had been prepared to sacrifice to real estate interests has now been confirmed as the key monument of one of the most important periods of Rotterdam's history and thereby saved. The list came too late for one of the undisputed icons of Rotterdam: by 15 October the demolition of Central Station was already a fact.

> www.minocw.nl

WiMBY! Hoogvliet

Toekomst, verleden en heden van een New Town

of: het grote WiMBY boek

NAi Uitgevers

WiMBY!

In 2007 kwam met een tentoonstelling, een boek, een documentaire en de opening van park De Heerlijkheid een einde aan een van de meest spraakmakende stedelijke-vernieuwingsprojecten: Welcome in My Back Yard, kortweg WiMBY! In plaats van de weg van de minste weerstand te volgen en zich dienstbaar te maken aan de beheerders van het vastgoed, besloot Crimson zijn aanpak te baseren op de staat waarin Hoogvliet, de intussen verouderde New Town, zich bevond, het gebruik ervan, en de gebruikers zelf. Dat leidde tot tal van meestal klein-schalige interventies, creatieve acupunctuur voor een afgematte buitenwijk, die inmiddels officieel geen probleemwijk meer is.
> www.wimby.nl

WiMBY!

In 2007 an exhibition, a book, a documentary and the opening of the Heerlijkheid Park brought to a close one of the most talked-about urban renewal projects: Welcome in My Back Yard, WiMBY! for short. Instead of following the path of least resistence and putting themselves at the service of property managers, Crimson based their approach on the state in which Hoogvliet, an outdated New Town, found itself, on the way it was used and the users themselves. The result: numerous, mostly small-scale interventions, creative acupuncture for a rundown outer suburb that is no longer on the official list of 'problem areas'.
> www.wimby.nl

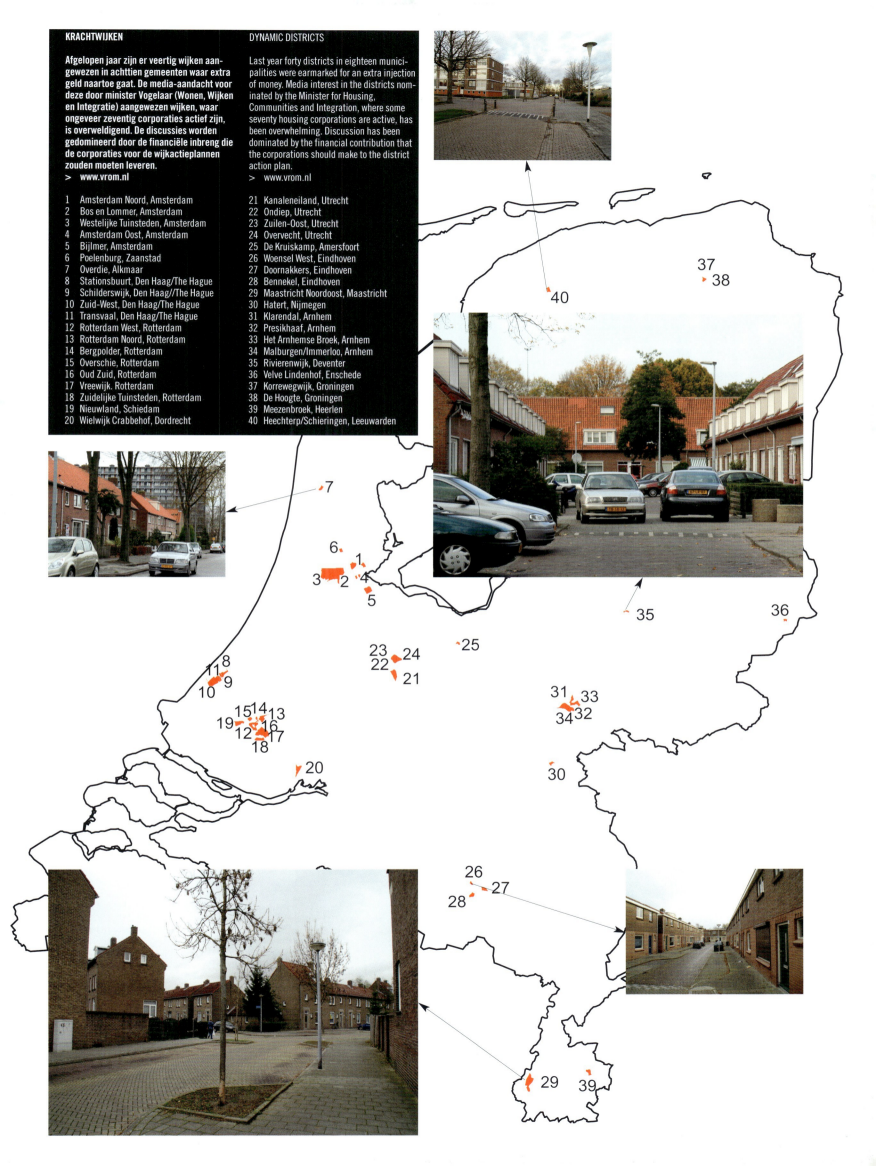

KRACHTWIJKEN

Afgelopen jaar zijn er veertig wijken aangewezen in achttien gemeenten waar extra
geld naartoe gaat. De media-aandacht voor
deze door minister Vogelaar (Wonen, Wijken
en Integratie) aangewezen wijken, waar
ongeveer zeventig corporaties actief zijn,
is overweldigend. De discussies worden
gedomineerd door de financiële inbreng die
de corporaties voor de wijkactieplannen
zouden moeten leveren.
> www.vrom.nl

DYNAMIC DISTRICTS

Last year forty districts in eighteen munici-
palities were earmarked for an extra injection
of money. Media interest in the districts nominated by the Minister for Housing,
Communities and Integration, where some
seventy housing corporations are active, has
been overwhelming. Discussion has been
dominated by the financial contribution that
the corporations should make to the district
action plan.
> www.vrom.nl

1   Amsterdam Noord, Amsterdam
2   Bos en Lommer, Amsterdam
3   Westelijke Tuinsteden, Amsterdam
4   Amsterdam Oost, Amsterdam
5   Bijlmer, Amsterdam
6   Poelenburg, Zaanstad
7   Overdie, Alkmaar
8   Stationsbuurt, Den Haag/The Hague
9   Schilderswijk, Den Haag//The Hague
10 Zuid-West, Den Haag/The Hague
11 Transvaal, Den Haag/The Hague
12 Rotterdam West, Rotterdam
13 Rotterdam Noord, Rotterdam
14 Bergpolder, Rotterdam
15 Overschie, Rotterdam
16 Oud Zuid, Rotterdam
17 Vreewijk. Rotterdam
18 Zuidelijke Tuinsteden, Rotterdam
19 Nieuwland, Schiedam
20 Wielwijk Crabbehof, Dordrecht

21 Kanaleneiland, Utrecht
22 Ondiep, Utrecht
23 Zuilen-Oost, Utrecht
24 Overvecht, Utrecht
25 De Kruiskamp, Amersfoort
26 Woensel West, Eindhoven
27 Doornakkers, Eindhoven
28 Bennekel, Eindhoven
29 Maastricht Noordoost, Maastricht
30 Hatert, Nijmegen
31 Klarendal, Arnhem
32 Presikhaaf, Arnhem
33 Het Arnhemse Broek, Arnhem
34 Malburgen/Immerloo, Arnhem
35 Rivierenwijk, Deventer
36 Velve Lindenhof, Enschede
37 Korrewegwijk, Groningen
38 De Hoogte, Groningen
39 Meezenbroek, Heerlen
40 Heechterp/Schieringen, Leeuwarden

STEDELIJKE VER-NIEUWING: INVENTIE, TRANSFORMATIE EN DE MACHT VAN DE ARCHITECT

De afgelopen jaren is er een toenemend onbehagen over het niveau van de architectuurkritiek te bespeuren: er is te weinig van, de tijdschriften zijn oppervlakkig en soms wordt zelfs betoogd dat de kritiek niet meer bestaat. Het ontbreken van een gemeenschappelijke noemer in de architectuurproductie, hetzij stroming, taal, doel of overtuiging, wordt als een handicap ervaren. In de huidige periode waarin 'a style for the job' de regel is en allerlei posities uitwisselbaar lijken te zijn geworden, is een zinvolle vergelijking van gebouwen ondoenlijk. Voor standpunten geldt hetzelfde, want die worden nauwelijks verwoord door architecten.

Ruud Brouwers, de *godfather* van het Jaarboek en al vanaf de jaren zeventig architectuurcriticus, heeft – ongetwijfeld met de moed der wanhoop – een label verzonnen voor het huidige architectuurspectrum: het Nieuwe Realisme. De term lijkt te refereren aan het neorealisme, de stroming in de Italiaanse cinematografie die de rauwe dagelijkse werkelijkheid en authenticiteit als kern van het filmen omarmde. Maar in feite lijkt Brouwers' nieuwe realisme meer op de Duitse Realpolitik, de pragmatische manier van denken en onderhandelen die losstaat van ideologische overtuigingen. Het Nieuwe Realisme omschrijft namelijk hoe in de tegenwoordige, door de markt bepaalde bouwproductie het architectonische beeld door 'de bouwers' en 'de politiek' wordt bepaald en steeds minder door de architecten.[1] In de hechte band die tussen opdrachtgevers en bestuurders wordt gesmeed, worden de contouren van het architectonische project eerst uitonderhandeld waarna de architect ze kan komen inkleuren. Dat betekent voor de criticus dat er naast de vertrouwde elementen in een kritiek (context, betekenis, uitvoering en materialisatie van een gebouw) een belangrijk analytisch element bij komt, namelijk de omgang met het krachtenveld van opdrachtgevers en bestuurders en de verwerking ervan in het ontwerp. Dat het beeld van het gebouw de kopers moet verleiden en de politici of corporatiedirecteuren moet bevredigen, is zoals bekend de verklaring voor het overmatige aandeel aan 'iconische' gebouwen die nu voor allerlei (vaak niet-iconische) programma's worden gebouwd. Het resultaat is vaak een architectuur die eerder de gedachte oproept 'aan een willekeurig samengestelde tentoonstelling dan aan een stad',[2] waarin de rol van de architect beperkt is, door zijn gedwongen fixatie op het verleidelijke beeld.

Opmerkelijk is dat ook onder architecten een vergelijkbaar sentiment bestaat als onder critici: een drang tot herijking van 'het vak', een behoefte aan duidelijkheid door bepaling van de grenzen en een richtingaanduiding voor de toekomst. Op het in november 2007 in Rotterdam gehouden congres 'Architectuur 2.0', dat niets minder dan 'the destiny of architecture' als onderwerp had, hield Willem Jan Neutelings een lezing die op veel instemming mocht rekenen. Daarin deed hij nog eens haarfijn de tijdloze standpunten van Neutelings Riedijk uit de doeken: architectuur is geen dynamische discipline die zich voortdurend aan de laatste trends moet aanpassen, maar een traag vak gebaseerd op eeuwenoude principes dat zware, liefst rechthoekige gebouwen oplevert.[3] Terwijl congresvoorzitter, ex-*Volume*-hoofdredacteur en NAi-directeur Ole Bouman de aan hem inmiddels bekende vraag stelde 'wat architectuur nog vermag' in het tijdperk van computers en digitalisering, koos Neutelings een positie die hier diametraal tegenover staat. In een parafrase op Vitruvius benoemde hij kennis,

kunde en evocatie als de drie pijlers van de architectonische professie, de basis van zijn autoriteit. Met een pijnlijke anekdote hoe hij tijdens een jurering aan Columbia University probeerde in te breken in het pseudo-wetenschappelijk-filosofische studentenjargon, maar uiteindelijk gedesillusioneerd de zaal verliet, onderbouwde Neutelings de stelling dat er op dit moment geen gemeenschappelijke taal meer is; er is slechts een hele verzameling leenwoorden uit andere disciplines: de ICT, de biologie, de economie. Zo wordt het vak uitgehold, er valt steeds minder te zeggen en elkaars werk bespreken lukt niet meer. De architect verliest eerst zichzelf, vervolgens zijn autoriteit, en gaat ten slotte ten onder in de sociologie, de computerkunde of de journalistiek.

Maar tegen wie had Neutelings het eigenlijk? De herbezinning op de architectuur als vak die hij bepleit, is gezien de projecten in de afgelopen Jaarboeken, al in volle gang. De ambachtelijke kanten van het vak zijn de laatste jaren veel belangrijker geworden dan in de 'conceptuele' jaren van de Superdutch-generatie. De positie van de dienstbare architect die zijn vak beheerst, is nu populairder dan die van de visionair uit de jaren negentig. Neutelings adresseerde misschien eerder zijn op het congres aanwezige generatiegenoten Winy Maas (de uitvinder) en Ben van Berkel (de bioloog), en *father-figure* Rem Koolhaas (de journalist). De lezing was zo bekeken een afrekening. Dat mag natuurlijk, maar problematischer is de vraag of het zelfbewust 'terugtrekken op eigen terrein' niet een alibi is voor het terreinverlies dat de architecten recentelijk hebben geleden in het procedurele geweld van opdrachtgevers en bestuurders. Het nobele beeld van de vakbekwame architect is mooi, maar je moet wel van de statuur van Neutelings zijn, wil je werkelijk invloed en een integrerende rol hebben als dienstbare architect. Zo bekeken heeft Neutelings makkelijk praten en krijgen al die jonge bureaus die hem in deze lijn willen volgen nog een zware dobber.

Zichtbaarheid versus macht

Het probleem dat de architectuur zich door al haar veelvormigheid voordoet als een bonte uitdragerij, waaruit het onmogelijk is te kiezen, is handig getackeld door Brouwers en Simon Franke, de voormalige directeur van NAi Uitgevers. Zij scheidden één segment van de architectuur af, namelijk de transformatie van de naoorlogse stad, waardoor als vanzelf weer onderlinge raakvlakken en thema's ontstonden. Dit gebeurde met de oprichting van een nieuw tijdschrift, *Stadscahiers*.[4] De complexe transformatiethema's fungeren als de rode draden voor de bespreking, vergelijking en kritiek van architectuur. De ongrijpbaarheid van de ontwerpen en de schijnbare willekeur verdampen wanneer de modernistische wijken als gemeenschappelijke onderlegger vastigheid verschaffen.

Ook in dit Jaarboek komt een aantal gebouwen voor in dergelijke wijken. Het meest opvallende project in onze selectie zou wel eens het blok portiek-etagewoningen kunnen zijn dat Henk van Schagen in de Rotterdamse wijk Pendrecht 'ontwierp'. In eerste instantie valt het project helemaal niet op: het is geen icoon, het is geen nieuw architectonisch beeld, en is duidelijk herkenbaar als een flat uit de jaren vijftig. Het lijkt een zoekplaatje: wat is er eigenlijk nieuw aan dit gebouw, hoezo is dit nieuwe architectuur? Toch ligt aan dit hergebruikplan een sterke architectonische inbreng ten grondslag, omdat de architect verantwoordelijk was voor het voorbereidende bouwtechnische onderzoek en de formulering van het programma. Hij zette zijn kennis over de oorspronkelijke architectuur en constructieve principes in, adviseerde zijn opdrachtgever over de keus tussen sloop en hergebruik, ontwierp nieuwe plattegronden, gebruikte vervolgens zijn vakmanschap om de appartementen in maisonnettes om te toveren en om allerlei kleine nieuwe onderdelen als een trap of een brievenbus te *stylen*. Van opdrachtformulering tot detail heeft de architect bij dit project de touwtjes in handen gehad. Hier is beslist geen sprake van marginalisering van de professie, integendeel: uit dit project spreekt een grote architectonische autoriteit, wanneer die gedefinieerd wordt als de mate waarin de architect betrokken is bij alle aspecten van het ontwerp en bouwproces, of als de diepte waarin hij weet door te dringen in het hele proces van financieren, ontwerpen, regelen, bouwen, wonen en wetgeven. Kortom, in de woorden van Willem Jan Neutelings, als het aanwenden van kennis, kunde en evocatie. Dat laatste element, de verbeeldingskracht, leidt bij dit project niet tot spectaculaire beelden. Maar is het bescheiden voorkomen van deze blokken niet buitengewoon passend bij het woonprogramma, nog altijd 95% van de bouwproductie?

Dit gebouw voert naar stelling: zou het zo kunnen zijn dat architectonische betekenis en relevantie omgekeerd evenredig zijn met de zichtbaarheid van de architectuur of de opvallendheid van het architectonische beeld? Het omgekeerde is volgens Ruud Brouwers in ieder geval waar: het iconische en meer algemeen het markante architectuurbeeld is een teken van de macht van de markt, opdrachtgever en politiek, en van de ondergeschiktheid van de architect.

Is het zo dat de gebouwen die het meest gepubliceerd en gelauwerd worden (bijvoorbeeld in dit Jaarboek) om hun aansprekende of markante verschijning in wezen het product zijn van een samenwerking tussen bouwpartijen waarin de architect gemarginaliseerd is en alleen nog zeggenschap heeft over de gevel? Zit in de visueel stille, bescheiden projecten het werkelijk maatschappelijke belang verborgen, waarbij de evocatie niet de andere elementen, kennis en kunde, overschaduwt? Zijn dit de projecten waar de echte vernieuwingen plaatsvinden? Aan de hand van een enkele gebouwen die zijn ingezet als middel in de stedelijke vernieuwing kan deze hypothese verder worden getest.

Voortborduren op het modernisme

Het lijkt alsof de naoorlogse modernistische wijken steeds meer op waarde worden geschat. Enkele jaren geleden was het gebruikelijk dat woningcorporaties en gemeenten kozen voor een symbolische, daadkrachtige aanpak die begon met het verwijderen van het bestaande, om vervolgens een heel nieuwe en andere architectuur en stedenbouw te introduceren. Op dit moment is er veel meer aandacht en waardering voor oorspronkelijke karakteristieken en het benutten daarvan. Tegenwoordig wordt ook onderkend dat het gaat om vergelijkbare wijken met vergelijkbare ruimtelijk-architectonische eigenschappen en problemen, of het nu gaat om Amsterdam-West, Den Haag-Zuidwest, Hoogvliet of een andere wijk uit dezelfde familie. Het inzetten van kennis over de gemeenschappelijke modernistische erfenis in het ontwerp leidt tot betekenisvolle resultaten.

VMX ontwierp een project met woningbouw en winkels in Hoogvliet, aan de rand van het park Meeuwenweide. Op deze plek stonden haaks op het park rijtjes bejaardenwoningen in een strokenverkaveling. De corporatie wilde ze vanwege hun minieme afmetingen en sobere uitrusting slopen en vervangen door 'levensloopbestendige' woningen. De complexiteit van deze eenvoudig klinkende opgave was enorm en kende een langdurige aanloop in de vorm van stedenbouwkundige voorstudies, bomeninventarisatie, welstandsstudies, financiële afspraken tussen verschillende opdrachtgevers, gesprekken met toekomstige bewoners, et cetera. In het uiteindelijke ontwerp zijn al deze soms tegenstrijdige eisen schijnbaar moeiteloos opgelost in een heldere gebouwstructuur. De strokenverkaveling, haaks op het park net als de eerdere bebouwing, omsluit hoven die om en om een parkeerfunctie hebben of ingericht zijn met privéterrassen. Op de eerste verdieping verbindt een doorgaande looproute alle woningen. De getrapte opbouw vormt grote terrassen en samen met de frisse, felgekleurde borstweringen voegt het complex een nieuwe, optimistische toets toe aan het Hoogvlietse palet, terwijl het door zijn stedenbouwkundige opzet een perfecte continuering van de modernistische verkaveling vormt.

Ook Erna van Sambeek heeft in eerdere projecten al laten zien dat ze door gedegen stedenbouwkundig-morfologisch onderzoek het vocabulaire van de modernistische wijken zo goed kent dat ze er moeiteloos nieuwe verhalen mee kan vertellen. In Den Haag-Zuidwest was haar bureau verantwoordelijk voor de

nieuwbouw van Veld 17, een buurt binnen het stedenbouwkundige plan van W.M. Dudok, die uitgewerkt werd door J.H. van den Broek. De buurt bestond geheel uit portiek-etageflats, ondergebracht in stempels in een orthogonaal grid.

Ook het nieuwe ontwerp gebruikt vrijstaande blokken in een rechthoekige, open verkaveling, maar met verstrekkende verschillen: nu is het niet de logica van de kraanbaan en de industriële productie, maar een gevarieerde reeks typen buitenruimte die de compositie bepaalt. In een intelligente modernisering van de wijkgedachte, waarin de collectieve tuin als bindmiddel van de buurt fungeerde, gebruikt Van Sambeek pleintjes, hoven en binnenstraatjes als samenbindende elementen; zo ontstaat er een opeenvolging in ruimtes van privé, collectief tot openbaar. De diverse typen eengezinswoningen hebben een architectonisch beeld bepaald door donkergrijze bakstenen en witte accenten. Details zoals bloembakken en hoekerkers articuleren de stedenbouwkundige structuur. In de architectuur is er typologisch noch wat betreft beeld een referentie aan de voormalige modernistische flats op deze plek; de stedenbouwkundige structuur, die mede door de gebouwen leesbaar wordt gemaakt, is echter wel een herinterpretatie van de bekende ruimtelijke en ideologische thema's, met name die van de wijkgedachte. Gezien de huidige trend om zo veel mogelijk verschil en afwisseling in de verschijningsvorm aan te brengen (met als doel waarschijnlijk het vermijden van saaiheid en grootschaligheid) is het opvallend hoe sterk hier gekozen is voor een helder, tweekleurig beeld en hoe sterk dat beeld werkt. Het benadrukt de eenheid van de buurt en het verhult tegelijk de grote complexiteit die er achter schuilgaat.

De zuidrand van Geuzenveld, een onderdeel van het Algemeen Uitbreidingsplan van Amsterdam van Cornelis van Eesteren, werd tot voor kort gevormd door drie grote stempels met L-vormige stroken rijtjeswoningen. Een deel van de woningen, die niet alleen klein waren maar ook een prachtige plek op de rand van stad en park bezet hielden, werd gesloopt en Burobeb ontwierp zes blokjes woningen, twee aan twee gekoppeld. Door hun doeltreffende plaatsing, waarbij rekening is gehouden met zichtlijnen en doorzichten vanuit de directe omgeving, doen de blokken zich voor als vanzelfsprekende nieuwe elementen in de stempels. Ook hier is de architectuur geheel afwijkend van de bestaande

rijtjeswoningen, om een nieuw koopkrachtiger publiek aan te spreken: de gevels zijn van hout en referen door hun decoratieve patronen enigszins aan expressionistische architectuur uit de jaren dertig. Door de vrijstaande blokjes te koppelen aan de stedenbouwkundige structuur is niet alleen gehoor gegeven aan de wens om duurdere woningen in deze wijk toe te voegen, maar is dat ook op een manier gedaan die de wijk opwaardeert en die de bestaande gebouwen niet verder degradeert tot oud of fout. Dat laatste is van een niet te onderschatten belang: zo blijft er een gevoel van collectiviteit en is een scheiding tussen arm (in de oudbouw) en rijk (in de woningen van Burobeb) voorkomen.

In dergelijke 'herstructurerings'projecten vormen sociale, ruimtelijke en financiële kwesties een onontwarbare mix. De architect opereert hier op de vierkante millimeter. Hij werkt aan projecten die samen de bulk van de woningvoorraad uitmaken, met een dikwijls bescheiden budget en programma van woningen, binnen een context die bol staat van de complexiteit. De architect is gedwongen om zich bezig te houden met allerlei gegevens en structuren die maken dat hij inderdaad de volle diepte van zijn vak nodig heeft om alle faserings-, financierings-, goedkeurings- en stedenbouwkundige processen met goed gevolg te doorlopen, veel meer dan wanneer hij een nieuwbouwproject op een *greenfield*-locatie ontwerpt. Daarnaast draaien natuurlijk ook hier de *branding*- en imagocampagnes op volle toeren, moet de 'wooncconsument' bediend worden aan de hand van het gebruikelijke doelgroepenbeleid en moet de architect zonder kleerscheuren door de inspraakprocedures zien te komen. Qua autoriteit en vakbeoefening dwingen deze projecten dus respect af.

Neo-nieuwe truttigheid

De hernieuwde waardering die de modernistische wijken ten deel valt, geldt niet voor de naoorlogse winkelcentra; die worden vrijwel overal verbouwd of vervangen. Het alomtegenwoordige Lijnbaanmodel wordt vervangen door nieuwe, meer op traditionele stadsweefsels gebaseerde complexen. Doel daarvan is het opheffen van de nadelen van de oude centra (dikwijls introvert, met veel achterkanten) en het tegemoetkomen aan de nieuwste trends voor gezelligheid en geborgenheid. Principes voor de ideale winkel-*experience*, die door Amerikaanse bureaus als Jon Jerde werden geperfectioneerd, worden nu toegepast als remedie om de ongezellige jarenvijftigwijken om te toveren. De Koopgoot in Rotterdam (de Architekten Cie. & The Jerde Partnership) was de eerste van een reeks waarin later vele andere volgden, zoals in Nijmegen, Nootdorp en Spijkenisse (Soeters Van Eldonk), Wielwijk in Dordrecht (Lucien Kroll), Hoogvliet en Drunen (Molenaar & Van Winden), Lelystad (West 8) en Hoofddorp (de Architekten Cie.). In de Nieuw-Realistische verhoudingen spreekt het vanzelf dat bij het ontwerp van de nieuwe winkelcentra de evocatie van een gezellige, vertrouwde, veilige en herkenbare omgeving het belangrijkste doel van de architectonische exercitie is.

Hoe hoog de omloopsnelheid van winkelcentra tegenwoordig is, wordt gedemonstreerd door dat van Spijkenisse. Deze stad, die vanaf de jaren zestig werd gebouwd als onderdeel van het groeikernenbeleid, liet in 1978 een blok bouwen door Pietro Hammel, met daarin een theater, een cultureel centrum, de openbare bibliotheek en een aantal woningen. Hammel was een van de epigonen van 'de nieuwe truttigheid', die af wilden van de saaiheid en soberheid van het functionele bouwen en een duidelijke boodschap had: 'terug naar de gezelligheid van vroeger'.[5] Als uitgangspunt hanteerde hij de behoeften van de gebruiker aan communicatie en herkenbare vormen en tekens om zich te oriënteren, om 'gebouwen, straten en pleinen te creëren, die een gesprek aan willen gaan'. De terminologie van Hammel is verbazingwekkend vergelijkbaar met die van Soeters dertig jaar later. Inmiddels is Hammels complex alweer gesloopt omdat het niet gezellig meer werd gevonden. Het maakte plaats voor een intensief programma van woningen, winkels en kantoren op een parkeergarage. Het nieuwe centrum heeft als uitgangspunt de openbare ruimte van de straat en het plein, die zijn vormgegeven met bochten en knikken, zodat het perspectief steeds wisselt en er een reeks van intieme ruimtes ontstaat. De architectuur van Soeters doet zich voor als een organisch gegroeide straatwand, met perceelsgewijze bebouwing, waarbij ieder perceel anders is vormgegeven, in stijlen vergelijkbaar met het winkelcentrum dat het bureau eerder in de vinex-wijk Nootdorp ontwierp: een *architecture parlante*, herkenbaar voor gebruikers en bewoners.

Zo'n herkenbare architectuur, die in haar decoratie en ornament allerlei bekende verwijzingen naar historische voorbeelden opneemt, is ook te vinden in het minicentrum dat Molenaar & Van Winden ontwierpen in het Brabantse Drunen. Het complex met winkels en woningen staat tussen de wederopbouwkerk en het pittoreske raadhuis van Drunen, op de plek waar voorheen een blok met hetzelfde programma uit de jaren vijftig stond. De organisatie, met winkels achter een arcade op de begane grond en woningen erboven, is volstrekt logisch en de toegang tot de woningen via een ruim dek aan de achterzijde, is royaal.

Maar het meest opvallend zijn hier de technische uitvoering, de materialisatie en de detaillering, die soms heel erg mooi gemaakt is. Zo is het 'uithangbord' van De Sleutel gebeeldhouwd in de gevel en is een andere wand door de steenhouwer met houweel en slijpsteen bewerkt tot een 'gecapitonneerde' bakstenen gevel. Door zijn vormgeving, met een 'Frans' mansardedak met grote dakramen en een 'gietijzeren' luifel voor de arcade, is het centrum natuurlijk een vreemde eend in de bijt in Drunen. De decoratieve baksteenarchitectuur maakt het echter begrijpelijk als een lid van het trio kerk–raadhuis–centrum.

De behoefte aan een gevarieerd straatbeeld, dat organisch gegroeid lijkt in plaats van door één hand ontworpen, is een terugkerend thema in de recente bouwproductie. Niet alleen in centra, maar ook in uitbreidingswijken, zoals het door Adriaan Geuze geplande Waterrijk in Woerden, door de planner omschreven als een ouderwets 'Hollandse stadje', waarbij precies dezelfde omschrijving als destijds voor de grachtjes van Almere Haven gebezigd werd. Het organische beeld ontstaat niet alleen door een variatie aan historiserende stijlen te introduceren, zoals Soeters doet, maar ook door bewonersparticipatie visueel te benadrukken, zoals bij het woonwinkelcentrum dat Atelier Lucien Kroll in de Dordtse Wielwijk

ontwierp. Op de plek van het jarenzestigcentrum liggen nu woningen en winkels rondom een pleintje. In alle opzichten is hier een grote diversiteit nagestreefd: woningtypen, materialen, constructies, alles toont een obsessief afzetten tegen de saaiheid van de omliggende wijk. De goedkope uitvoering en materialisatie en de onbeholpen behandeling van de winkelentrees doen echter vermoeden dat dit centrum niet veel langer zal meegaan dan zijn voorganger.

In het centrum van Lelystad, waarvoor het masterplan door West 8 werd ontworpen, werd het bestaande blokkenpatroon aangevuld met bouwmassa's en een diversiteit aan straten, stegen en pleinen, zodat een dicht stedelijk weefsel aan het ontstaan is. Aan de illusie van het gegroeide en kleinschalige wordt hier bijgedragen door de verdeling van bijvoorbeeld de Zilverparkkade in kleine, in hoogte en grootte verschillende percelen, die elk aan een andere architect zijn toebedeeld. De variatie ontstaat hier niet door een opeenvolging van traditionalistische gevels, maar door een uitstalling van expressieve gevels als in een architectonische letterkast, met naast elkaar de 'knoop' van EEA, de 'twijgen' van René van Zuuk, de panden van Tekta, Meyer en Van Schooten, De Zwarte Hond, de golvende balkons van SeARCH, et cetera. Aan het andere uiteinde van het centrum staat bovendien hét icoon van 2007, het knaloranje theater van UN Studio, dat ook in het interieur door zijn roze vide en rode zaal spektakel biedt. Lelystad en Adriaan Geuze hebben daarmee gekozen voor een strategie die aan de architectonische evocatie een hoofdrol geeft, net zoals het nabije Almere heeft gedaan, en Lelystad als moderne architectuurstad op de kaart zet.

Of er nu gekozen wordt voor een historiserend, een modern of een postmodern architectonisch vocabulaire, al deze nieuwe centra gebruiken de thema's variatie, stedelijk weefsel, kleinschaligheid, *experience* en identiteit. Ze lijken historisch of organisch gegroeid, maar zijn in één keer gebouwd. Het zijn in feite voorbeelden van de *tabula rasa*-aanpak, waarop de modernistische beweging patent leek te hebben. De modernisten uit de jaren zestig zagen hun werk als een verbetering van de geschiedenis en schroomden daarom niet alles weg te vegen wat in de weg stond. Zo lijken de traditionalisten die nu hun werk ook te zien, als een verbetering van de modernistische geschiedenis: weg ermee! Een mooi staaltje vooruitgangsdenken, dat op dit moment zeer succesvol en populair is. Toch is het niet moeilijk te voorspellen dat deze centra over maximaal dertig jaar opnieuw aan de volgende gezelligheidstrend ten prooi zullen vallen.

Als we deze projecten toetsen aan de eerder omschreven hypothese van zichtbaarheid versus autoriteit dan lijkt het niet overdreven te stellen dat in dergelijke projecten een afkalving plaatsvindt van de positie van de architect binnen het bouwen, omdat hij deelgenoot wordt gemaakt van een maelstrom van steeds snellere veranderingscycli, die tegelijkertijd steeds 'oppervlakkiger' worden en steeds sterker op het beeld gericht.

Inventie versus transformatie

Ook in de vernieuwing van de naoorlogse wijken spelen op aangewezen, cruciale plekken dezelfde thema's als in de nieuwe centra en wordt de architectuur gedicteerd door markt, imago, icoonwaarde, *branding*, et cetera. De neiging is groot om bij dergelijk vertoon van spektakel te veronderstellen dat de architect veel macht zal hebben gehad, de opdracht om zijn vinger heeft gewonden en het bouwproces heeft beheerst. Is dat werkelijk zo? In dit Jaarboek komen twee van dergelijke gebouwen voor.

Het Parkrandgebouw staat aan de rand van het Eendrachtspark in Buurt 9 in Amsterdam-Geuzenveld en werd ontworpen door MVRDV. Van meet af aan was het de bedoeling van de opdrachtgever, corporatie Het Oosten Kristal, om een icoon te realiseren, iets wat de buurt tot dan toe miste. Het gebouw is daarmee een goed voorbeeld van Brouwers' Nieuwe Realisme. Hoewel het programma tussentijds wijzigde en de koopwoningen allemaal werden omgezet in huurwoningen, is die ambitie gebleven. De gemeente en het Rijk droegen bij aan de extra uitstraling. Het heeft geresulteerd in een indrukwekkend gebouw dat van verre imponeert door zijn vorm (gebouw met gaten) en van dichtbij door zijn design: de witte binnengevels zijn met speciaal ontworpen tegels bekleed en de surrealistische buitenruimtes zijn ontworpen door de bekende designer Richard Hutten. Op de foto doet het gebouw het echter beter dan in werkelijkheid. De iconische vorm is gedurfd en buit de locatie aan de parkrand prachtig uit; van dichtbij zijn de (buiten)ruimtes in het gebouw kil en vooral hufterproof. Een icoon is hier duidelijk opgevat als een visueel fenomeen; het gebouw is vooral een fotografisch icoon.

De Eekenhof wordt door de architecten Claus en Kaan uitgelegd als een volstrekt logisch, functioneel ontwerp. Het staat aan de rand van het centrale park in Roombeek, de door de vuurwerkramp van 2000 getroffen Enschedese wijk, op een steenworp afstand van de fundamenten van SE Fireworks. Het stedenbouwkundige plan van Pi de Bruyn c.s. bepaalde de kavel en schreef de hoogte voor (tien lagen aan het park, aflopend tot drie lagen). Het programma was opgesteld door de woningcorporatie en bevatte een gezondheidscentrum met een aantal praktijkruimtes, enkele eengezinswoningen, een woongroep en 26 huur- en 26 koop-appartementen. De architecten hebben vervolgens de meest logische en voordelige ordening van dit programma onderzocht binnen de gegeven stedenbouwkundige randvoorwaarden. Daaruit volgde een interne ontsluiting van de appartementen via een centrale vide, een getrapte vorm om tot de voorgeschreven hoogtes te komen en een opdeling in verschillende volumes rond een binnenplaats met daaronder een parkeergarage. Ten slotte – zo vertelt de architect – volgde datgene wat het gebouw zijn attractieve uiterlijk geeft: de balkons werden tot compositorisch thema benoemd van de vormgeving van de gevel; de (neo-expressionistische) detaillering en de materiaalkeuze (gele baksteen) maakten het af. Al met al een voorbeeldige, maar ook normale manier van werken. Kennis en kunde zijn ingezet, verbeeldingskracht en de rationele interpretatie van context en randvoorwaarden leidden tot de sprekende vorm. Het resultaat is een icoon, maar dan een waarbij het visuele effect niet overheerst over de andere aspecten van het ontwerp.

Visueel overrompelende gebouwen worden doorgaans het meest gewaardeerd. De inventiviteit en artisticiteit van het ontwerp zijn daar immers het visitekaartje van de architect. Hergebruik van oude gebouwen en transformaties zijn meestal minder in aanzien: de consensus is dat daar de 'beperkingen' die aan de architect werden opgelegd zo groot zijn dat er nauwelijks nog van enige inventie gesproken kan worden, laat staan van een artistieke ingeving met een persoonlijke signatuur. Alleen al omdat hergebruik in Nederland steeds vaker gevraagd wordt, loont het echter de moeite om er serieuzer over na te denken.

Moet de architect bij hergebruikprojecten niet eigenlijk nog meer vakmanschap, inventiviteit en betrokkenheid tonen dan bij reguliere gebouwen? Ondanks dat zijn bemoeienis aan het exterieur nauwelijks is af te lezen, zeker in vergelijking met het visuele geweld van de iconische tijdschriftarchitectuur? Oftewel: is de invloed van de architect niet omgekeerd evenredig met de mate waarin hij het beeld beheerst? Enkele voorbeelden in dit Jaarboek lijken dat te suggereren.

Allereerst zijn daar de woningblokken die Henk van Schagen verbouwde in Pendrecht, Rotterdam. Net zoals bij diens eerdere rehabilitatie van de 'Vissenkommen' (flats, eveneens in Pendrecht, die in hun oude glorie werden hersteld), gaat het hier om de algemeen vermaledijde portiek-etageflats uit de jaren vijftig. De eigenaar van de blokken, corporatie De Nieuwe Unie, was al eerder 'opgevoed' door Van Schagen met projecten als de renovatie van het Katendrechtse Deliplein. Dit negentiende-eeuwse plein werd met een mix van restauratie en vernieuwing omgetoverd tot het aantrekkelijke middelpunt van de vernieuwing van de roemruchte wijk Katendrecht. De armoedige dakdozen uit voorgaande stadsvernieuwingsrondes zijn weer verwijderd en de oorspronkelijke detaillering van de winkels op de begane grond is hersteld. Inmiddels hebben zich aan het tot voor kort verloederde pleintje allerlei zaken gevestigd, van een tattooshop tot een sambalkeuken en een eetcafé. Dat een deel van de woningen tot de sociale huur behoort, is nog te zien aan de gestadsvernieuwde trappenhuizen met hun kenmerkende grove uitvoering. Maar op de plek van de dakdozen zijn koopwoningen gerealiseerd die op bijzondere wijze gebruikmaken van de negentiende-eeuwse gevels: dakdelen zijn transparant gemaakt waardoor de klokgevels als decorstukken voor de woningen staan, met natuurlijk een adembenemend uitzicht op de torens aan de Wilhelminapier.

In Pendrecht waren de kwaliteiten van de architectuur echter niet zo overduidelijk aanwezig. De Nieuwe Unie vroeg Van Schagen te onderzoeken of de bestaande woningvoorraad omgebouwd kon worden tot de gewenste woningtypen: vierkamerwoningen voor

zowel koop als huur. Alle casco's in het gebied werden onderzocht en acht portiek-etageflats werden geschikt bevonden. De onooglijke flats, die door voorgaande renovaties hadden verloren wat ze ooit aan architectonische charme hadden bezeten, bestonden uit kleine driekamerflats. Twee boven elkaar gelegen flats werden samengetrokken door in een voormalige keuken een interne trap te plaatsen; zo ontstonden vierkamerflats van ca. 110 m^2.

Aan de buitenzijde van de blokken is van deze ingrijpende transformatie maar weinig te zien; de kunststof raamkozijnen werden vervangen door langgerekte exemplaren met een diepe neg, het metselwerk werd opgefrist, de entree werd vernieuwd en kreeg een glazen pui, en de loggia's werden omgebouwd tot half inpandige balkons met een grote glazen schuifpui naar de woonkamer. Het zijn belangrijke wijzigingen voor het woongenot, die de woningen weer marktconform maken, terwijl het architectonische beeld grotendeels ongewijzigd is en vooral de kwaliteiten benadrukt van de oorspronkelijke architectuur van Van Herwaarden en Bos uit 1956.

De voordelen van een dergelijke aanpak zijn veelvoudig: hoogwaardige woningen voor een relatief lage prijs, sneller klaar, beter voor het milieu en cultuur-historisch interessanter. Bovendien is de open, groene structuur van de modernistische wijk behouden; meestal verdwijnt die juist als eerste bij de sloop van flats, vanwege de veel grotere footprint van de vervangende eengezinswoningen.

De rol van de architect bij dit project reikt ver: hij doet het voorbereidende onderzoek, formuleert de opgave, maakt het ontwerp en begeleidt de uitvoering. De architect begrijpt kennelijk de complexiteit van het bouwproces en de opdrachtsituatie zo goed dat hij een vroege, volledig ingebedde rol krijgt toebedeeld (of neemt) in het bouwproces. Zijn positie is derhalve sterk. De volkomen afwezigheid van elke drang tot het creëren van een icoon maakt het tot een statement: een toegevoegd trappenhuis of balkon zou de doodsteek zijn voor dit misschien wel meest formele ontwerp van de stedelijke-vernieuwingsprojecten in dit Jaarboek.

Ook in het geval van het Wallisblok in de Rotterdamse wijk Spangen is er nauwelijks sprake van 'evocatie' of 'vormgeving' wat betreft verschijningsvorm; de transformatie van het blok is op vernieuwende wijze gestalte gegeven, maar dat lees je er aan de buitenkant

niet vanaf. Dit blok was in zo'n slechte staat dat het niet rendabel gerenoveerd kon worden, en ook sloop-nieuwbouwberekeningen waren niet positief. De architect, Ineke Hulshof, werkte samen met adviesbureau Stichting Wonen een bijzondere constructie uit: de woningen werden 'gratis' weggegeven, maar met de verplichting in de woning te investeren en het blok op te knappen in collectief opdrachtgeverschap. Onder leiding van de architect kozen aspirant-bewoners de grootte, indeling en uitvoering van hun woning, zodat in de 26 panden 34 heel verschillende woningen ontstonden. De tekening van het blok, met allerlei kleurtjes door elkaar, ziet eruit als een academisch studentenplan vol gezochte willekeur, maar in dit geval is het ook echt zo gerealiseerd en komt de variatie voort uit bewonerswensen.

Het Wallisblok demonstreert een nieuwe manier van *gentrification*. Als 'uitvinding' ontleent het zijn waarde vooral aan de nieuwe rolverdeling tussen eigenaar, architect en bewoners. De taak van de architect is niet die van ontwerper, maar die van projectleider: hij heeft de leiding over een langdurig proces, moet een gecompliceerde puzzel oplossen met vele assertieve opdrachtgevers die allen samen in een blok moeten worden gepast. Daarin zit de inventiviteit van dit project: in de orgware en het proces. De rest, waaronder de architectonische ingreep, is vrijwel onzichtbaar. De architect heeft kennelijk geen behoefte gehad de nieuwe invulling ook aan het exterieur weer te geven. Dat is terecht, want de kwaliteit van deze woningen ligt in hun oorspronkelijke charme. Het getuigt juist van lef van een architect om zich volledig te concentreren op een vernieuwing van de organisatiestructuur, in plaats van op de vormgeving.

De vraag aan het begin van dit stuk was: zijn de

macht en invloed van de architect, zijn architectonische autoriteit (de kennis, kunde en evocatie waarover Neutelings spreekt), omgekeerd evenredig met de iconische waarde van de architectuur? De vrijwel onzichtbare ingrepen in Pendrecht en in het Wallisblok bevestigen dit, vanwege de extreme mate waarin de architecten zich hebben ondergedompeld in het bouw- en ontwerpproces en op alle vlakken de touwtjes in handen hebben. Maar het laatste voorbeeld van stedelijke vernieuwing in dit Jaarboek, het Diddendorp van MVRDV in Rotterdam, ontstijgt aan deze tegenstelling. Het is een mini-icoon, dat met slechts een minimaal woonoppervlak een maximaal effect bereikt en optimaal zichtbaar is door de uitgesproken kleur, die het project van verre als een eruptie van blauw aankondigt. Het is bewust schreeuwerig, maar door zijn kleine afmetingen onmiskenbaar sympathiek. Het Diddendorp is daarnaast gebaseerd op de nauwe en jarenlange samenwerking tussen architect en bewoners. Het is niet zomaar een lollig ideetje of een vondst van de architect. Het resultaat is een nieuw architectuurbeeld, een zwevend dorp, in niets aan de omgeving aangepast, monomaan zichzelf in smurfenkleur. De bewoners hebben zich met alle aspecten en fasen van de bouw en het ontwerp bemoeid, terwijl het tevens een designstatement is van de architect, die er alle tijdschriften mee haalt. Door deze gelaagdheid en betrokkenheid is het eigenlijk een overtuigender project dan MVRDV's Parkrandgebouw. De icoonwaarde is hier niet het gevolg van een beleidsvoornemen van bestuurders of een marktstrategie van de opdrachtgever, noch een voorbeeld van het Nieuwe-Realisme, maar een authentiek tegendraadse vorm van kolonisatie van het tweede maaiveld.

In bredere zin is het een niet-institutionele, proefondervindelijke bijdrage aan de discussie over 'optoppen', vanwege zijn vernieuwend constructief onderzoek en demonstratieve kracht. Het laat helaas zien dat het bouwen op een dak, zelfs bij een groot plat dak als dit, ongelooflijk veel moeilijker en duurder is dan gedacht. En toch is het de moeite waard, want door de investering van het Diddendorp kunnen de bewoners hun stadse levensstijl vervolgen, zonder vanwege gebrek aan buitenruimte uit te moeten wijken naar een van de Rotterdamse suburbs. Het Diddendorp is zo ook op te vatten als eigenzinnig protest tegen al die uitgekauwde woonmodellen die de markt produceert en een goed alternatief voor het eeuwige rijtjeshuis met

tuintje, dat de middenklassegezinnen volgens de huidige Nieuw-Realistische consensus voor het stadscentrum zou moet behouden.

Regels en organisatie

De hypothese uit het begin van dit artikel – zichtbaarheid versus macht – is onhoudbaar gebleken: niet alle *flashy* gebouwen zijn lege hulzen, de selectie in dit Jaarboek laat anders zien. Vele van de aansprekende gebouwen in dit boek ontlenen hun zeggingskracht aan de nauwe samenwerking met de opdrachtgever, aan een goed gerichte ontwerpenergie en aan het vakmanschap van de architect. Andersom is wel aannemelijk gemaakt dat vrijwel onzichtbare architectuurprojecten, hergebruik of anderszins, een iconische betekenis kunnen hebben door hun maatschappelijke relevantie en dat deze projecten niet een kleinere, maar vaak juist een belangrijkere positie van de architect inhouden. Dat is een belangrijke constatering, zeker in een periode waarin juist hergebruik en transformatie een steeds grotere rol spelen in de bouwproductie.

Het is ook van belang om te concluderen dat kennis, kunde en evocatie de basis zijn van elk architectonisch project, maar door alleen in Vitruvius' termen de architectuurdiscussie te voeren, kom je er niet meer. Dan wordt een gesprek over zo'n atypisch project als het Wallisblok, dat alleen over een andere organisatie en nieuwe regels gaat, zinloos. Ook alle kennis uit de aanverwante disciplines is nodig om ervoor te zorgen dat de architect als generalist, niet als zweverige prater of onaanraakbare visionair, zijn rol kan blijven spelen te midden van de krachten van markt, politiek, consultants en bewoners. Dat het vakmanschap, zoals Neutelings benadrukte, de kern is van dat generalisme, daarover zal iedereen het wel eens zijn. De bijval die dit statement

kreeg, duidt erop dat velen het prettig vinden de grenzen van hun vak herbevestigd te krijgen. Maar toch is dat zeker voor een echte discussie of het verkrijgen van een invloedrijke positie in het bouwproces niet toereikend.

Brouwers heeft gelijk met zijn constatering dat het Nieuwe Realisme een bepalende karakteristiek is van de huidige bouwproductie. Maar ook dat is een conditie die voor elke architect en elk project geldt en daarmee zijn onderscheidende vermogen verliest. Er is immers (behalve bij particuliere opdrachtgevers) altijd sprake van een marktpartij, of het nu een ontwikkelaar, een belegger of een woningcorporatie betreft; alles is markt. Dat heeft belangrijke consequenties voor de architectuurjournalist of -criticus. De *orgware* achter elk project (de complexiteit van de opdracht, de financiële structuur en de machtsverhoudingen) is belangrijker dan ooit. Het ontrafelen en betekenis geven aan die orgware verdient daarom veel meer aandacht. Aan de formele verschijning van een gebouw kan de mate waarin het Nieuwe Realisme heeft ingewerkt immers niet worden afgelezen. Wil de architectuurkritiek zinvol zijn en invloed hebben op hetgeen gebouwd wordt – en dus betekenis hebben voor meer dan alleen het eigen kringetje – dan zal de ontwerp- en bouwpraktijk in al haar facetten in ogenschouw moeten worden genomen.

Om dezelfde reden, namelijk de toegenomen invloed (en tegelijk de verminderde transparantie) van externe en politieke factoren in het architectonisch ontwerp, zijn ook projecten die daadwerkelijk creatief ingrijpen in de orgware, zoals het Wallisblok en de Pendrechtse Zuiderdiepblokken doen, van groot belang. Ze zijn vernieuwend, omdat daarmee architecten hernieuwd doordringen tot in de kern van de architectuurproductie, omdat ze experimenteren met nieuwe methodes voor organisatie, opdrachtgeving en financiering en voorbijgaan aan *business as usual*. Dat doet ook het Diddendorp, dat bovendien nog eens geheel los van institutionele constructies en belangen is gerealiseerd en ook nooit in zo'n context gerealiseerd had kunnen worden.

In de stedelijke vernieuwing zijn er, naast iconen, ook gebouwen nodig die relevant zijn vanwege vernieuwende financiële of organisatorische constructies, zoals het Wallisblok en het Diddendorp, die beide iconen zijn op hun eigen merites, van collectief en particulier opdrachtgeverschap. Beide zijn voorbeelden van projecten waar de architect niet gemarginaliseerd is en zijn vakmanschap – zij het op volstrekt verschillende wijze – optimaal kan uitoefenen.

1 'De definitie van Nieuw Realisme is dat het openbare bestuur en de opdrachtgevers-ontwikkelaars samen bepalen wat de uitkomst van een bouwinitiatief moet worden, door marktsegmentering, projectformule en vervolgens het befaamde branding, het plakken van een verlokkelijk plaatje op een bouwinitiatief.' Ruud Brouwers, 'Nieuw realisme. Een oefening in hedendaagse architectuurkritiek', *Stadscahiers. De transformatie van de naoorlogse stad*, nr. 1, 2007, p. 25.
2 Idem, p. 26.
3 Zie voor de lezingen tijdens dit congres: www.architectuurtweepuntnul.nl
4 Van het tijdschrift *Stadscahiers. De transformatie van de naoorlogse stad* zijn inmiddels drie nummers verschenen, zie: www.stadscahiers.nl.
5 Hilde de Haan & Ids Haagsma, *Wie is er bang voor nieuwbouw… Confrontatie met Nederlandse architecten*, Amsterdam 1981, p. 139.

URBAN RENEWAL: INVENTION, TRANSFORMATION AND THE POWER OF THE ARCHITECT

Recent years have witnessed a growing sense of unease about the standard of architectural criticism – there is too little of it, the magazines are superficial, some have even pronounced it dead. One perceived obstacle is the lack of any common denominator in architectural production, either of movement, language, aim or conviction. At a time when 'a style for the job' is the rule and many positions appear to have become interchangeable, it is simply impossible to make any meaningful comparison of buildings. The same applies to standpoints, which are rarely articulated by architects nowadays.

Ruud Brouwers, the godfather of the Yearbook and a critic of architecture since the 1970s, has – doubtless out of desperation – come up with a label for the present architectural spectrum: New Realism. The term would appear to allude to Neorealism, the post-war Italian cinematographic movement that embraced raw, everyday reality and authenticity as the essence of film-making. But in fact Brouwer's New Realism looks more like German Realpolitik, a pragmatic way of thinking and behaving unencumbered by ideological convictions. For New Realism spells out how, in today's market-dictated building production, the architectural image is determined by 'the builders' and 'government' and less and less by architects.[1] In the strong alliance that is forged between clients and administrators, the outlines of the architectural project are first thrashed out in detail after which the architect is invited to colour them in. For the critic this means that, in addition to the familiar elements of any critique (context, meaning, execution and materialization), there is now an additional important analytical element, namely the intricacies of the client–administrator nexus and its incorporation into the design. That the building's appearance must woo buyers and satisfy politicians or housing corporations, is the familiar explanation for the excessive number of 'iconic' buildings that are being built for all manner of (frequently non-iconic) programmes. This often results in an architecture more reminiscent 'of a randomly assembled exhibition than a city',[2] in which the role of the architect is contractually restricted to producing a beguiling image.

Interestingly, architects hold sentiments similar to those of critics: an urge to re-evaluate 'the profession', a desire for clarity through the demarcation of boundaries and the mapping out of future directions. At the 'Architectuur 2.0' conference held in Rotterdam in November 2007, the topic of which was no less than 'the destiny of architecture', Willem Jan Neutelings delivered a speech that met with considerable approval. In it he reiterated in detail the standpoint of Neutelings Riedijk: architecture is not a dynamic discipline compelled to adapt constantly to every passing trend, but a slow profession, based on centuries-old principles, that delivers solid, preferably orthogonal buildings.[3] While the conference chairman, ex-*Volume* editor-in-chief and current NAI director Ole Bouman raised his by now familiar hobby-horse of architecture's prospects in the age of computers and digitization, Neutelings took a diametrically opposed position. In a paraphrase of Vitruvius, he nominated knowledge, expertise and evocation as the three cornerstones of the architectural profession, the basis of its authority. He related an embarrassing anecdote about an adjudication at Columbia University where he had attempted to interrupt the pseudo-scientific-philosophical student jargon only to end up quitting the hall in disillusionment; this in support of his contention that there is no common architectural language any more, just a miscellaneous collection of loan words from other disciplines like IT, biology and economics. The profession is being eroded; there is less and less to be said and discussing one another's work has become impossible. Architects first lose themselves, then their authority, and are finally swallowed up by sociology, computer science or journalism.

But who did Neutelings actually have in his sights? He called for a reappraisal of architecture as an autonomous profession, but from the evidence of the projects in past few Yearbooks, that process is already well under way. The craftsmanly aspect of the profession has become much more important in recent years than in the 'conceptual' years of the Super-Dutch generation. The attitude of the accommodating architect who has a thorough command of the profession, is more popular today than that of the 1990s visionary. Perhaps Neutelings was directing his remarks at several of his contemporaries also present at the conference: Winy Maas (the inventor) and Ben van Berkel (the biologist), and father figure Rem Koolhaas (the journalist). In which case the lecture was a settling of scores. Nothing wrong with that of course, but more problematic is the question of whether consciously 'with-drawing to one's own territory' is not an alibi for the loss of ground that architects have recently suffered in the procedural war waged by clients and administrators. The noble image of the skilled architect is all very fine, but you need to have Neuteling's standing to have any hope of exerting real influence and playing an integrative role as accommodating architect. As such, it is easy enough for Neutelings to talk, but any young practices wanting to follow his lead are in for a tough time.

Visibility versus power

The problem of an architecture that is so varied in shape and form that it looks like a junk shop display from which it is impossible to choose, was cleverly tackled by Brouwers and Simon Franke, the former director of NAi Publishers, with the launching of their new architecture magazine, *Stadscahiers*.[4] By concentrating on a single segment of architecture, the restructuring of the post-war city, they were assured of a common ground and common themes. The complex restructuring themes are a red thread running through the review, comparison and critique of architecture. The elusiveness and apparent wilfulness of the designs evaporate in the face of the common basis of the modernist districts.

This Yearbook, too, contains a number of buildings in such districts. The most striking project in our selection could well be the block of walk-up flats in the Rotterdam district of Pendrecht that Henk van Schagen 'designed'. At first sight the project doesn't stand out at all: it is no icon, it is not a new architectural image, and it is clearly recognizable as a 1950s housing block. It's a bit like a 'spot the difference' puzzle: what is new about this building, in what way is this new architecture? Yet this re-use plan is based on substantial architectural input because the architect was responsible for the preliminary and structural research and for the formulation of the programme. He drew on his knowledge of the original architecture and structural principles, he advised his client on the choice between demolition and re-use, designed new floor plans, and then used his professional skills to transform the flats into maisonettes and to 'style' an array of small new elements like a stair or a letterbox. From the terms of reference to the smallest detail, the architect was running the show in this project. There is no question here of marginalization of the profession, quite the opposite: this project reveals great architectural authority, if that is defined as the degree to which the architect is involved in all aspects of the design and construction process, or as the depth to which he manages to penetrate the whole process of financing, designing, regulating, building, living and legislation. Or, in the words of Willem Jan Neutelings, as the application of knowledge, expertise and evocation. That last element, the exercise of imagination, does not result in spectacular images in this project. But is the modest appearance of these blocks not eminently appropriate for a housing programme, which still accounts for 95% of building production?

This building suggests an hypothesis: could it be that architectural significance and relevance are inversely proportional to the visibility of the architecture or the conspicuousness of the architectural image? The reverse is at any rate true according to Ruud Brouwers: the iconic and, more generally, the striking architectural image, is emblematic of the power of the market, the client and the politicians and of the subordination of the architect.

Are the buildings that are most published and eulogized (in this Yearbook, among others) because of their attractive or striking appearance effectively the product of a coalition among construction parties in which the architect is marginalized and retains control only over the facade? Does the real social relevance lie hidden in the visually silent, modest projects in which evocation does not overshadow the other key elements, knowledge and expertise? Are these the projects where the genuine innovations are taking place? This hypothesis can be tested further with reference to a few buildings that were deployed as a corrective in urban renewal.

Elaborating on modernism

There would appear to be growing appreciation for the true worth of the post-war modernist districts. Only a few years ago it was usual for housing corporations and local authorities to opt for a symbolic, energetic approach which began by demolishing existing development and then replacing it with a completely new and different

52

architecture and spatial layout. At present there is much more focus on and appreciation for the original character-istics and on 'recycling' them. People are also starting to realize that these are comparable districts with comparable spatial-architectural characteristics and problems, whether it be Amsterdam-West, The Hague-Southwest, Hoogvliet in Rotterdam or some other district from the same family. Designs that are predicated on a familiarity with the common modernist legacy are producing some very significant results.

VMX designed a project of housing and shops in Hoogvliet, on the edge of Meeuwenweide Park. At right angles to the park stood rows of housing for the elderly arranged in an open layout. The corporation wanted to demolish these tiny, soberly appointed dwellings and replace them with more comfortable, 'age-in-place' housing. The complexity of this simple-sounding task was huge and it had a lengthy preamble in the form of urban design studies, a tree audit, aesthetic studies, financial agreements between various clients, consultation with future residents, et cetera. In the final design all these occasionally conflicting demands are apparently effortlessly resolved in a clear built structure. The open-row layout, at right angles to the park like the earlier scheme, encloses courtyards that are alternately laid out as car parking or as private terrace gardens. At first floor level a continuous pedestrian route links all the houses. With its staggered composition and fresh, brightly coloured parapets, the complex adds a new, optimistic touch to the Hoogvliet palette, while its layout is a perfect continuation of the modernist subdivision.

Similarly, architect Erna van Sambeek has previously demonstrated that, thanks to her thorough urban design–morphological research, she is so familiar with the vocabulary of the modernist districts that she is able to

use it to weave new narratives. In The Hague-Southwest, her firm was responsible for the re-construction of Veld 17, a neighbourhood within a spatial masterplan designed by W.M. Dudok and elaborated by J.H. van den Broek. The old housing consisted entirely of blocks of walk-up flats arranged as repetitive units in an orthogonal grid.

The new design also uses free-standing blocks in a rectangular, open subdivision, but with far-reaching differences: the composition is no longer determined by the logic of the crane gantry but by an array of different types of outdoor space. In an intelligent modernization of the post-war 'neighbourhood' concept in which the collective garden knits the neighbourhood together, Van Sambeek uses small squares, courts and internal streets as unifying elements, thereby generating a sequence of spaces from private, through collective to public. The different types of single-family dwellings share an architectural image defined by dark grey bricks and white accents. Details like planters and corner bay windows articulate the spatial layout. The architecture refers neither typologically nor visually to the modernist blocks that once stood here; but the spatial structure, of which the buildings are an integral part, is a reinterpretation of well-known spatial and ideological themes, in particular that of the neighbourhood concept. In light of the current trend for as much difference and variation in architectural expression as possible (probably to avoid dullness and a large-scale effect), the determined choice here of an extremely lucid and effective two-tone image is particularly striking. It emphasizes the unity of the neighbourhood while simultaneously concealing the enormous complexity that lies behind it.

The southern edge of Geuzenveld, part of Cornelis van Eesteren's 1934 General Extension Plan for Amsterdam, was until recently made up of three big repetitive units of L-shaped blocks of terraced housing. One section of houses, which were not just small but also occupied a prime location on the edge of the city and a park, were demolished and in their stead Burobeb designed six blocks of houses, arranged in pairs. Thanks to their well-judged placement, which takes account of sightlines and vistas from the immediate surroundings, the new blocks fit quite naturally into the old layout. Here, too, the architecture differs markedly from the existing terraced housing in order to attract a new and more affluent public: the facades are of wood and their decorative patterns are somewhat reminiscent of the expressionistic architecture of the 1930s. Linking the free-standing blocks to the spatial structure not only satisfies the wish to introduce some more expensive housing into this area, but does it in a way that upgrades the whole district rather than further degrading the existing buildings to 'old' or 'flawed'. This is extremely important for it maintains a sense of collectivity and avoids a division between poor (in the old part) and wealthy (in the Burobeb houses).

In such 'restructuring' projects, social, spatial and financial issues form an inextricable mix. The architect operates at the level of the square millimetre on these projects which together make up the bulk of the housing stock, often working with a modest budget and programme of dwellings, in a context that is full of complexity. Indeed, the architect needs all of his professional skills in order to successfully weather the various phasing, financing, approval and urban design processes – much more so than for a new-build project on a greenfield site. And of course, there are branding and image campaigns, the 'housing consumer' has to be served on the basis of the usual target group policy and the architect must also manage to come through the consultation rounds unscathed. In terms of authority and professional skill these projects command respect.

Neo-New Frumpiness

The renewed respect for modernist districts does not apply to the post-war shopping centres, nearly all of which are being renovated or replaced. The ubiquitous modernist model of the introvert, pedestrianized shopping centre is being replaced by new complexes based more on traditional urban fabrics. The aim is to do away with the disadvantages of the old centres (e.g. long rear walls turned to the surrounding neighbourhood) and to accommodate the latest trends for cosiness and security. The principles for an ideal shopping experience, perfected by American firms like Jon Jerde, are applied in the transformation of the cheerless 1950s districts. The Koopgoot in Rotterdam (de Architekten Cie. & The Jerde Partnership) was the first in a series that were later taken up elsewhere – in Nijmegen, Nootdorp and Spijkenisse (Soeters Van Eldonk), Wielwijk in Dordrecht (Lucien Kroll), Hoogvliet and Drunen (Molenaar & Van Winden), Lelystad (West 8) and Hoofddorp (de Architekten Cie.). In Neo-Realist relations it goes without saying that in the design of these new shopping centres, the evocation of a cosy, secure and recognizable environment is the main aim of the architectural exercise.

To get some idea of the high turnover rate for shopping centres today, one has only to look at Spijkenisse. This new town just south of Rotterdam started life in the 1960s as part of the government's growth centres policy. In 1978 it commissioned Pietro Hammel to design a city block containing a theatre, a cultural centre, a public library and some housing. Hammel was one of the exponents of 'the new frumpiness', a movement that wanted to abandon the monotony and austerity of functionalism and which had a clear message: 'back to the old cosiness'.[5] Taking the user's need for communication and recognizable forms and signs for orientation, he set out to 'create buildings, streets and squares that seek to engage in a dialogue'. Hammel's terminology is surprisingly similar to that of Soeters thirty years later. Hammel's complex has since been demolished because it is no longer considered cosy. It has made way for an intensive programme of housing, shops and offices on top of a car park. The new centre takes its cue from the public space of the street and the square and is designed with twists and turns so that the perspective is constantly changing and a series of intimate spaces is generated. Soeters' architecture looks like an urban elevation that has developed over time, lot by lot, each building differently designed in styles similar to the shopping centre the firm previously designed for the Nootdorp development: an *architecture parlante*, recognizable for users and residents.

Similarly recognizable architecture, which incorporates an array of well-known references to historical examples in its decoration and ornamentation, is a feature of the mini-centre that Molenaar & Van Winden designed for the town of Drunen in Brabant. The complex of shops and housing stands between the post-war church and the picturesque town hall, on a site previously occupied by a 1950s block with the self-same programme. The organization, with shops behind a street-level arcade and dwellings above, is completely logical and the entrance to the dwellings, via a spacious deck at the rear, is handsome.

But the most striking features here are the technical execution, the materialization and the detailing, some of which is very finely done. The 'sign' for the restaurant De Sleutel, for instance, is sculpted into the facade and another wall has been worked by a stone cutter using pick-axe and grinding stone to look like an 'studded' brick facade. In terms of its styling – 'French' mansard roof with large roof lights and a 'cast-iron' canopy over the arcade – the centre is quite out of place in Drunen. Yet thanks to the decorative brick architecture it can be read as part of a trio: church–town hall–shopping centre.

The desire for a varied streetscape that appears to have grown organically rather than been designed by a single hand, is a recurring theme of recent building production. Not just in city centres but also in suburban developments like Adriaan Geuze's Waterrijk development in Woerden, which the planner describes as an old-fashioned 'Dutch town' – which is precisely how the 'new frumpy' canals of Almere Haven were described many years ago. The organic impression is generated not only by introducing a variety of historicizing styles, as Soeters does, but also by giving visual expression to residents' wishes, as in the residential/shopping centre that Atelier Lucien Kroll designed for Wielwijk in Dordrecht. On the site once occupied by a 1960s centre, houses and shops are arranged around a square. The pursuit of diversity is exhaustive: housing types, materials, structures, everything reveals an obsessive desire to stand out against the monotony of the surrounding district. However, the low-budget execution and materialization and the clumsy treatment of the shop entrances suggest that this centre will not last much longer than its predecessor.

In the Lelystad city centre, masterplanned by West 8, the existing block pattern was intensified with building masses and a variety of streets, laneways and squares, resulting in a dense urban fabric. The illusion of organic growth and small scale is helped here by the subdivision of streets, for example Zilverparkkade, into modest lots varying in size and height, each of which was assigned to a different architect. The variation is created not by a succession of traditionalist facades, but by an array of expressive facades as in an architectural type case: EEA's 'knot', René van Zuuk's 'twigs', buildings by Tekta, Meyer & Van Schooten, De Zwarte Hond, the undulating balconies of SeARCH and so on. At the other end of the centre, moreover, stands the number one icon of 2007, UN Studio's bright orange theatre where the chromatic spectacle continues inside with a pink void and red auditorium. Like nearby Almere, Lelystad and Adriaan Geuze have opted for a strategy that gives architectural evocation the main role and puts Lelystad on the map as a modern architecture city.

Whether the choice falls on a historicizing, a modern or

a postmodern architectural vocabulary, all these new centres employ the themes of variation, urban fabric, small-scale development, 'experience' and identity. They look historical or organic, but they have been built all at once. In reality they are examples of a *tabula rasa* approach, previously the preserve of the modern movement. The modernists of the 1960s saw their work as an improvement on history and consequently had no qualms about sweeping away anything that stood in their path. Similarly, today's traditionalists see their work as an improvement on the modernist history, so: away with it! A nice example of progressive thinking that is very successful and popular right now. Yet it is not difficult to predict that in no more than thirty years' time these centres will themselves fall victim to the next cosiness trend.

If we test these projects against the aforementioned hypothesis of visibility versus authority, it doesn't seem too far-fetched to argue that such projects erode the position of the architect in the building process because he or she becomes complicit in a maelstrom of ever-shorter cycles of change which also seem to be getting increasingly 'superficial' and 'image-focused'.

Invention versus transformation

On certain crucial spots in the renewal of post-war districts, the same themes are played out as in the new centres, and the architecture is dictated by the market, image, iconic value, branding, et cetera. Faced with such displays of spectacle, one is inclined to assume that the architect wielded a lot of power, that he wound the client around his little finger and controlled the building process. But is that really so? Two such buildings are included in this Yearbook.

The Parkrand building stands on the edge of Eendracht Park in Amsterdam-Geuzenveld and was designed by MVRDV. Right from the start, the client, Het Oosten Kristal housing corporation, wanted to build an icon, something that the neighbourhood was lacking. As such, the building is a good example of Brouwer's New Realism. Although the programme changed during the process and the owner-occupied dwellings became rental dwellings, the iconic ambition never faltered. The local authority and the national government contributed financially to the additional allure. The result is an imposing building that impresses from afar because of its form (building with holes) and from nearby because of its design: the white

inner facades are clad with specially designed tiles and the surrealistic outdoor rooms were created by a big-name designer, Richard Hutten. But the building looks better in photographs than in reality. The iconic form is daring and superbly exploits the parkside location; close up the building's spaces, including the outdoor rooms, are cold and primarily vandal-proof. 'Icon' has clearly been interpreted here as a visual phenomenon; the building is first and foremost a photographic icon.

Eekenhof is described by its architects, Claus en Kaan, as a completely logical, functional design. It stands on the edge of the park at the centre of Roombeek, the Enschede district largely destroyed by a fireworks disaster in 2000, a stone's throw away from the foundations of SE Fireworks. The spatial masterplan by Pi de Bruyn and co. determined the plot and specified the height (ten storeys facing the park, dropping to three at the rear). The programme, comprising a health centre with a number of practices, several single-family homes, a sheltered housing block and 26 rental and 26 owner-occupied apartments, was drawn up by the housing corporation. The architects then sought the most logical and advantageous configuration for this programme within the given urban design parameters. This resulted in internal accessing of the apartments via a central atrium, a staggered form to meet the prescribed heights, and a division into several volumes around a courtyard on top of a car park. Last of all, according to the architect, came the decision that gives the building its attractive appearance: the balconies were nominated as a compositional theme in the design of the facade; the (neo-expressionist) detailing and the choice of material (yellow brick) were the finishing touches. All in all an exemplary but also normal way of working. Knowledge and expertise are deployed, imagination and the rational interpretation of the context and parameters lead to the expressive form. The result is an icon, but one in which the visual effect does not predominate over the other aspects of the design.

Visually stunning buildings are generally the most highly regarded. After all, the ingenuity and artistry on display in such buildings are the architect's visiting card. Conversions and makeovers of existing buildings are usually considered less prestigious: the consensus is that the 'limitations' placed on the architect are so great that there is scarcely any scope for ingenuity, let alone an artistic tour de force with a personal signature. Yet, if only because reuse projects are on the rise in the Netherlands, it is worth taking a more serious look at this area.

Is it not so that adaptive reuse projects actually require architects to display even more craftsmanship, ingenuity and commitment than conventional building projects? And this despite the fact that the architect's intervention is barely detectable on the outside, especially compared with the visual bombast of iconic magazine architecture? In other words: couldn't it be argued that an architect's influence is inversely proportional to the degree to which he or she controls the image? A few examples from this Yearbook would seem to suggest that this is indeed so.

First of all there are the blocks of housing that Henk van Schagen renovated in Pendrecht, Rotterdam. As in an earlier rehabilitation job in Pendrecht, this commission, too, concerned the generally reviled walk-up flats of the 1950s. The blocks' owner, De Nieuwe Unie housing corporation, had already been 'schooled' by Van Schagen with projects like the renovation of Deliplein in Katendrecht. A mixture of restoration and modernization transformed this nineteenth-century square into the attractive focal point of the regeneration of the troubled Katendrecht district. The cheap-looking roof extensions (sneeringly referred to as 'roof boxes') added during previous urban regeneration operations were removed and the original detailing of the ground-level shops was restored. A mix of small businesses, from a tattoo shop to a sambal kitchen and a café bar, has since moved into the previously rundown square. While it is clear from the typically crude urban renewal era staircases that some of the housing belongs to the subsidized rental sector, the roof boxes were replaced by owner-occupied dwellings which made striking use of the nineteenth-century facades: large sections of the sloping roof are transparent so that the bell gables stand like pieces of scenery in front of the dwellings which also enjoy a breathtaking view of the towers on Wilhelminapier.

But in Pendrecht the qualities of the architecture were not so self-evident. De Nieuwe Unie asked Van Schagen to investigate whether the existing housing stock could be converted into the desired four-room dwellings for both the owner-occupied and rental markets. All the structural shells in the area were surveyed and eight blocks of walk-up flats were declared suitable. The unsightly buildings, which previous renovations had robbed of any architectural charms they may once have possessed, consisted of small, three-room flats. Two flats, one above the other, were joined by inserting an internal stair in the former kitchen, thus producing four-room dwellings of approximately 110m².

Little of this radical transformation is evident on the exterior; the plastic window frames were replaced by long narrow ones with deep reveals, the brickwork was cleaned, the entrance was renewed and faced with glass, and the loggias were turned into semi-internal balconies with large sliding glass doors between balcony and living room. These important improvements of the living enjoyment made the dwellings commercially viable again while leaving the architectural image largely unaltered and emphasizing the qualities of the original 1956 design by Van Herwaarden & Bos.

There are several advantages to such an approach: high-grade dwellings for a relatively low cost, shorter construction time, environmentally friendlier and more interesting in terms of cultural history. In addition, the open green structure of the modernist district was retained; it is usually the first thing to disappear when blocks of flats are demolished because of the larger footprint of the replacement single-family dwellings.

The role of the architect in this project is far-reaching: he does the preliminary research, formulates the task, makes the design and supervises the construction. The architect obviously understands the complexity of the building process and the project situation so well that he is given (or takes) an early, fully embedded role in the building process. His position is consequently strong. The total absence of any urge to create an icon turns it into a statement: an added staircase or balcony would have been the kiss of death for what is perhaps the most formal of the urban renewal designs in this Yearbook.

Another project in which there is scarcely any evidence of 'evocation' or 'design' in the outward appearance, is the Wallis Block in the Rotterdam district of Spangen; although the transformation of this block was carried out in an innovative fashion, you cannot deduce that from the exterior. This block was in such a poor state of repair that renovation was financially unfeasible and the demolition-new-build estimates were similarly unfavourable. The architect, Ineke Hulshof, and the Stichting Woning consultancy together worked out a unique arrangement: the dwellings were given away 'for free', but with an obligation to invest in the dwelling and to refurbish the block in concert with the other owners. Supervised by the architect, the prospective residents chose the size, layout and design of their dwelling, turning 26 structural units into 34 completely different dwellings. The artist's impression of the block, with its welter of different colours, looks like a university student's plan full of contrived arbitrariness, but in this case it really did turn out like this and the variation was the result of residents' wishes.

The Wallis Block illustrates a new type of gentrification. The value of this 'invention' lies primarily in the new division of roles between owner, architect and residents. The architect's task is not that of designer, but of a project leader who must supervise a lengthy process, solve a complicated puzzle involving a lot of assertive clients who all have to be fitted into a single block. This is where the ingenuity of this project lies, in the orgware and the process. The rest, including the architectural intervention, is virtually invisible. The architect evidently saw no need to express the new interior on the outside. And rightly so, because the quality of these dwellings lies in their original charm. It shows courage on the part of the architect to concentrate on a renewal of the organizational structure rather than on the design.

The question posed at the beginning of this essay was whether the power and influence of the architect, his architectural authority (the knowledge, expertise and evocation of which Neutelings spoke), is inversely proportional to the iconic value of the architecture. The all but invisible interventions in Pendrecht and in the Wallis Block confirm this by reason of the extreme degree to which the architects submerged themselves in the construction and design process and were in charge of every aspect of the show. But the final example of urban renewal in this Yearbook, MVRDV's Diddendorp in Rotterdam, transcends this proposition. It is a mini-icon that achieves a maximum effect with only a minimal residential area and is highly visible thanks to its distinctive colour which announces the project from afar as an eruption of blue. It is deliberately garish, but because of its small size, unquestionably sympathetic. And Diddendorp was the fruit of many years' close collaboration between architect and residents. It was not some jolly idea or contrivance of the architect. The result is a new architectural image, a floating village, in no way adapted to its surroundings, monomaniacally itself in Smurf colouring. The residents were involved in all aspects and phases of the design and the construction, yet it is also a design statement by the architect which has made it into all the architecture magazines. Thanks to this multi-layeredness and involvement it is actually a more convincing project than MVRDV's Parkrand building. The iconic quality is not the outcome of local government policy or of the client's marketing strategy, nor an example of New Realism, but an authentic, eccentric form of colonization of the second ground plane.

More broadly, it is a non-institutional, experimental contribution to the debate about 'topping up', thanks to its innovative structural research and demonstrative power. Unfortunately it has shown that building on a roof, even a large, flat roof like this one, is infinitely more difficult and expensive than anticipated. Nonetheless, it was worthwhile, for thanks to their investment in Diddendorp the residents can pursue their urban lifestyle without being forced to decamp to the Rotterdam suburbs for lack of space. Diddendorp can also be read as an idiosyncratic protest against all those insipid housing models that the market produces and a good alternative to the perennial terrace house with garden which, according to the current New Realism consensus, is supposed to keep middle-class families in the city centres.

Rules and organization

The hypothesis floated at the beginning of this essay – visibility versus power – turns out to be untenable. Not all flashy buildings are empty shells; the selection in this Yearbook tells a different story. Many of the attractive buildings in this book derive their eloquence from close collaboration with the client, a well-directed design energy and the professional expertise of the architect. Conversely, it has been plausibly demonstrated that well-nigh invisible architecture projects, reuse or otherwise, can have iconic significance because of their broad social relevance and that, contrary to expectations, these projects entail a more prominent role for the architect. This is an important finding, certainly in a period when adaptive reuse and transformation are playing an ever-bigger part in building production.

It is also important to note that although knowledge, expertise and evocation are the basis of every architectural project, conducting the architectural debate in Vitruvius's terms alone will not get us very far. A discussion about such an atypical project as the Wallis Block, which is purely about a different organization and new rules, would be pointless. Moreover, architecture needs to assimilate all the knowledge from related disciplines in order to ensure that the architect can continue to play his role in the midst of market, politics, consultants and residents as a generalist and not as a woolly talker or untouchable visionary. That professional expertise, as Neutelings emphasized, is the core of the generalist approach, few would dispute. The support this statement received indicates that many architects are pleased to have the boundaries of their profession reaffirmed. But when it comes to a genuine discussion or to obtaining an influential position in the building process, this is definitely not enough.

Brouwers is correct in his observation that New Realism is a defining characteristic of current building production. But that, too, is a condition that holds for every architect and every project and thus loses its distinguishing power. There is always (except in the case of private clients) a market party, whether it be a developer, an investor or a housing corporation; everything is market. This has important consequences for the architecture journalist or critic. The orgware behind every project (the complexity of the task, the financial structure and the balance of power) is more important than ever. The unravelling and interpretation of that orgware therefore deserves much more attention. From the formal appearance of a building it is impossible to deduce the degree to which New Realism has influenced its production. If architecture criticism is to be meaningful and to exert some influence on what is built – and so to have relevance beyond its own little circle – it must take stock of all facets of design and building practice.

For the same reason, namely the growing influence (and decreasing transparency) of external and political factors in the architectural design, projects that intervene creatively in the orgware, as the Wallis Block and the Pendrecht blocks of walk-up flats do, are of immense importance. They are innovative because they allow architects to penetrate to the heart of architectural production, because they experiment with new methods of organization, commissioning and financing and ignore 'business as usual'. Diddendorp does this too, and was moreover realized completely independently of institutional constructions and interests, indeed, could never have been realized at all in such a context.

As well as icons, urban renewal needs buildings that are relevant because of innovative financial and organizational constructions, like the Wallis Block and Diddendorp which are both in their own way icons, one of collective and the other of private commissioning. Both are examples of projects where the architect is not marginalized and is able to exercise his professional expertise – be it in completely different ways – to the fullest.

1   'The definition of New Realism is that public administrators and clients–developers together decide what the outcome of a building initiative should be, through market segmentation, project formulation and then the famous branding, sticking an enticing image on a building initiative.' Ruud Brouwers, 'Nieuw Realisme. Een oefening in hedendaagse architectuurkritiek' ['New realism. An exercise in contemporary architecture criticism'], *Stadscahiers. De transformatie van de naoorlogse stad* [Urban cahiers. The transformation of the post-war city], no. 1, 2007, p. 25.
2   Idem, p. 26.
3   For the lectures given during this congress, see: www.architectuurtweepuntnul.nl
4   Three issues of *Stadscahiers. De transformatie van de naoorlogse stad* have been published to date. See: www.stadscahiers.nl.
5   Hilde de Haan & Ids Haagsma, *Wie is er bang voor nieuwbouw… Confrontatie met Nederlandse architecten* [Who's afraid of new-build… confrontation with Dutch architects], Amsterdam 1981, p. 139.

VAN SCHAGEN
ZUIDERDIEP

MELISSANTSTRAAT,
MIDDELHARNISSTRAAT
ROTTERDAM

ARCHITECT:
VAN SCHAGEN ARCHITEKTEN,
ROTTERDAM
PROJECTARCHITECTEN/PROJECT
ARCHITECTS:
GERT JAN TE VELDE, ESTHER
SCHOONHOVEN

MEDEWERKERS/CONTRIBUTORS:
GEORGE ABRAHAMZEN, SANDER
BRAND
ONTWERP-OPLEVERING/
DESIGN-COMPLETION:
2004-2007
OPDRACHTGEVER/CLIENT:
DE NIEUWE UNIE, ROTTERDAM
AANNEMER/CONTRACTOR:
BAM VOLKER, ROTTERDAM
CONSTRUCTEUR/STRUCTURAL

ENGINEER:
BUREAU BARTELS, UTRECHT
KALE BOUWSOM/BASIC BUILDING
COSTS:
€ 9.200.000
BOUWKOSTEN PER M²/BUILDING
COSTS PER M²:
€ 487
FOTO'S/PHOTOS
STIJN BRAKKEE

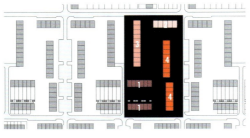

SITUATIE OUD/OLD LAYOUT
1 EENGEZINSWONINGEN/
   SINGLE-FAMILY DWELLINGS
2 GALERIJFLAT 2 LAGEN/
   2-STOREY GALLERY FLATS
3 GALERIJFLAT 3 LAGEN/
   3-STOREY GALLERY FLATS
4 PORTIEKFLATS 4 LAGEN/
   4-STOREY WALK-UP FLATS

SITUATIE NIEUW/NEW LAYOUT
1 OPENBAAR GROEN/PUBLIC
   PARK
2 PRIVÉTUINEN/PRIVATE
   GARDENS
3 TRANSFORMATIE PORTIEK-
   ETAGEFLATS TOT
   MAISONNETTES/CONVERSION OF
   WALK-UP FLATS TO
   MAISONETTES
4 NIEUWBOUW/NEW-BUILD

In de Rotterdamse wijk Pendrecht is het afgelopen decennium door sloop–nieuwbouw al veel vernieuwd. Woningcorporatie De Nieuwe Unie stelde de vraag of de gewenste nieuwe woningtypen (met name goede en betaalbare vierkamerwoningen) ook in de bestaande voorraad konden worden gerealiseerd. De voordelen daarvan zijn immers groot: sneller, goedkoper, beter voor het milieu en behoud van buitenruimte en cultuurhistorisch interessanter. Van Schagen onderzocht de mogelijkheden van alle casco's in het gebied en concludeerde dat in acht portiek-etageflats uitstekende vierkamer-appartementen te realiseren vielen.

Twee boven elkaar gelegen flats werden samengetrokken tot een maisonnette van 110 m² en intern verbonden via een extra trap in de voormalige keuken. Beneden wordt gewoond, op de verdieping van de maisonnette liggen drie slaapkamers en een badkamer. De blokken hadden geen bijzondere architectonische kwaliteit; het waren sobere gemetselde flats, in 1956 ontworpen door Vermeer en Van Herwaarden, zonder veel bijzondere details. Hoe zorg je er dan voor dat er luxe en aantrekkelijke (koop- en huur)maisonnettes ontstaan? Het antwoord is gezocht in het zo veel mogelijk uitbuiten van de (bescheiden) bestaande kwaliteiten met kleinere ingrepen en herstelwerkzaamheden. De gevels zijn gereinigd en de platte, kunststof kozijnen vervangen door exemplaren met diepe neggen, zodat de dieptewerking weer is hersteld. De loggia's zijn uitgebouwd tot half inpandige balkons met aluminium schuifpuien. De portieken zijn gerestyled en transparanter gemaakt. Het openbare karakter van de gemeenschappelijke tuin is gehandhaafd. De transformatie van de verlopen portiekflats levert kwalitatief hoogwaardige (en populaire) woningen op voor een relatief lage prijs en bovendien het behoud van de open structuur van de wijk.

The Pendrecht district of Rotterdam has been extensively renewed over the past decades in a process of demolition and new-build. One housing corporation, De Nieuwe Unie, wondered whether it might be possible to realize the required new housing types (in particular affordable four-room dwellings) within the existing housing stock. The advantages are considerable: faster, cheaper, better from both an environmental and cultural-historical perspective and entailing no loss of outdoor space. Van Schagen investigated the condition of all the structural shells in the area and concluded that there were eight walk-up blocks in which excellent four-room dwellings could be realized.

Two flats, one above the other, were turned into a single, 110 m² duplex and linked internally via an extra stair in the former kitchen. The ground floor is the living area, while the upper floor contains three bedrooms and a bathroom.

The blocks were of no particular architectural merit; they were ordinary brick buildings, without a lot of special detailing, designed by Vermeer and Van Herwaarden in 1956. So how to turn them into high-specification and attractive rental and owner-occupied duplexes? The answer lay in making the most of the – modest – existing qualities by means of minor interventions and repairs. The facades were cleaned and the flat, plastic frames replaced by ones with deep reveals, thereby reinstating the original three-dimensional effect. The recessed balconies were built out into cantilevered balconies with aluminium sliding French doors between the new section and the old which became part of the indoor space. The porches were restyled and made more transparent. The public character of the communal garden was retained. The transformation of the rundown walk-up apartments has produced qualitatively superior (and popular) houses for a relatively low price while maintaining the open layout of the district.

OUDE PLATTEGROND/
OLD FLOOR PLAN

NIEUWE PLATTEGRONDEN,
DOORSNEDE/NEW FLOOR PLANS,
SECTION

1 PORTIEK/PORCH
2 WOONKAMER/LIVING ROOM
3 KEUKEN/KITCHEN
4 SLAAPKAMER/BEDROOM
5 BADKAMER/BATHROOM
6 LOGGIA
7 BALKON/BALCONY
8 VIDE/VOID

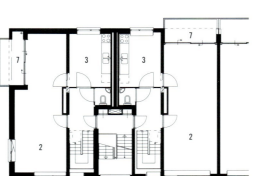

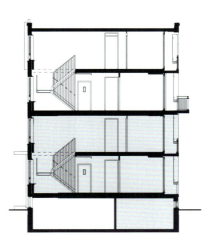

58

BUROBEB
PARKWONINGEN/HOUSING

VAN TIJENBUURT (O.A. JAAP EDEN-STRAAT)
AMSTERDAM-GEUZENVELD

ARCHITECT:
BUROBEB, AMSTERDAM
PROJECTARCHITECTEN/PROJECT
ARCHITECTS:
KASPAR AUSSEMS, CHRIS BOOT, BEN
EWALS
MEDEWERKER/CONTRIBUTOR:
KOEN MANNEVELD
BOUWKUNDIGE
DIRECTIEVOERING/CONSTRUCTION
MANAGEMENT:
DELTA FORTE, AMSTERDAM
VERANTWOORDELIJKE

STEDENBOUWER/URBAN PLANNER:
MUST, AMSTERDAM
ONTWERP–OPLEVERING/
DESIGN–COMPLETION:
2003–2007
OPDRACHTGEVER/CLIENT:
DELTA FORTE, AMSTERDAM; FAR
WEST, AMSTERDAM
AANNEMER/CONTRACTOR:
RIZ BOUW, IJSSELSTEIN
CONSTRUCTEUR/STRUCTURAL
ENGINEER:
TENTIJ, HEEMSKERK
LANDSCHAPSARCHITECT/LANDSCAPE
ARCHITECT:
STADSDEEL GEUZENVELD,
AMSTERDAM

KALE BOUWSOM/BASIC BUILDING
COSTS:
€ 3.346.000
BOUWKOSTEN PER M²/BUILDING
COSTS PER M²:
€ 900
FOTO'S/PHOTOS:
WOUTER VELTHUIS

0 25 50 100m

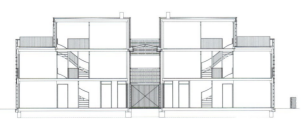

Onderdeel van de vernieuwing van Amsterdam-West is dit project aan de zuidrand van Geuzenveld. Op de plek van enkele gesloopte blokjes etagewoningen en rijtjeswoningen werden zes woonobjecten toegevoegd met in totaal 24 woningen. De vrijstaande objecten zijn direct te onderscheiden van de oude bebouwing, maar voegen zich door hun oriëntatie in de stempelstructuur. Ze maken optimaal gebruik van hun ligging op de rand van stad en park, doordat uitzicht en doorzicht tot leidende thema's zijn gekozen. Elk blok bestaat uit vier woningen, deels twee lagen (huurwoningen) en deels drie lagen hoog (koopwoningen). De toegangsdeuren naar de woningen liggen in een met glas overkapte binnenstraat, die dwars door elk object loopt en niet alleen voor de ontsluiting zorgt, maar ook voor het doorzicht naar het groen en het woongebied aan de andere zijde. De binnenstraat is afsluitbaar met een poort en tot deurhoogte bekleed met Belgisch hardsteen.
De woningen hebben een grote berging, die door haar aparte toegangsdeur ook als kantoortje te gebruiken is. De woonkamer heeft aan twee kanten uitzicht op de tuin via ramen van vloer tot plafond; op de verdiepingen liggen de slaapkamers en een dakterras. De met heggen afgeschermde tuin vormt de buffer naar het openbare gebied rondom.
Om overlast te beperken en de bouwtijd te verkorten, werd zo veel mogelijk gekozen voor prefab. Zo zijn de prefab betonwanden bekleed met prefab houten panelen die de gevels een grafisch effect meegeven. De lichtvoetige, natuurlijke uitstraling van de woningen met hun houten gevels versterkt de kwaliteit van de locatie aan de stadsrand.

This project on the southern edge of Geuzenveld forms part of the regeneration of Amsterdam-West. On a site previously occupied by several blocks of row housing, BUROBEB built six housing blocks containing a total of 24 dwellings. Although the freestanding new volumes look quite different from the old housing in the area they are nonetheless arranged in accordance with the overall urban layout of the district. The architects took full advantage of the location on the edge of city and park by elevating views out and through to the guiding themes of the design.
Each block contains four dwellings, either two storeys (rental housing) or three storeys (owner-occupied) high. The entrances to the houses are on a glass-roofed internal street that runs right through each block, providing not only access but a view through to the greenery and the housing estate at either end. The internal street can be closed off with a gate and is faced to door height with Belgian bluestone.
All the houses have a large storage room with separate entry which could also be used as an office. The living room overlooks the garden on two sides through floor to ceiling windows; above this are the bedrooms and a roof terrace. The hedge-enclosed garden forms a buffer between the houses and the surrounding public space.
To reduce inconvenience and shorten the construction period, prefab was chosen wherever possible. The precast concrete walls are clad with prefab wood panels that have the effect of a graphic pattern. The light-hearted, natural appearance of the dwellings with their timber facades enhances the quality of this urban fringe location.

0 2 5 10m

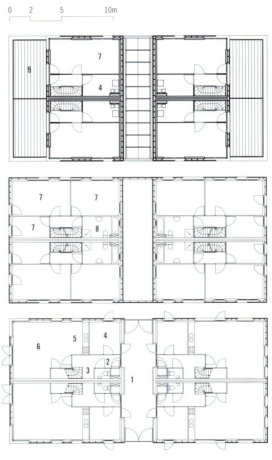

SITUATIE/SITE PLAN
A VAN KARNEBEEKSTRAAT
B JAAP EDENSTRAAT

DOORSNEDE/SECTION

**TWEEDE, EERSTE VERDIEPING,
BEGANE GROND/SECOND, FIRST,
GROUND FLOOR**

1 OVERDEKTE BINNENSTRAAT/
   COVERED INTERNAL STREET
2 ENTREE/ENTRANCE
3 GARDEROBE/CLOAK ROOM
4 BERGING-WERKKAMER/
   STORAGE-OFFICE
5 KEUKEN/KITCHEN
6 WOONKAMER/LIVING ROOM
7 SLAAPKAMER/BEDROOM
8 BADKAMER/BATHROOM
9 TERRAS/TERRACE

FOTO/PHOTO **JOHN LEWIS MARSHALL**

FOTO/PHOTO **BUROBEB**

VMX
WONINGBOUW/HOUSING

Op de plek van een complex verouderde bejaardenwoninkjes in de jaren-zestig-satellietstad Hoogvliet ontwierp VMX 80 huurwoningen voor senioren en 60 koopappartementen op een plint met winkels. De ruimtelijke kwaliteiten van de aan een park gelegen locatie en de naoorlogse strokenbouw in de omliggende buurten bracht VMX ertoe om een herinterpretatie van deze verkaveling toe te passen. De woningen zijn geplaatst in lange stroken die om en om een formele entreehof en een informele hof met privéruimtes begrenzen. Door een trapsgewijze stapeling van de woningen toe te passen, zijn de parkeerplaatsen op het maaiveld overdekt en verstopt en hebben de woningen riante terrassen. Langs de terrassen loopt de meanderende galerij die de vijf stroken van het complex verbindt en bovendien een extra collectieve ruimte vormt.

De ranke flat heeft twee portieken, die elk slechts drie woningen per verdieping ontsluiten. De rondom lopende galerijen dienen als vluchtweg en ruim balkon. In de materialisering sluiten hoog en laag bouwdeel op elkaar aan door het gebruik van opvallende groene en oranje glazen borstweringen, de lichtgekleurde gebroken stenen en de geperforeerde aluminium beplating. Het resultaat is een complex dat zich door zijn verkaveling en materialisering moeiteloos invoegt in de bestaande omgeving en tegelijkertijd met zijn terrassen en felle kleuren een vakantie-element inbrengt in de grauwe omgeving.

On a site previously occupied by a block of outmoded flats for the elderly in the 1960s satellite town of Hoogvliet, VMX designed 80 rental units for seniors and 60 owner-occupied apartments on top of a retail podium. In view of the spatial qualities of the park-side location and the post-war row housing in the surrounding neighbourhoods, VMX opted for a reinterpretation of the post-war layout. The rental units were placed in long rows alternately interspersed with a formal entrance court and an informal court containing private outdoor areas. Thanks to the staggered stacking of dwellings, the ground-level parking is tucked away out of sight and the dwellings enjoy generous terraces. An access gallery meanders along the terraces, linking all five blocks in the complex and providing additional collective space.

The slender apartment block has two entrances, each serving only three flats per floor. The all-round gallery doubles as an escape route and a spacious balcony. The high and low elements of the complex derive their sense of unity from the bright green and orange glazed balustrades, the light-coloured 'broken bricks' and the perforated aluminium sheeting used for both parts of the project. The result is a complex which, thanks to its layout and materialization, merges seamlessly with the existing neighbourhood while simultaneously introducing something of a holiday atmosphere with its terraces and bright colours.

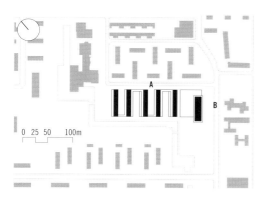

ALVERSTRAAT, LENGWEG HOOGVLIET

ARCHITECT:
VMX ARCHITECTS, AMSTERDAM
PROJECTARCHITECT/PROJECT ARCHITECT:
DON MURPHY
PROJECTLEIDER/PROJECT MANAGER:
LEON TEUNISSEN
MEDEWERKERS/CONTRIBUTORS:
GIJS BAKS, RICHARD BUYS, OLIVER EBBEN, NIKOLAAS VANDE KEERE
VERANTWOORDELIJKE STEDENBOUWER/URBAN PLANNER:
DS+V, DEN HAAG/THE HAGUE:
JEROEN DE BOK
ONTWERP–OPLEVERING/DESIGN–COMPLETION:
2004–2007
OPDRACHTGEVER/CLIENT:
VESTIA HOOGVLIET, AMBAP BV PROJECTONTWIKKELING, DEN HAAG/THE HAGUE
AANNEMER/CONTRACTOR:
BREIJER BOUW, ROTTERDAM (LAAGBOUW/LOW RISE), VAN WIJNEN, STOLWIJK

(HOOGBOUW/HIGHRISE) CONSTRUCTEUR/STRUCTURAL ENGINEER:
VAN ROSSUM RAADGEVENDE INGENIEUR BV, AMSTERDAM
ADVISEUR INSTALLATIES EN AKOESTIEK /SERVICES AND ACOUSTICS CONSULTANT:
WOLF + DIKKEN ADVISEURS, WATERINGEN
INTERIEURARCHITECT/INTERIOR DESIGNER:
VMX ARCHITECTS, AMSTERDAM:
CRISTINA ASCENSAO
LANDSCHAPSARCHITECT/LANDSCAPE ARCHITECT:
DS+V, DEN HAAG/THE HAGUE:
CAROLIEN DE VLAAM
KALE BOUWSOM/BASIC BUILDING COSTS:
€ 15.000.000 (INCL. INSTALLATIES/BUILDING SERVICES)
BOUWKOSTEN PER M²/BUILDING COSTS PER M²:
€ 800
FOTO'S/PHOTOS:
CHRISTIAN RICHTERS

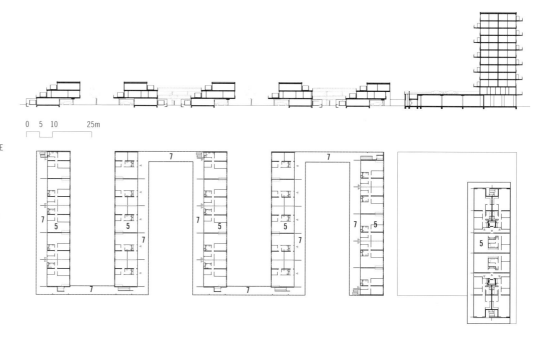

SITUATIE/SITE PLAN
A   ALVERSTRAAT
B   LENGWEG

DOORSNEDE/SECTION

TWEEDE VERDIEPING, BEGANE GROND/SECOND, GROUND FLOOR

1   ENTREE TOREN/TOWER ENTRANCE
2   INRIT PARKEERGARAGE/CAR PARK ENTRANCE
3   PARKEREN/PARKING
4   BERGING/STORAGE
5   WONINGEN/DWELLINGS
6   BINNENTUIN/COURTYARD
7   GALERIJ/GALLERY

VAN SAMBEEK & VAN VEEN

ERASMUSPARK

In Den Haag-Zuidwest is een buurt met portiek-etagewoningen, gebaseerd op een stedenbouwkundig plan van W.M. Dudok, uitgewerkt door J.H. van den Broek, vervangen door het woningbouwproject Erasmuspark. Het nieuwe plan neemt de essentie over van de naoorlogse verkaveling, waarin vrijstaande gebouwen in een onbegrensde ruimte zonder hiërarchie zijn geplaatst. De nieuwbouw heeft opnieuw een orthogonale ordening gekregen binnen een raster dat verbijzonderd wordt door bestaande monumentale bomen en een aantal assen en zichtlijnen. Het concept van de tuinstad is geherinterpreteerd door het gebied autovrij te maken en het parkeren onder te brengen in halfverdiepte garages onder de randbebouwing.

Bijzonder in dit plan is de doordachte reeks buitenruimtes, die een grote variatie creëert in private, collectieve en openbare ruimte. In het middengebied zijn de bouwblokken gegroepeerd rond hoven, waarvan de buitenzijde gemarkeerd wordt door 'bloemtafels', die de grens tussen het domein van de woning en de straat aangeven. De ritmes van bloemtafels en verwante elementen (erkers, balkons, luifels) maken de afzonderlijke blokken herkenbaar. De hoven met privétuinen worden ontsloten via begroeide poorten en paden met fruitbomen. Doordat de woningen afwisselend vanaf de tuin- of vanaf de straatzijde worden ontsloten, ontstaat een grote verscheidenheid in stedenbouwkundige ruimten en woningtypen. De neutraliteit op stedenbouwkundig niveau zet zich voort in de gevels van de gebouwen, die geen voor- of achterkant hebben, maar alzijdig zijn. Binnen een helder en eenvoudig architectonisch beeld en stedenbouwkundig raster ligt op onopvallende wijze een grote complexiteit besloten. Opmerkelijk is dat het bestaande groen, een van de kwaliteiten van de naoorlogse tuinsteden, behouden is gebleven.

In The Hague-Southwest is an area of walk-up flats based on an urban design plan by W.M. Dudok, elaborated by J.H. van den Broek, and now replaced by the Erasmuspark housing scheme. The new plan adopts the essence of the post-war layout in which freestanding buildings were arranged non-hierarchically in an open space. The new housing blocks have the same orthogonal layout inside a grid differentiated by existing majestic trees and several axes and sightlines. The garden suburb concept has been reinvoked by banishing cars and removing parking to semi-sunken garages underneath the buildings on the perimeter of the scheme.

The unique feature of this plan is the well-thought-out series of outdoor spaces which generate a wide variety of private, collective and public spaces. In the middle of the scheme the blocks of housing are grouped around courtyards. On the outside of these courtyard groups, low concrete planters (dubbed 'flower tables' by the architects) mark the boundary between house and street. The rhythm of the planters and of other similar elements (bay windows, balconies, awnings) serve to distinguish the individual blocks. The courts with their private gardens are reached via pergolas and paths lined by fruit trees. The decision to alternate access to the houses between garden and street side has given rise to a wide variety of urban spaces and housing types. The neutrality at the level of the urban design is carried through into the facades of the buildings which have no front or back as such, but are omni-sided. Woven unobtrusively into this lucid and straightforward architectural image and urban design grid is a high level of complexity. Especially noteworthy is the fact that the existing greenery, one of the strengths of the post-war garden suburbs, has been retained intact.

DE GAARDE, VREDERUSTLAAN, MULDERSGAARDE
DEN HAAG/THE HAGUE

ARCHITECT:
VAN SAMBEEK & VAN VEEN ARCHITECTEN BNA BV, AMSTERDAM
STEDENBOUWKUNDIGPLAN/URBAN PLAN:
VAN SAMBEEK & VAN VEEN ARCHITECTEN BNA BV, AMSTERDAM
VERANTWOORDELIJKE STEDENBOUWER/URBAN PLANNER:
ERNA VAN SAMBEEK
PROJECTTEAM/PROJECT TEAM:
RENÉ VAN VEEN, AGNES MANDEVILLE, STANI MICHIELS, STEVEN BRUNSMANN
ONTWERP – OPLEVERING/ DESIGN – COMPLETION:
2001–2007
PLANUITWERKING 288 WONINGEN/ DETAILED PLAN 288 DWELLINGS:

VAN SAMBEEK & VAN VEEN ARCHITECTEN BNA BV, AMSTERDAM
PROJECTARCHITECT/PROJECT ARCHITECT:
ERNA VAN SAMBEEK
PROJECTTEAM/PROJECT TEAM:
RENÉ VAN VEEN, STEVEN BRUNSMANN, AGNES MANDEVILLE, GITTA ZÄSCHKE
MEDEWERKERS/CONTRIBUTORS:
ROB HENDRIKS, MARTIN DE BOER, TANJA VAN DER LAAN, GERBRAND VAN OOSTVEEN
LANDSCHAPSARCHITECT/LANDSCAPE ARCHITECT:
VAN SAMBEEK & VAN VEEN ARCHITECTEN BNA BV, AMSTERDAM; BOSCH SLABBERS TUIN- EN LANDSCHAPSARCHITECTEN, DEN HAAG/THE HAGUE
PROJECTTEAM/PROJECT TEAM:
VAN SAMBEEK & VAN VEEN ARCHITECTEN BNA BV, AMSTERDAM;

ERNA VAN SAMBEEK, RENÉ VAN VEEN
BOSCH SLABBERS TUIN- EN LANDSCHAPSARCHITECTEN, DEN HAAG/THE HAGUE: STEVEN SLABBERS, TJITTE DE JONG
OPDRACHTGEVER/CLIENT:
HAAG WONEN/KRISTAL BV ZUID, DEN HAAG/THE HAGUE
AANNEMER/CONTRACTOR:
BALLAST NEDAM WEST, CAPELLE AAN DEN IJSSEL
CONSTRUCTEUR/STRUCTURAL ENGINEER:
ADVIESBURO VAN ECK, RIJSWIJK
KALE BOUWSOM/BUILDING COSTS:
€ 35.000.000
BOUWKOSTEN PER M²/BUILDING COSTS PER M²:
€ 725
WONINGDICHTHEID/HOUSING DENSITY:
60 WONINGEN/HOUSES PER HA
FOTO'S/PHOTOS:
LUUK KRAMER

SCHEMA'S/OUTLINES

A   GROEN/MUNICIPAL PARK
B   BOUWVOLUMES/BUILDINGS
C   HOVEN/COURTS
D   VOETGANGERS- EN FIETSPADEN/ PEDESTRIAN AND BICYCLE PATHS
E   PARKEREN ONDER DE WONING/ PARKING UNDER DWELLING
F   BIJZONDERE PLEKKEN/SPECIAL AREAS

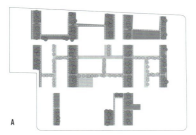

A

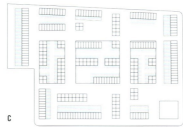

C

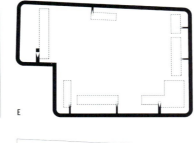

E

B

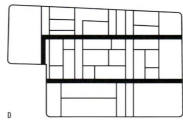

D

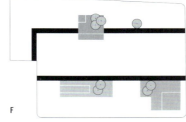

F

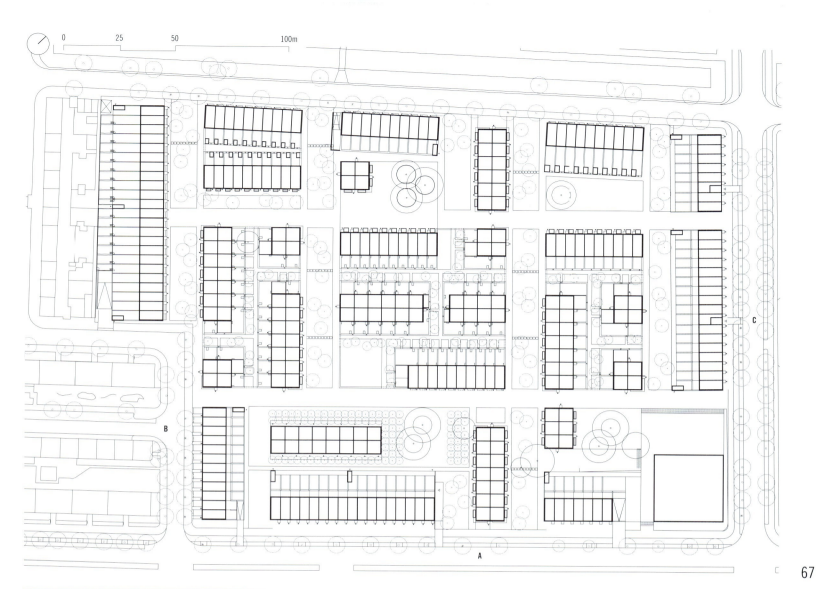

SITUATIE/SITE PLAN

A ERASMUSWEG
B MUIDERSGAARDE
C VREDERUSTLAAN

HOEKWONING/CORNER HOUSE:
BEGANE GROND, EERSTE, TWEEDE,
DERDE VERDIEPING, DOORSNEDE/
GROUND, FIRST, SECOND, THIRD
FLOOR, SECTION

PARKEREN ONDER DE WONING/
PARKING UNDER DWELLING: KELDER,
BEGANE GROND, EERSTE, TWEEDE,
DERDE VERDIEPING, DOORSNEDE/
BASEMENT, GROUND, FIRST, SECOND,
THIRD FLOOR, SECTION

1 ENTREE/ENTRANCE
2 KEUKEN/KITCHEN
3 WOONKAMER/LIVING ROOM
4 SLAAPKAMER/BEDROOM
5 BADKAMER/BATHROOM
6 BERGING/STORAGE
9 TERRAS/TERRACE

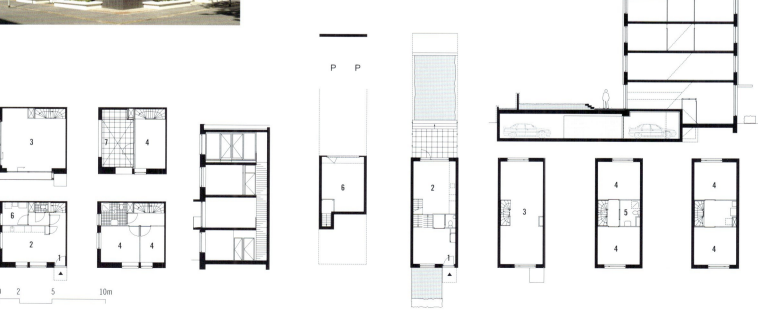

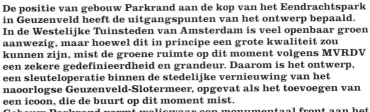

MVRDV
PARKRAND

De positie van gebouw Parkrand aan de kop van het Eendrachtspark in Geuzenveld heeft de uitgangspunten van het ontwerp bepaald. In de Westelijke Tuinsteden van Amsterdam is veel openbaar groen aanwezig, maar hoewel dit in principe een grote kwaliteit zou kunnen zijn, mist de groene ruimte op dit moment volgens MVRDV een zekere gedefinieerdheid en grandeur. Daarom is het ontwerp, een sleuteloperatie binnen de stedelijke vernieuwing van het naoorlogse Geuzenveld-Slotermeer, opgevat als het toevoegen van een icoon, die de buurt op dit moment mist.

Gebouw Parkrand vormt weliswaar een monumentaal front aan het park, maar houdt het doorzicht op het groen voor de buurtbewoners intact, doordat het bestaat uit vijf losse torens op een plint, waartussen de bomen van het park steeds zichtbaar blijven. De torens dragen een plat volume van twee woonlagen, dat het gebouw aan de bovenzijde met angstwekkende overspanningen afsluit; het is zodoende ook te lezen als een 'gebouw met gaten', waarin zo veel mogelijk appartementen uitzicht hebben op het park. Op het dak van de plint zijn drie 'buitenkamers' ingericht, grotendeels ontworpen door Richard Hutten. Een 'speelkamer', 'eetkamer' en 'loungekamer' werden ingericht met kroonluchters, stoelen, speeltoestellen, (licht)sculpturen en enorme bloempotten met bomen, om een gemeenschappelijke buitenruimte voor de bewoners te creëren in aanvulling op het park.

In de materialisering van de gevels is een maximaal contrast gezocht tussen de robuuste buitengevels en de 'huiselijke' binnenwereld: de buitenzijde van het complex is bekleed met ruwe zwarte stenen, terwijl de binnengevels geheel in (deels glanzend) wit zijn uitgevoerd. In samenwerking met de Makkumer Aardewerkfabriek zijn geglazuurde bakstenen ontworpen, waaronder 'druppelstenen' en stenen met verschillende decoratieve patronen.

The given location of the Parkrand building, at one end of Eendrachts Park in Geuzenveld, formed the starting point for the design. Amsterdam's Westelijke Tuinsteden (a post-war garden suburb development) are not short of greenspace but although this is usually regarded as a big plus point, the MVRDV architects felt that the greenspace lacked definition and a certain grandeur. Which is why they approached this design, a key project in the wider urban regeneration of the post-war Geuzenveld-Slotermeer district, in terms of giving the district the icon it had previously lacked.

Although the Parkrand building presents a monumental face to the park, it nonetheless manages to retain a view of the greenspace for local residents. This is because it consists of a two-storey 'deck' topped by five separate towers between which the park trees remain visible. The towers in turn support a flat, two-storey volume that terminates the top of the building with alarming spans. As such, the whole can be read as a 'building with holes', in which as many apartments as possible have a view of the park.

On the roof of the shared deck are three 'outdoor rooms', designed largely by Richard Hutten. They have been fitted out as 'playroom', 'dining room' and 'lounge' complete with chandeliers, chairs, playground equipment, (light) sculptures and giant flower pots containing trees. The idea was to create a shared outdoor space for residents in addition to the park.

In the choice of materials for the facades the architects sought the greatest possible contrast between the robust exterior and the 'domestic' interior world: the exterior of the complex is clad in rough black bricks, while the internal facades are all in (partly shiny) white. The architects collaborated with Makkumer Aardewerkfabriek on the design of glazed bricks for the complex; they include bricks with a drip effect and various decorative patterns.

DR. H. COLIJNSTRAAT
AMSTERDAM

ARCHITECT:
MVRDV, ROTTERDAM: WINY MAAS, JACOB VAN RIJS, NATHALIE DE VRIES
MEDEWERKERS/CONTRIBUTORS:
SANDOR NAUS, SVEN THORISSEN, MARIN KULAS, MARC JOUBERT, JAAP VAN DIJK, ANET SCHURINK, JEROEN ZUIDGEEST, JOANNA GASPARSKI, GABRIELLA BOJALIL, ARJAN HARBERS
ONTWERP–OPLEVERING/
DESIGN–COMPLETION:
1999–2007
OPDRACHTGEVER/CLIENT:
HET OOSTEN/KRISTAL BV, AMSTERDAM
AANNEMER/CONTRACTOR:
BALLAST NEDAM BOUW MIDDEN, UTRECHT
CONSTRUCTEUR/STRUCTURAL ENGINEER:

PIETERS BOUWTECHNIEK, DELFT
INRICHTING BUITENRUIMTES EN INTERIEUR ENTREE/DESIGN OUTDOOR AREAS AND ENTRANCE INTERIOR:
RICHARD HUTTEN, ROTTERDAM
BOOMPOTTEN/TREE POTS:
MVRDV, ROTTERDAM
ADVIES BEPLANTING/PLANTING CONSULTANT:
COPIJN, UTRECHT
KALE BOUWSOM/BASIC BUILDING COSTS:
€ 27.300.000
BOUWKOSTEN PER M²/BUILDING COSTS PER M²:
€ 773
FOTO'S/PHOTOS:
ROB 'T HART

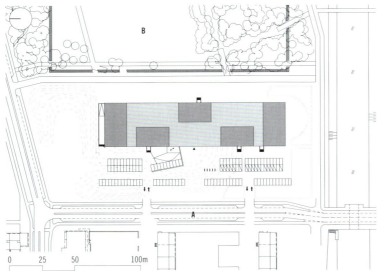

SITUATIE/SITE PLAN
A   DR. H. COLIJNSTRAAT
B   EENDRACHTSPARK

DOORSNEDE/SECTION

NEGENDE, TWEEDE, EERSTE VER-
DIEPING, BEGANE GROND/NINTH, SECOND, FIRST, GROUND FLOOR
1   ENTREE GEBOUW/ENTRANCE
2   APPARTEMENT/APARTMENT
3   BEDRIJFSRUIMTE/COMMERCIAL SPACE
4   BINNENPLAATS/COURTYARD
5   GEMEENSCHAPPELIJK DEK/SHARED DECK
6   GALERIJ/GALLERY
7   HAL/HALL

0   25   50   100m

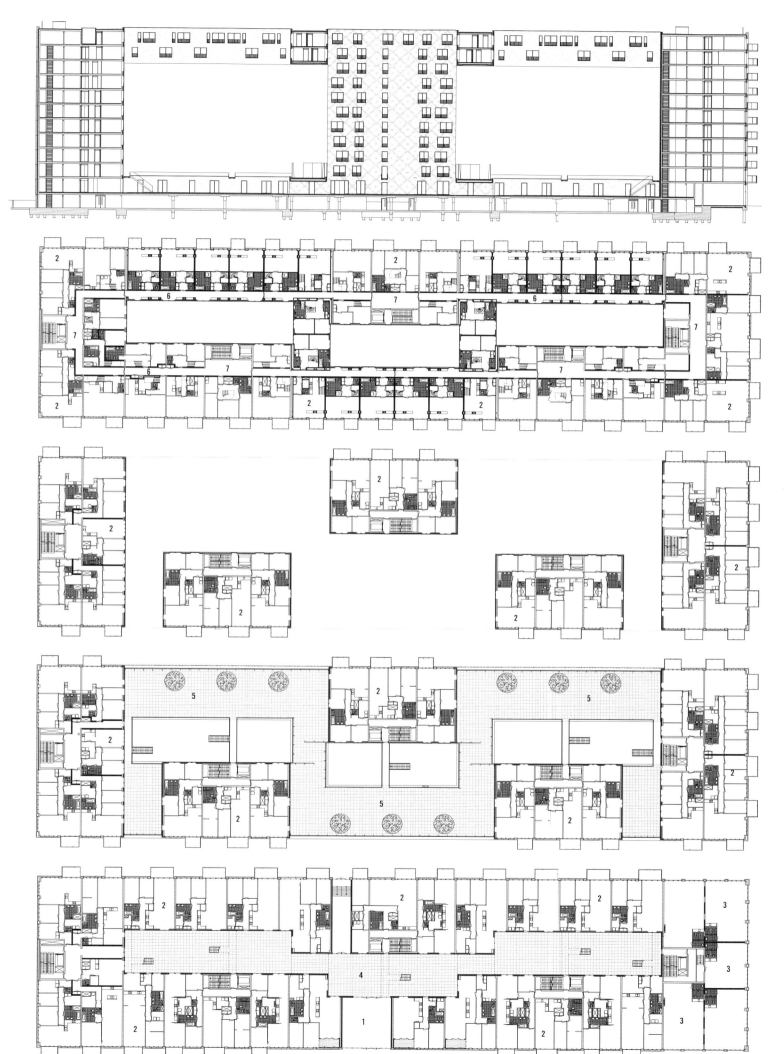

SeARCH
CULTUURCLUSTER/CULTURAL CLUSTER

ROOMBEEK
ENSCHEDE

ARCHITECT:
SeARCH, AMSTERDAM
PROJECTARCHITECTEN/PROJECT
ARCHITECTS:
BJARNE MASTENBROEK, AD
BOGERMAN, UDA VISSER, FABIAN
WALLMÜLLER
MEDEWERKERS/CONTRIBUTORS:
REMCO WIERINGA, TON GILISSEN,
THOMAS VAN SCHAICK, WESLEY
LANCKRIET, GUUS PETERS, ALAN
LAM, ALEXANDRA SCHMITZ, MÓNICA
CARRIÇO, NOLLY VOS, GABRIEL
BOUTSEMA, THEO TULP

VERANTWOORDELIJKE
STEDENBOUWER/URBAN PLANNER:
DE ARCHITEKTEN CIE., AMSTERDAM
ONTWERP–OPLEVERING/
DESIGN–COMPLETION:
2003–2008
OPDRACHTGEVER/CLIENT:
GEMEENTE ENSCHEDE, DMO
AANNEMER/CONTRACTOR:
HEIJMANS IBC, ARNHEM; VAN DE
BELT VOF, TWELLO
CONSTRUCTEUR/STRUCTURAL
ENGINEER:
PIETERS BOUWTECHNIEK, UTRECHT
INSTALLATIEONTWERP/BUILDING
SERVICES DESIGN:
INGENIEURSBUREAU KNIPSCHEER,

SOEST
TENTOONSTELLINGSONTWERP/
EXHIBITION DESIGN:
OPERA ONTWERPERS, AMSTERDAM
KOSTENMANAGEMENT/QUANTITY
SURVEYOR:
PRC KOSTENMANAGEMENT,
OOSTERBEEK
KALE BOUWSOM/BASIC BUILDING
COSTS:
€ 13.200.000
BOUWKOSTEN PER M²/BUILDING
COSTS PER M²:
€ 1.100
FOTO'S/PHOTOS:
CHRISTIAN RICHTERS

In het hart van de verwoeste wijk Roombeek wordt in het voormalige textielcomplex Rozendaal een cultuurcluster ingericht, met
daarin een textielmuseum, een natuurmuseum en een historisch
instituut. Hoewel de bestaande fabriekloods noch de andere
restanten van het complex om hun uitzonderlijke architectuur-
historische waarde behoefden te blijven, werd toch
besloten alles te restaureren. Zodoende wordt het gehele complex
omzoomd door bestaande onderdelen; door diverse gebouwen en een
oude fabrieksgevel die als een decorstuk de nieuwbouw omhult.
Het complex bestaat uit twee delen: de voormalige pakloods, waarin
de musea worden ondergebracht, en het nieuwbouwdeel achter de
oude fabrieksmuur. De twee delen zijn van elkaar gescheiden door
een openbare 'cultuurstraat', die alle onderdelen ontsluit: het
museum aan de ene kant en de werkplaatsen, atelierwoningen en
appartementen, tijdelijke tentoonstellingsruimte en alle kantoor-
functies aan de andere kant. De nieuwbouw is via een loopbrug,
maar ook ondergronds met de grote pakloods verbonden.
Ook de atelierwoningen hebben aan de cultuurstraat hun entree,
gemarkeerd door gemetselde portretten van textielbaronnen uit de
Rozendaaldynastie; de woningen eindigen ieder in een slanke hoge
gevel achter de oude fabrieksmuur. De appartementen zijn ondergebracht in een bakstenen slingervormig gebouw; het omarmt een
bestaand blok, waarin het CBK gevestigd is.
Het uithangbord van de cultuurcluster is het torentje, dat boven
het complex uitrijst en met zijn zonwering van metalen gordijnen,
die voor de volledig glazen gevel hangen, associaties oproept met
het textielverleden. De toren bevat alle niet-museale functies voor
het nieuwe museum en een voor het publiek toegankelijke sterren-
wacht op de bovenste verdieping.
De voormalige fabriek en de roemruchte textielgeschiedenis waren
een aanleiding voor de architect om vrijelijk te improviseren op
gegeven industriële thema's zoals de luchtbrug en het sheddak.
Samen met de grillig gevormde nieuwbouwvolumes is een puzzel
van ongelijksoortige elementen ontstaan, die door de oude
fabrieksrelicten bij elkaar gehouden wordt.

The former Rozendaal textile factory in the heart of the devastated
Roombeek district is being turned into a cultural 'cluster' comprising
a textile museum, a natural science museum and a historical institute.
Although neither the old factory shed nor any of the other surviving
buildings merited preservation on architectural grounds, it was
nonetheless decided to restore them. The result is that the cultural
complex is completely surrounded by pre-existing elements – by
various buildings and an old factory facade which enfolds the new
building like a piece of scenery.
The complex is made up of two parts: the former packing hall containing
the two museums, and a new building behind the old factory wall. The
two parts are separated from one another by a public 'cultural street'
which connects all the components – the museums on one side and the
workshops, studio dwellings and apartments, temporary exhibition
spaces and all the office functions on the other side. The new building
is linked to the old one by a footbridge and by an underground
corridor.
Also on the cultural street are the entrances to the studio dwellings
which are marked by brick portraits of the Rozendaal textile barons;
each dwelling ends in a tall, narrow facade behind the old factory wall.
The apartments are in a serpentine brick building that embraces one
of the old buildings which now houses the CBK (Centre for Visual Art).
The cultural centre's defining feature is the tower that rises above
the complex, evoking associations with the textile-producing past with
the metal mesh sunblinds that hang in front of the all-glass facade.
The tower contains all the non-museum functions for the new
museums as well as a publicly accessible observatory on the top floor.
The former factory and the area's illustrious textile history inspired
the architect to improvise freely on certain industrial themes like
the footbridge and the saw tooth roof. These and the irregularly shaped
new buildings form a puzzle made up of dissimilar elements held
together by the old factory relics.

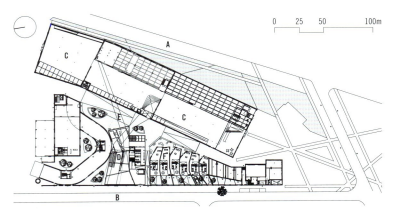

74

SITUATIE/SITE PLAN		DOORSNEDEN/SECTIONS	
A	LONNEKERSPOORLAAN	1	KANTOOR/OFFICE
B	STRONKSBEEKWEG	2	VERGADERRUIMTE/CONFERENCE
C	MUSEUM		ROOM
D	VAN REINSE INSTITUUT	3	WERKPLAATS/WORKSHOP
E	BRUG/BRIDGE	4	BRUG/BRIDGE
F	WONINGEN/DWELLINGS	5	WINKEL/SHOP
		6	KANTINE/CANTEEN

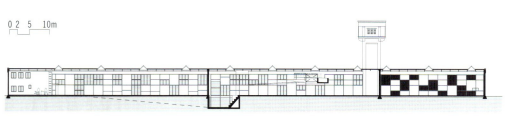

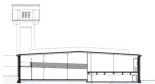

CLAUS EN KAAN
EEKENHOF

FOTO/PHOTO **PROJECTBUREAU ROOMBEEK**

ROOMWEG/SCHURINGSWEG
ENSCHEDE

ARCHITECT:
**CLAUS EN KAAN ARCHITECTEN,
AMSTERDAM/ROTTERDAM**
PROJECTARCHITECTEN/PROJECT
ARCHITECTS:
FELIX CLAUS, DICK VAN WAGENINGEN
MEDEWERKERS/CONTRIBUTORS:
**JAN GERRIT WESSELS, KERSTIN
HARTMANN, ANNE HOLTROP, ROMY
SCHNEIDER, JAMES WEBB, TIM POPPE**
VERANTWOORDELIJKE
STEDENBOUWER/URBAN PLANNER:
**DE ARCHITEKTEN CIE., AMSTERDAM:
PI DE BRUIJN**
ONTWERP–OPLEVERING/
DESIGN–COMPLETION:
2003–2007
OPDRACHTGEVER/CLIENT:
WOONGROEP TWENTE, HENGELO
AANNEMER/CONTRACTOR:

TE PAS BOUW, ENSCHEDE
CONSTRUCTEUR/STRUCTURAL
ENGINEER:
**SCHREUDERS BOUWTECHNIEK,
HENGELO**
INTERIEURARCHITECT/INTERIOR
DESIGNER:
**CLAUS EN KAAN ARCHITECTEN,
AMSTERDAM/ROTTERDAM**
LANDSCHAPSARCHITECT/LANDSCAPE
ARCHITECT:
NIEK ROOZEN, WEESP
KALE BOUWSOM/BASIC BUILDING
COSTS:
€ 10.680.000
BOUWKOSTEN PER M²/BUILDING
COSTS PER M²:
€ 791
FOTO'S/PHOTOS:
LUUK KRAMER

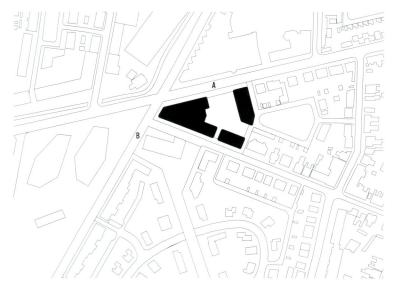

SITUATIE/SITE PLAN
A   ROOMWEG
B   LONNEKERSPOORLAAN

Op een steenworp afstand van de funderingsresten van SE Fireworks, die als monument voor de vuurwerkramp dienen, staat gebouw Eekenhof op een wigvormige kavel, uitkijkend over het park. Het is in de ruimtelijke logica van Roombeek een cruciale locatie, waarmee het iconische karakter van het ontwerp wordt verklaard.

Het gebouw bevat een combinatie van zorginstellingen en woningen: in de punt van de driehoek ligt de entree tot de apotheek en in de rest van de plint het gezondheidscentrum met allerlei praktijkruimten. Daarboven liggen 52 huur- en koopappartementen in een tien lagen hoog volume dat op een ingehouden manier spectaculair is gecomponeerd, met een vloeiende, alzijdige compositie van afgeronde, gele bakstenen balkons.

De appartementen worden centraal ontsloten via een wigvormige vide, die naar boven toe taps toeloopt en eindigt in een lichtkoepel. De in omtrek steeds afnemende galerijen zijn rondom met een eiken wandbekleding afgewerkt. Geen enkele woning heeft dezelfde plattegrond; op een vaste beukmaat variëren ze van 70 tot 135 m². Ook de balkons zijn niet hetzelfde; de meeste zijn prefab, maar de bovenste, die drie meter uitkragen, zijn in het werk en aan de vloeren vastgestort. Over de gehele breedte zijn langs de balkons bloembakken ontworpen, zodat het gebouw, op dit moment nog een bakstenen sculptuur, vanaf het voorjaar met hangende tuinen is uitgerust. De bewoners aan de oostzijde hebben grote terrassen op het dak van de onderliggende appartementen. Door de getrapte opbouw van het gebouw, dat in oostelijke richting afdaalt tot de hoogte van de bebouwing rondom (drie lagen), was het nodig een dikke stabiliteitswand in te bouwen om overhellen van het hoge, en door de vide uitgeholde deel te voorkomen.

Rondom een binnenplaats met een grote oude eik liggen de twee andere delen van Eekenhof: een rijtje (sociale huur)eengezinswoningen en een blokje met zorgappartementen en een gemeenschappelijke woonkamer.

Het gebouw valt op door zijn zorgvuldige en fraaie materiaalgebruik en detaillering, waarin allerlei referenties uit diverse perioden en windstreken ter herkennen zijn, van de Amsterdamse School (metselwerk) via F.L. Wright (vide) tot Arne Jacobsen (houtwerk). Door de onnadrukkelijke verwerking van al die referenties, in combinatie met de trefzekere interpretatie van de stedenbouwkundige randvoorwaarden, ontstaat een tijdloze uitstraling.

A stone's throw away from the remaining foundations of SE Fireworks, which serve as a monument to the fireworks disaster of May 2000, the Eekenhof building sits on a wedge-shaped plot looking out over a park. This is a key location in the spatial logic of Roombeek, which explains the iconic character of the design.

The building houses a combination of care agencies and housing: the point of the triangle contains the entrance to the pharmacy while the rest of the ground floor level is occupied by a health centre and various treatment rooms. Above this are 52 rental and owner-occupied apartments distributed over nine storeys. The building is quietly spectacular, with a fluid, all-round composition of rounded, pale yellow brick balconies.

The apartments are centrally accessed via a wedge-shaped atrium that tapers as it rises and ends in a dome light. The galleries, which also decrease in circumference the closer they are to the top, are finished with oak panelling. No two apartments have the same floor plan; behind a fixed bay width they vary in surface area from 70 to 135 m². The balconies are all different, too; most were precast but the top ones, which cantilever three metres, were poured in place together with the apartment floors. Integrated planters stretch the full length of the balconies so that what at the time of writing is a plain brick sculpture, will in spring become a cascade of hanging gardens. The occupants of the apartments on the east side have large terraces on the roof of the apartments below. The staggered composition of the building, which on the east side drops to the level of the surrounding housing (three storeys), required a massive stability wall to prevent the tall, hollowed out section from toppling over.

Around the internal courtyard with its majestic oak tree, stand the other parts of Eekenhof: a row of (subsidized rental) single-family houses and a block of sheltered housing units with a communal living room. The building impresses with its meticulous and attractive use of materials and detailing which contain many recognizable allusions to various periods and places, from the Amsterdam School (brickwork) via Frank Lloyd Wright (atrium) to Arne Jacobsen (woodwork). The unobtrusive incorporation of all these references in combination with the masterly interpretation of the urban design parameters, lends the complex a timeless air.

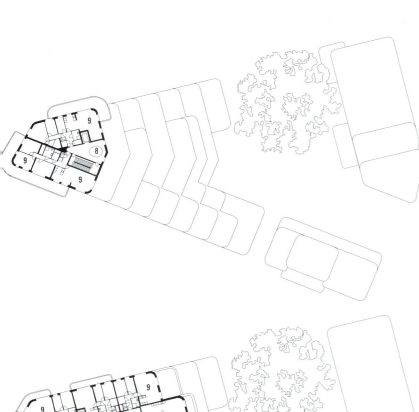

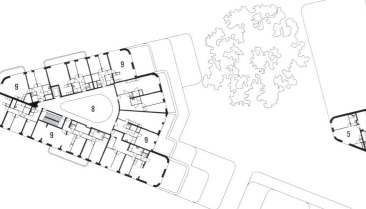

TIENDE, ZESDE, VIERDE VERDIEPING,
BEGANE GROND/TENTH, SIXTH,
FOURTH, GROUND FLOOR

DOORSNEDE/SECTION

1 GEZONDHEIDSCENTRUM/
  HEALTH CENTRE
2 BEDRIJFSRUIMTE/COMMERCIAL
  SPACE
3 ENTREE APPARTEMENTEN/
  ENTRANCE APARTMENTS
4 EENGEZINSWONINGEN/
  SINGLE-FAMILY HOUSES

5 ZORGAPPARTEMENTEN/
  SHELTERED HOUSING UNITS
6 INRIT PARKEERGARAGE/CAR
  PARK ENTRANCE
7 BINNENTUIN/ COURTYARD
8 ATRIUM
9 APPARTEMENTEN/APARTMENTS

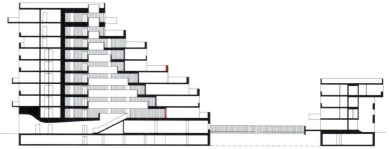

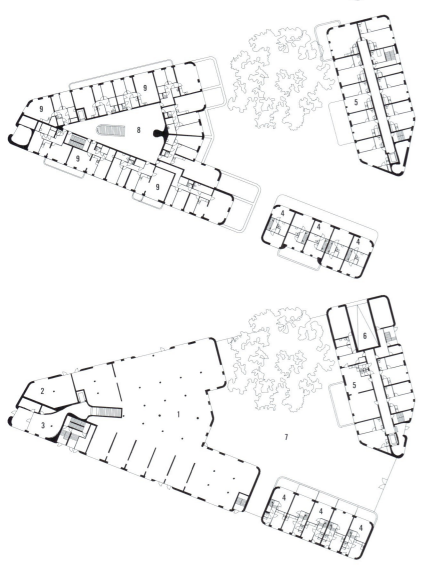

FOTO/PHOTO **ALLARD VAN DER HOEK**

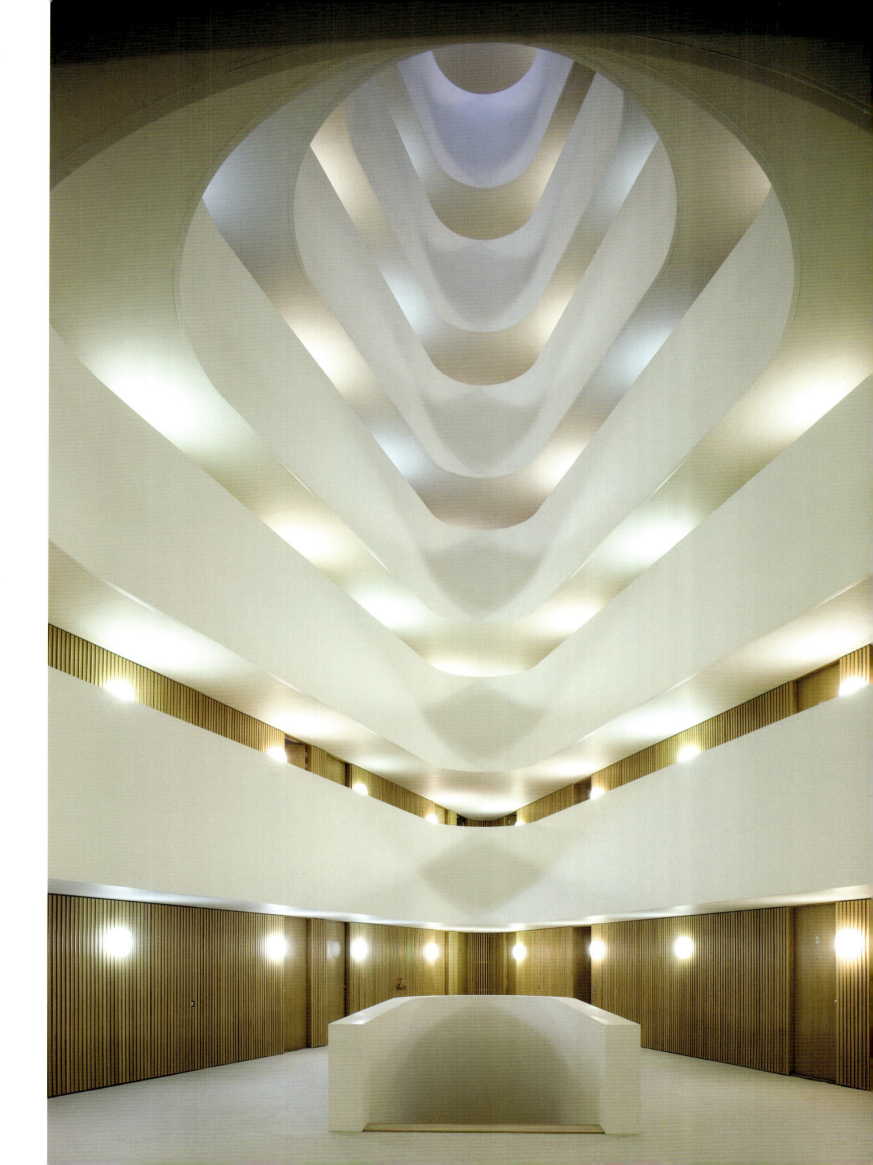

HULSHOF ARCHITECTEN
WALLISBLOK

Spangen, een arbeiderswijk uit het begin van de twintigste eeuw, is al zo'n drie decennia het toneel van verregaande stadsvernieuwingsoperaties, waarin bekende projecten van J.J.P. Oud werden afgebroken en het Justus van Effenblok van Michiel Brinkman weinig duurzaam werd opgeknapt. Er is in Spangen dus geen traditie van zorgvuldig omgaan met de bestaande architectuur. Toch werd in het geval van de relatief onopvallende Wallisweg gekozen voor behoud van het verloederde, deels dichtgetimmerde woningblok ter plekke en werd een experimentele werkwijze gekozen voor de renovatie. Omdat normale renovatie, noch sloop–nieuwbouw lonend zou zijn, werd besloten tot een methode waarbij de gemeente (die de woningen had aangekocht en het funderings-herstel deed) de woningen 'gratis' weggaf aan aspirant-bewoners. Dezen kregen echter wel een investeringsverplichting om de woningen op te knappen, wat neerkwam op ca. 70.000 euro per etage. Verwacht werd dat deze actie een impuls zou geven aan de verbetering van de gehele wijk.
Onder leiding van Hulshof Architecten werkten de 33 eigenaren anderhalf jaar als een collectief van particuliere opdrachtgevers om het blok te verbouwen. Gekozen werd voor een casco-aanpak met een volledig nieuwe achtergevel. De bewoners konden zelf de grootte van hun woning bepalen. Er zijn woon-werkwoningen gerealiseerd, appartementen, stadswoningen, er zijn dakopbouwen en dakterrassen en de woonoppervlakte varieert van 55 tot 200 m². De bewoners hebben zowel privétuinen als een gemeenschappelijke tuin. Door de combinatie van bewonersvrijheid, wijkverbetering en behoud van de karakteristieke architectuur is dit project voorbeeldig te noemen en het vindt dan ook navolging.

For some three decades, Spangen, a working-class district dating from the early twentieth century, has undergone several rigorous urban regeneration operations which have seen celebrated projects by J.J.P. Oud demolished and Michiel Brinkman's Justus van Effen Block subjected to a fairly perfunctory refurbishment. In other words, there is no tradition of deference to existing architecture in Spangen. Yet in the case of the relatively ordinary Wallisweg, the city council elected to retain the rundown and partially boarded up housing block and to adopt an experimental method of renovation. Because neither normal renovation nor demolition/new-build was financially attractive, it was decided to employ a procedure whereby the city council (which had purchased the houses and was carrying out repairs to the foundations) gave the houses away 'for nothing' to aspiring residents. The latter did, however, have an obligation to contribute to the renovation of the houses, to the tune of some 70,000 euros per storey. The hope was that this plan would serve to encourage improvements in the rest of the district.
Under the supervision of Hulshof Architecten, the 33 owners worked for eighteen months, as a collective of private clients, to renovate the block. They opted to gut the block and build a completely new rear elevation. The future occupants were able to determine the size of their own dwelling with the result that living areas vary from 55 to 200 m². There are live-work units, apartments, townhouses, rooftop units and roof terraces. Residents have both private gardens and a communal garden. The combination of privacy for residents, neighbourhood improvement and retention of the characteristic architecture make this an exemplary project and one that is already being emulated.

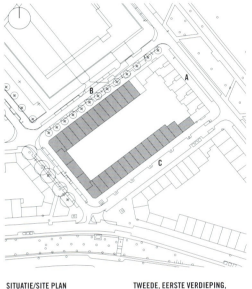

SITUATIE/SITE PLAN
A SPANGENSEKADE
B WALLISWEG
C BALKENSTRAAT

TWEEDE, EERSTE VERDIEPING, BEGANE GROND/SECOND, FIRST, GROUND FLOOR

WONING DIFFERENTIATIE/HOUSING DIFFERENTIATION

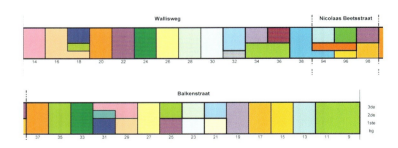

WALLISWEG, BALKENSTRAAT, NICOLAAS BEETSSTRAAT ROTTERDAM, SPANGEN

ARCHITECT:
HULSHOF ARCHITECTEN BV, DELFT
PROJECTARCHITECT/PROJECT ARCHITECT:
INEKE HULSHOF
MEDEWERKERS/CONTRIBUTORS:
BASTIAAN BURG, AGE FLUITMAN
ONTWERP–OPLEVERING/

DESIGN–COMPLETION:
2005–2007
OPDRACHTGEVER/CLIENT:
KOPERSVERENIGING DE DICHTER-LIJKE VRIJHEID, ROTTERDAM
AANNEMER/CONTRACTOR:
BAM VOLKER WONINGBOUW, ROTTERDAM
CONSTRUCTEUR/STRUCTURAL ENGINEER:
KAREL VAN MOORSEL, WAALWIJK
INTERIEURARCHITECT/INTERIOR

DESIGNER:
HULSHOF ARCHITECTEN EN KOPERS/AND THE BUYERS
KALE BOUWSOM/BASIC BUILDING COSTS:
c. € 5.000.000
BOUWKOSTEN PER M²/BUILDING COSTS PER M²:
€ 1.100
FOTO'S/PHOTOS:
JEROEN MUSCH

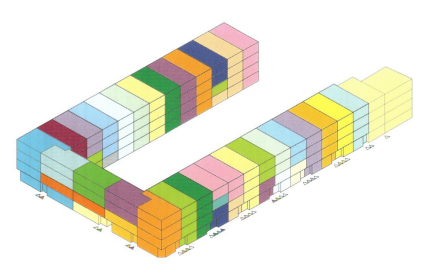

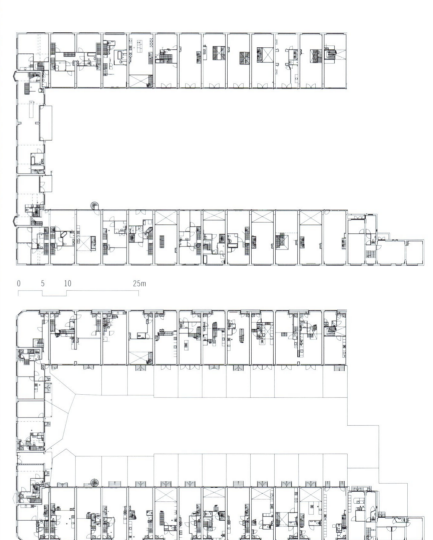

0 5 10   25m

MVRDV
DIDDEN VILLAGE

BEATRIJSSTRAAT
ROTTERDAM

ARCHITECT:
MVRDV, ROTTERDAM: WINY MAAS,
JACOB VAN RIJS, NATHALIE DE VRIES
MEDEWERKERS/CONTRIBUTORS:
ANET SCHURINK, MARC JOUBERT,
FOKKE MOEREL, IVO VAN
CAPELLEVEEN
ONTWERP–OPLEVERING/

DESIGN–COMPLETION:
2002–2007
OPDRACHTGEVER/CLIENT:
FAMILIE DIDDEN/DIDDEN FAMILY
AANNEMER/CONTRACTOR:
FORMAAT BOUW, SLIEDRECHT
CONSTRUCTEUR/STRUCTURAL
ENGINEER:
PIETERS BOUWTECHNIEK, DELFT
TRAPPEN/STAIRS:
VERHEUL TRAPPEN, MONTFOORT

BLAUWE AFWERKING/BLUE FINISH:
KUNSTSTOF COATINGS NEDERLAND
B.V. ZEVENHUIZEN
FOTO'S/PHOTOS:
ROB 'T HART

Op het dak van een monumentale oude school, tegenwoordig in gebruik als pruikenatelier en woonhuis, realiseerde MVRDV zijn eerste Rotterdamse project. Het dak is benut als tweede maaiveld; als een plein waarop twee huisjes met zadeldaken zijn gebouwd, die een ouderslaapkamer en twee gekoppelde kinderkamers bevatten. De huisjes zijn zodanig op het dak geplaatst dat er gevarieerde tussenruimtes zijn ontstaan: een straatje, twee pleintjes met een picknicktafel, een steegje met een bank, een plaatsje met een boom. Rondom het 'dorpje' staat aan de rand van het dak een borstwering met ramen die uitkijken over de buurt. Alle elementen, de huisjes, de borstwering en alle meubilair, zijn afgewerkt met een laag hemelsblauwe polyurethaan.

De huisjes zijn toegankelijk vanuit de onderliggende woonkamer via twee vrijhangende wenteltrappen, die tot een dubbele-helix-trap verstrengeld zijn, geïnspireerd door de door Leonardo da Vinci ontworpen trap in het Franse Château Chambord. In het midden van de trap hangt een klimtouw, zodat de kinderen ook nog op een andere manier naar boven kunnen.

On the roof of an imposing old school building, currently being used as a wig studio and home, MVRDV realized its first Rotterdam project. The roof was conceived as a second ground level, as an open space on which two small, saddle-roofed houses containing a parental bedroom and two linked children's bedrooms were built. The houses were positioned in such a way as to generate a variety of in-between spaces: a street, two little squares with a picnic table, a laneway with a bench, a yard with a tree. Running around the edge of the roof and enclosing this 'village' is a parapet containing windows that look out over the neighbourhood. All the elements, the houses, the parapet and the furniture are finished with a coat of sky-blue polyurethane.

The houses can be reached from the living room below via two free-hanging spiral staircases that are entwined in a double helix, inspired by the Leonardo da Vinci-designed stair in Château Chambord in France. A climbing rope hanging in the middle of the stair provides the children with an alternative route to bed.

SITUATIE/SITE PLAN
A   BEATRIJSSTRAAT
B   GRAAF FLORISSTRAAT

1   WONEN/LIVING
2   SLAPEN/SLEEPING
3   BADKAMER/BATHROOM
4   TERRAS/TERRACE

WOONVERDIEPING BESTAAND PAND,
NIEUWE DAKCONSTRUCTIE, DAKVER-
DIEPING, DAKPLAN/LIVING EXISTING
BUILDING, NEW ROOF STRUCTURE,
ROOF LEVEL, ROOF PLAN

DOORSNEDE/SECTION

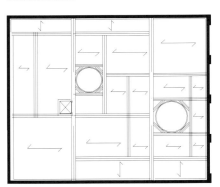

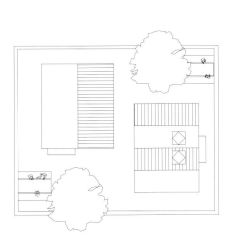

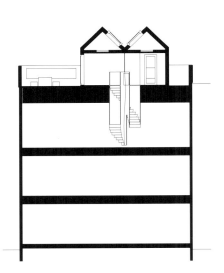

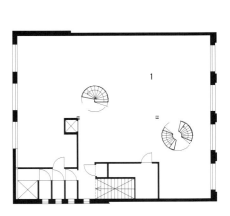

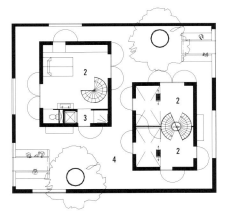

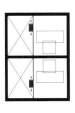

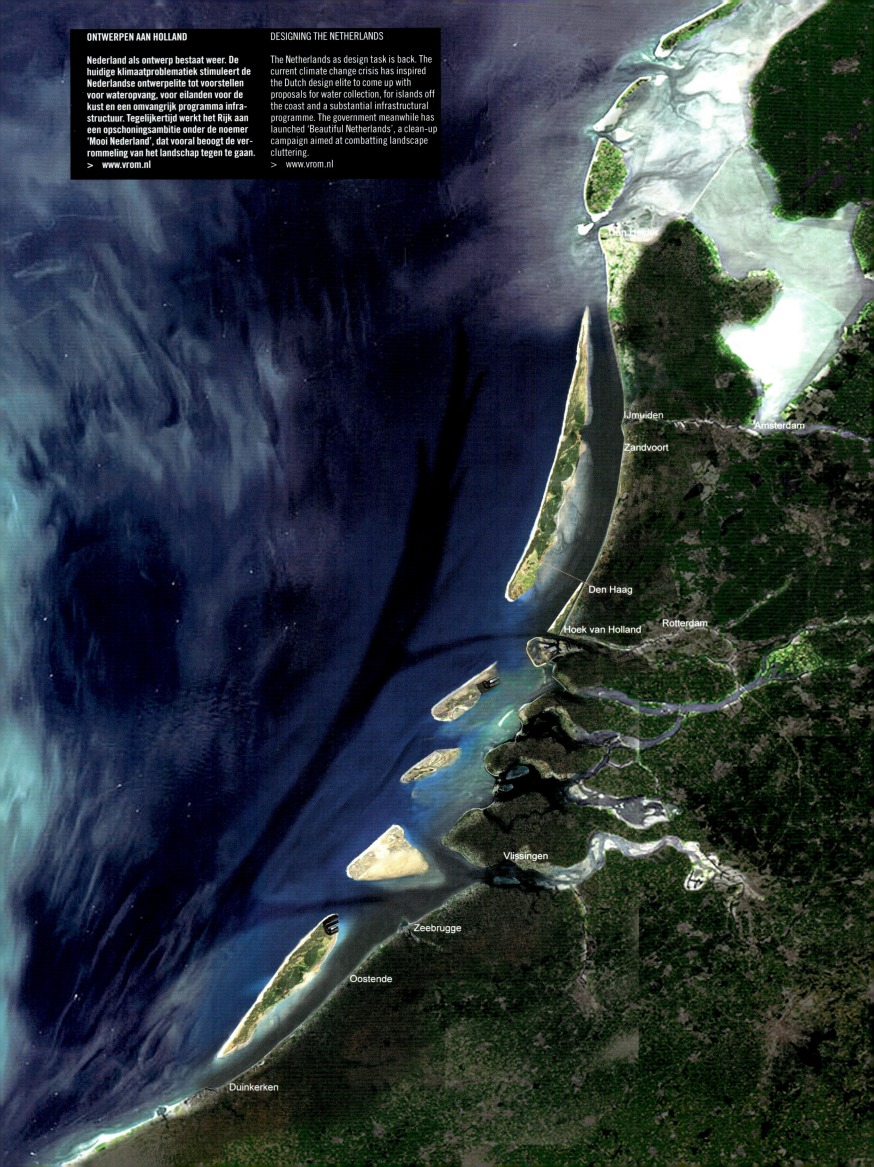

ONTWERPEN AAN HOLLAND

Nederland als ontwerp bestaat weer. De
huidige klimaatproblematiek stimuleert de
Nederlandse ontwerpelite tot voorstellen
voor wateropvang, voor eilanden voor de
kust en een omvangrijk programma infrastructuur. Tegelijkertijd werkt het Rijk aan
een opschoningsambitie onder de noemer
'Mooi Nederland', dat vooral beoogt de verrommeling van het landschap tegen te gaan.
> www.vrom.nl

DESIGNING THE NETHERLANDS

The Netherlands as design task is back. The
current climate change crisis has inspired
the Dutch design elite to come up with
proposals for water collection, for islands off
the coast and a substantial infrastructural
programme. The government meanwhile has
launched 'Beautiful Netherlands', a clean-up
campaign aimed at combatting landscape
cluttering.
> www.vrom.nl

Den Helder

IJmuiden

Amsterdam

Zandvoort

Den Haag

Hoek van Holland

Rotterdam

Vlissingen

Zeebrugge

Oostende

Duinkerken

Bouwers positief over Randstad-aan

erkgeversorganisatie reageert aanzienlijk gematigder

onze parlementaire redactie
HAAG - Bouwend Nederland
e spreken over de plannen
het kabinet om een aantal
angrijke projecten in de
dstad door te zetten.

van het Urgentieprogramma waarmee het kabinet de komende vier
jaar een flinke slag wil maken
in de aanpak van de bereikbaarheidsproblemen in de Randstad.
Onderdeel van het programma is

Doorbouwen in lager Nederland geen probleem

Ombuigen Rijn wordt serieuze optie genoemd

Van onze parlementaire redactie
Den Haag - Zelfs bij een 'worst-case
klimaatscenario' kan er tot ver in
de komende eeuw grootschalig
gebouwd worden in de lagere delen
van Nederland zoals de Zuidplaspolder. De bescherming is voldoende.

Dat staat in de Nationale Adaptatiestrategie waarmee de ministerraad
vrijdag heeft ingestemd. Vooralsnog is er geen reden om grootschalige investeringen voor woningbouw, werken of infrastructuur naar hoger gelegen gebieden – zoals Limburg – te verschuiven.
Regionaal en lokaal moet wel rekening worden gehouden met overstromingsgevaar omdat dat ruimtelijke besluiten, aldus het kabinet.

Wateropslag

Het is wel onzeker of grootschalige
woningbouw- en infrastructuurinvesteringen op de lange termijn
kunnen doorgaan. Voor de toekomst moet er namelijk ruimte

bestuurders met "naming en
shaming" te kijk te zetten en uiteindelijk tot aanwijzing overgaan.

Vertragend

De bestuurlijke discussies worden in en buiten de politiek als de
grote vertragende factor gezien bij
belangrijke infraprojecten in de
Randstad. Bouwend-Nederlandvoorzitter Brinkman stak zijn ergernis over de bestuurlijke drukte
enkele weken geleden tijdens een
Randstadcongres niet onder stoelen of banken en deed een klem-

mend beroep op de bestuurders
om nu eens echt door te gaan pakken.

"Dit is in lijn met de suggestie die
wij nu hebben gedaan", reageert Brinkman nu. "Het gaat er vaak om dat iedereen op elkaar zit te wachten.
Er moet een centraal adres zijn,
zodat je iemand achter de broek
kunt zitten." Brinkman vindt het
geen bezwaar dat beslissingen
over de daadwerkelijke uitvoering
van projecten als de A4/A9 en zeker voor de zomer worden getild.
"Als je er in het najaar mee begint

is het prima. Alles loopt intussen
toch gewoon door."

VNO-NCW-West neemt een afwachtende houding aan. "We zijn
het Randstad-beleid van de afgelopen kabinetten behoorlijk beu. Het
steeds heen en weer praten leidt
steeds niet tot beslissen en het is
maar de vraag of het Urgentieprogramma daar doorheen breekt",
aldus Bert Mooren van VNO-NCWWest. "Ik positief dat een minister voor het eerst heeft uitgesproken iets te willen aan de
bestuurlijke dwarsliggerij. "Het

Miljardengat ruimtelijke ontwikkeling

Kabinetsplannen te hoog gegrepen

Van onze redactie economie
VOORBURG - Uitvoering van de
kabinetsambities om alleen al
de ruimtelijke kwaliteit ten
behoeve en de woningbouw
te verbeteren, vergt jaarlijks
1,5 tot 2,5 miljard euro meer
dan momenteel beschikbaar
is. Tot die conclusie komt het
rapport Investeren in Ruimtelijke Kwaliteit.

De initiatiefnemers achter het rapport kraken harde noten. Tot de opdrachtgevers van het document behoren de brancheorganisaties van de
ontwikkelaars Neprom, de Vereniging Nederlandse Gemeenten en
Natuurmonumenten. Eveneens van
de partij zijn de grote woningcorporaties, de grote steden en twee stedelijke gedeputeerden.
"De voortgaande verstedelijking
gaat gepaard met landschappelijke
verrommeling, verslechtering van
de bereikbaarheid en verlies van natuurwaarden", somt bestuursvoorzitter Peter Noordanus en ontwikkelaar AM op. "We staan voor grote
opgaven ter versterking van onze
internationale concurrentiepositie,
vergroting van de vitaliteit en sociale samenhang in de steden en het
accommoderen van de voorloping
nog doorgroeiende woningbehoefte".

Investeringen

Wat Noordanus betreft beschikt de
overheid over plannen genoeg. Zaak
is volgens hem vooral om een voortvarend de slag te maken naar een effectieve uitvoering.
Wat de samenstellers van het rapport denken nodig te hebben, zijn

bovenal investeringen in herinrichting en vastgoedontwikkeling, zowel de overheid als het particuliere bedrijfsleven zal over de brug moeten komen.
"Integrale gebiedsontwikkeling is
het kader bij uitstek", vindt Noordanus. "Partijen kunnen echter alleen
hun rol spelen wanneer investeerders
zij kunnen beschikken over de
investeringsmiddelen die passen bij
de geformuleerde ambities".

Aardgasbaten

Voor de benodigde miljarden laten
de samenstellers van het rapport
hun oog vallen op de aardgasbaten.
Ook wordt de suggestie gedaan een
verschuiving teweeg te brengen van
consumptieve bestedingen naar investeringen. Oftewel: voor de belastingen maar op ten koste van de individuele bestedingsruimte.
"Beleidsmatig en maatschappelijk
zijn de keuzes geen gemakkelijke quities. Investeren in ruimtelijke kwaliteit is dan ook een politiek vraagstuk
van de eerste orde aan het worden",
valt te lezen in het woensdag te publiceren document.
Neprom, corporaties en steden zijn
overtuigd dat de afspraak jaarlijks
80.000 tot 100.000 woningen te bouwen dit jaar maar ook in 2008 en
2009 niet gehaald zullen worden. Het
opgelopen achterstand wordt zo
groot geacht om nog te kunnen inlopen.
"Voor de periode na 2009 is het planologisch perspectief gunstiger. De
beschikbare plancapaciteit mist echter in veel gevallen de nodige hardheid".
De rapportschrijvers signaleren dat
het traject van politiek besluit naar
de beschikbaarheid van bouwrijpe
grond wordt overwoekerd door sectorale regelgeving. Daardoor zullen
veel bouwlocaties niet tijdig op de
markt komen. Het probleem speelt
vooral – maar niet uitsluitend – bij

---

emtelijke ontwikkelingen en opgaven tot 2040.

Kabinet koerst aan op 'metr

arianne Wuite
HAAG - Het kabinet vindt
er op de langere termijn

project is de spoorverdubbeling
tussen Rotterdam en Den Haag.
In de startnotitie Randstad 2040

Behalve de aanpak van de problemen op de wegen en het kabinet zich in de toekomstschets

aanpak van de
Madrid die een
tro-netwerk aan

tedenbaan: snel treinen, platteland sparen

BETUWEROUTE

De Betuweroute werd na een bouwtijd van meer dan tien jaar op zaterdag 16 juni 2007 officieel in gebruik genomen. 18 km tunnel, 95 kilometer geluidsscherm, 130 viaducten en bruggen, 190 faunapassages, 5600 bovenleidingportalen en 600.000 dwarsliggers waren nodig voor het 160 kilometer lange tracé. Met een kostenpost van 5 miljard euro is de spoorverbinding uiteindelijk ruim twee keer zo duur als oorspronkelijk geraamd.

> www.betuweroute.nl

BETUWE ROUTE

After a construction period of ten years, the dedicated freight rail line known as the Betuwe Route was officially opened on Saturday 16 June 2007. The 160 kilometre route required 18 km tunnels, 95 km acoustic barriers, 130 viaducts and bridges, 190 wildlife tunnels, 5600 catenary gantries and 600,000 sleepers. At 5 billion euros, the rail link is twice as expensive as originally estimated.

> www.betuweroute.nl

MECANOO

DOK ARCHITECTEN

NATIONAAL HISTORISCH MUSEUM

Geschiedenis is in. En dus was het tijd voor een Nationaal Historisch Museum. Vijf steden bonden met elkaar de strijd aan om het te mogen huisvesten. Op 2 juli 2007 maakte minister Plasterk van OCW bekend dat Utrecht, Den Haag, Amsterdam en Almere de eer aan Arnhem moesten laten. Daar bouwt Francine Houben (Mecanoo) een complex waarvan de 'canontoren' de kern vormt. In deze canontoren gaat Nederland op zoek naar zichzelf.
> www.nationaalhistorischmuseum.nl

NATIONAL HISTORICAL MUSEUM

History is in. Time, then, for a National Historical Museum. Five cities vied for the honour of hosting the museum. On 2 July 2007 the Minister of Education, Culture and Science announced that Utrecht, The Hague, Amsterdam and Almere had lost out to Arnhem where Francine Houben (Mecanoo) will now build a complex centred around the canon: the fifty most important items of Dutch culture and history. In due course, the Dutch will be able to go in search of themselves in this 'canonical tower'.
> www.nationaalhistorischmuseum.nl

RENÉ VAN ZUUK

EXPANDING THE ENVELOPE
ARCHITECTUUR OP ZOEK NAAR RUIMTE

Wat is het domein van de architect? Misschien een vreemde vraag voor een boek als dit – sla een willekeurige pagina open en de architectuur spettert ervan af, is het niet in het beeld dan is het wel in de tekst. Architectuur lijkt in elk Jaarboek volkomen vanzelfsprekend – maar blijkt het nooit te zijn. Twee heren heeft de architectuur te dienen, of eigenlijk drie: de opdrachtgever, het publiek en de architectuur zelf. Gebrek aan ambitie, helderheid en consistentie bij de opdrachtgever leidt tot middelmatige gebouwen in het beste geval en architectuurcatastrofes in het ergste. Wat de architect maakt staat op straat, is onderdeel van het publieke domein en doet daarop een beroep zodra er iets misgaat. In ruil daarvoor stelt het publieke domein zijn eisen: de brandweer heeft iets in de melk te brokkelen, de bouwverordening waarborgt constructieve degelijkheid en minimale hygiënische standaarden, de welstand voorkomt visuele pijn – is daarvoor in ieder geval in het leven geroepen. Ten slotte is er de architectuur, die op zichzelf voortbouwt, nieuwe wegen onderzoekt, op de bres staat om de ruimte te creëren die ze nodig heeft om haar verantwoordelijkheden te kunnen waarmaken en haar expertise volledig tot gelding te kunnen brengen.

Die ruimte is geen vanzelfsprekendheid. Vaak moet ze worden bevochten op de opdrachtgever, het publiek en een enkele keer, wanneer het er om gaat conventies te doorbreken, ook op de architectuur – constructie en destructie, tussen die twee polen bloeit de architectuur (vond J.J.P. Oud al). Publieke gebouwen brengen bijzondere verantwoordelijkheden met zich mee, zeker wanneer het niet alleen representatieve gebouwen zijn, maar alledaagse gebruiksvoorzieningen. De scholen, het Ronald McDonaldhuis, de psychiatrische kliniek en de sportplek voor uitgeprocedeerde asielzoekers die in dit boek zijn opgenomen, vallen in deze categorie. Het

zijn paradoxale opgaven: de relatie tussen architectuur en gebruiker is nergens zo direct als hier, maar tegelijkertijd is de afstand tussen ontwerper en gebruiker nergens zo groot. Maar al te vaak wordt dit vacuüm gevuld met regels, richtlijnen, ad-hocbeslissingen van commissies of met de als wetenschappelijk gepresenteerde bevindingen van consultants die bij nader inzien vooral dienen als alibi waarmee de bewindvoerders hun keuzes proberen te legitimeren. Het stelt de architect voor de keuze: vechten of capituleren. Soms blijft het vacuüm leeg. Dan wordt de architect op zichzelf teruggeworpen. In beide gevallen moet de architect zijn unieke expertise in het spel brengen, desnoods met geweld.

Drie scholen bevat de selectie van dit jaarboek. Ze zijn ontworpen door bureaus van heel verschillende signatuur, in hun vormgeving hadden ze nauwelijks diverser kunnen zijn. In Roermond realiseerde architectenbureau Liagg een complex dat Niekée heet – de naam 'refereert' aan de Griekse godin van de overwinning (waarom die dan niet eenvoudig als naamgeefster heeft gediend is een raadsel). Het gebouw is aan de buitenkant een kleurige maar niet heel bijzondere doos. Binnen gaat letterlijk een wereld open. Niekée bestaat in de kern uit een enorm atrium met daarin opgehangen losse dozen: een theater dat zijn eigen spelers meebrengt, nog voor de leerlingen het vullen met hun bedrijvigheid. DKV kiest in het Dordtse Insula voor de tegenovergestelde strategie. Met zijn strenge raster van betonpalen en de daaraan opgehangen vierkante vloerpanelen lijkt het gebouw een gat in de ruimte te slaan. De overmaat van de drie patio's, de hal, de riante ruimtes voor het projectonderwijs en de aangenaam brede gangen geven de leerlingen lucht en vormen zo een contrapunt voor de strenge, bijna gereformeerde uitstraling van de constructieve drager. Het voor Marlies Rohmer karakteristieke spel met meetkundige figuren, in dit geval het zuivere vierkant, bepaalt het grondplan van de school die ze in Hardenberg opleverde.

Hoe groot de verschillen tussen deze drie scholen ook zijn, ze hebben iets fundamenteels met elkaar gemeen: het zijn uiterst functionele gebouwen, maar tegelijkertijd zijn het strategieën voor het ontbreken van een programma. Natuurlijk zijn ze toegesneden op de rol waarvoor ze zijn ontworpen, maar dat die binnen heel

korte tijd compleet kan veranderen stond van meet af aan vast. De functie bood dus weinig houvast. Ook daarin schuilt overigens een wereld van verschil met de klassieke dogma's van het modernisme: niet de functie bepaalt de vorm, maar juist de functieloosheid, althans het ontbreken van een bestendig programma. De oplossingen hadden nauwelijks verder uiteen kunnen lopen. Liagg vond houvast in een ambitieuze directie. Dat leverde een hechte samenwerking tussen opdrachtgever en architect op, een onontbeerlijke voorwaarde voor het vullen van de programmatische leemte. Zo bleek het mogelijk een heel specifiek onderwijsprogramma te formuleren dat onmiddellijk in de ruimtelijke compositie van het gebouw werd omgezet – het gebouw valt samen met het programma dat er voor bedacht is. Wat er uit Den Haag ook voor beleid mocht komen, deze twee-eenheid is bedoeld om de tand des tijds te doorstaan.

Hoe anders ging DKV in Dordrecht te werk. Als niemand iets zinnigs over de toekomst van het Nederlandse onderwijs kan melden (zelfs – of misschien juist – de beleidsmakers niet), dan is een gebouw nodig dat alle mogelijke programmatische veranderingen aankan. Toen niet alleen het programma maar ook de locatie van het oorspronkelijke ontwerp wegviel, bleek het met geringe wijzigingen in te passen op de 'leerboulevard' van West 8, waarvan het de monumentale afsluiting vormt. Bovendien bracht de programmatische onzekerheid DKV in Dordrecht tot het benadrukken van de vrij indeelbare ruimte van overmatige proporties.

Dezelfde omstandigheden speelden ook in Hardenberg, maar Marlies Rohmer koos een heel andere, misschien zelfs tegenovergestelde benadering. Zij zocht houvast in een geometrisch patroon van plattegrond en opstanden. De helderheid van deze compositie blijft ook bij toekomstige functieveranderingen overeind. Ook de buitenkant is tijdsbestendig. Aan de markante afwerking van de gevels ontleent de school zijn identiteit: hier staat een gebouw met een eigen karakter, dat in zijn afwijkende vormgeving zijn functie als buurtcentrum onderstreept. Ook Rohmer maakt het mogelijk ruimtes voor verschillende bestemmingen te gebruiken, ze samen te voegen of onder te verdelen, maar dat is niet het thema van dit complex. Dat speelt zich af op de buitengevels: een spel van vierkante geprofileerde kunststof blokken en doorgaande glasgevels geeft het gebouw een karakter dat bij alle toekomstige onderwijskundige veranderingen overeind blijft.

Drie compleet verschillende antwoorden op hetzelfde probleem: het ontbreken van een duidelijke toekomstvisie en de stappen die nodig zijn om die dichterbij te brengen. Nergens is de dichtheid aan beleidsstukken groter dan in het onderwijs, maar juist daar lijkt alles stuurloos. De brede school, een van de recentere innovaties, staat als een huis, maar of en hoe dat verder uitgebreid gaat worden? Wat is op den duur de toekomst van het studiehuis? Wat zullen de consequenties zijn van de parlementaire enquêteurs naar hoe in het verleden met het onderwijs is omgesprongen? Niemand die het weet. Waar voorheen het verzet tegen de overdaad aan beperkende regels het architectonische domein markeerde, gebeurt dat nu door zelf de spelregels te bepalen. Wat verandert is de context, wat gelijk blijft is het uitspelen van de eigen expertise en verantwoordelijkheden van de architectuur. Wat een school moet zijn is niet zo moeilijk te bedenken. De omstandigheden voor het onderwijs moeten er optimaal zijn, kinderen moeten zich kunnen ontplooien en zich kunnen voorbereiden op de samenleving van morgen. Het garanderen van gelijke rechten en kansen van alle Nederlandse kinderen, ongeacht hun achtergrond en de welstand van hun ouders, hoort tot de kerntaken van de staat. Onderwijs hoort immers tot wat zo fraai het 'publieke domein' heet – een negentiende-eeuwse uitvinding van liberale snit, de basis van het parlementaire stelsel dat het beheer over dit domein weghaalde bij de monarchie en overdroeg aan het publiek. Als de staat nalaat invulling te geven aan de manier waarop het publieke domein in het onderwijs fungeert dan blijkt de architectuur in staat er, gevoed door de lokale opdrachtgever, zelf invulling aan te geven. De architect compenseert wat de publieke sector achterwege laat.

Het onderwijs blijkt in dat opzicht vrij uniek te zijn, de speelruimte voor dergelijke succesvolle experimenten in andere domeinen is veel beperkter. Wellicht komt dat doordat het onderwijs wordt uitgevoerd door grote legioenen ambtenaren, gericht is op een vraag die redelijk is in te schatten, en afgezien van de intocht van de computer nauwelijks rekening hoeft te houden met technologische vernieuwingen. Ondanks het al te vaak falend opdrachtgeverschap, schaalvergroting, het ontstaan van onduidelijke hiërarchische relaties, vervlechting van politiek en schoolbestuur en de permanente verschuivingen in de inzichten over het onderwijs, blijkt het in uitzonderlijke gevallen mogelijk alle barrières te overwinnen en grenzen te verleggen.

Er gaapt een kloof tussen wat een school kan zijn – de drie voorbeelden illustreren het – en wat de doorsneeschool meestal is. Toch valt die in het niet vergeleken bij de architectonische potenties van het ziekenhuis en de gebouwde doorsnee in deze sector, die net als de scholen tot de pijlers van het publieke domein te rekenen is. Weinig gebouwtypen zijn zo fascinerend als het ziekenhuis. Er is nauwelijks een ander gebouwtype dat zo veel techniek en wetenschap concentreert. Nergens is het verband met het lichamelijk en geestelijk welzijn zo direct. Weinig gebouwen drukken zozeer een stempel op hun omgeving, zowel door hun schaal als door de verkeersstromen die ze genereren. Een kleine maar constante stroom uitzonderlijke ziekenhuizen illustreert de architectonische potenties van het ziekenhuis.

Net als in de scholenbouw heeft de architectuur in de gezondheidszorg een bijzondere rol te vervullen, maar met name in de ziekenhuisbouw zijn de hindernissen nauwelijks te nemen. De belangrijkste is inderdaad het ontbreken van het besef dat de gezondheidszorg tot het publieke domein behoort, dat ziekenhuizen net als scholen publieke gebouwen zijn. Dat niet de *producenten* van de zorg (artsen, verpleging, medische staf), maar de *consumenten* (op een zeker moment wij allemaal) feitelijk de opdrachtgever zijn. Dat het de producenten aan kennis ontbreekt om de architectuur van het ziekenhuis te bepalen – zelfs vanuit het oogpunt van medische functionaliteit. Menig recent opgeleverd gebouw loopt het risico al meteen een investeringsruïne te zijn: vastgoed dat op de markt onverhandelbaar en dus waardeloos is.

Hoe is de immense afstand tussen mogelijkheid en werkelijkheid te verklaren? Door de afwezigheid van het publiek in deze sector van het publieke domein, en de zeer geringe mogelijkheden van de architectuur om de daardoor ontstane lacunes vanuit de eigen expertise en verantwoordelijkheid op te vullen. De bijzondere status van de gezondheidszorg speelt ongetwijfeld een rol, evenals de omstandigheid dat deze sector, anders dan het onderwijs, voor het overgrote deel door particuliere ondernemers wordt uitgevoerd. Met hun belangenorganisaties en een dicht woud van overheidsinstellingen die de prijs, de kwaliteit en de protocollen bindend voorschrijven, ontstaat het beeld van een machtig medisch-bureaucratisch complex dat, anders dan in het onderwijs, in staat is de politieke agenda vergaand te bepalen. In de praktijk maakt dat het publieke domein in de gezondheidszorg tot een dode letter: de mogelijkheden van het publiek om via de politieke arena invloed uit te oefenen, zijn grotendeels fictief. Aangezien het publiek evenmin in staat is via zijn koopkracht een stempel op het ziekenhuisbestel te drukken, kan de conclusie geen andere zijn dan dat het *de facto* buitenspel staat.

Maar er is meer. De harde bureaucratische, administratieve en hiërarchische kaders mogen het publiek hindernissen in de weg leggen, anders dan in het onderwijs is de betrokkenheid van het publiek ook bijzonder gering. Het besef dat ziekenhuizen, verpleeghuizen en revalidatiecentra publieke voorzieningen zijn die voor ons allemaal worden gebouwd, niet voor een groep 'anderen' die tijdelijk ziek zijn, is bijzonder zwak ontwikkeld – niemand wordt graag herinnerd aan de waarschijnlijkheid ooit zelf patiënt te worden. Een machtsblok met het gewicht van de medische lobbies zal de verzameling patiënten wel nooit vormen, en dat is vermoedelijk de reden waarom de politiek er niet in is geïnteresseerd. Vervalt de gezonde burger eenmaal tot de status van hulpbehoevende zieke, pas dan dringt het besef door dubbel slachtoffer te zijn: niet alleen van ziekte en ongemak, maar ook van de machinerie die in het leven is geroepen om die te bestrijden. Maar dan is het te laat. Tekenend is dat zelfs medisch specialisten die zich als patiënt moeten laten opnemen met afschuw tegen het ziekenhuisregime ageren.

Wat kan de architectuur doen om ruimte op het medisch-bureaucratisch complex te heroveren? Als de mogelijkheden voor het daadwerkelijk bouwen van

voorbeeldige projecten gering zijn – ook hier spreekt het verschil met het onderwijs – dan restten slechts twee strategieën: het voor een groot publiek etaleren van de mogelijkheden nieuwe wegen te zoeken, en het aangaan van allianties met partijen van buiten het reguliere bestel. Voor het eerst sinds decennia is het niet op voorhand uitgesloten dat de expertise van de architect binnen het medisch-bureaucratisch complex een willig oor vindt. Geconfronteerd met de mogelijkheid oude monopolies te moeten opgeven, komt ook het medisch-bureaucratisch complex in beweging.[1] Toch vormde de komst van fictieve marktpartijen die het oude stelsel van buiten af concurrentie aandoen de context voor een studie naar *De toekomst van de polikliniek*, waarin het 'alles-onder-een-dak-ziekenhuis' definitief ten grave wordt gedragen en vervangen door netwerken van deels generieke, deels specialistische klinieken.[2]

Gestudeerd wordt er genoeg. Maar zolang er feitelijk weinig verandert, zit er weinig anders op dan de afstand tussen wat de ziekenhuiswereld in humaan opzicht nu is en wat die zou moeten zijn door initiatieven van buiten de sector te overbruggen. Feitelijk is dat wat de Ronald McDonaldhuizen doen: van buiten voegen ze de menselijke dimensie toe waarvoor binnen het bestel geen ruimte is. Voor kinderen bieden ze een specifiek op hun behoeften toegespitste omgeving, ze maken het hun ouders mogelijk om zo veel mogelijk in de buurt te zijn. Bij de Kindervallei, die Heinz Springmann op basis van de overleden Oostenrijkse kunstenaar-architect Friedensreich Hundertwasser tekende, gaat het om kinderen die soms langdurig moeten revalideren. Het complex complementeert een voorziening die het revalidatiecentrum al eerder had getroffen in de vorm van een tentenkamp waar ouders en kinderen gemeenschappelijk vakanties konden doorbrengen. De geringste zweem van ziekenhuisatmosfeer is vermeden; binnen het architectonische domein is die altijd misplaatst, maar helemaal als het voorzieningen voor kinderen betreft.

Veel beweeglijker dan het ziekenhuisbestel is de psychiatrie. Veel directer en stabieler is hier ook de relatie tussen het opdrachtgeverschap en de architectuur, en geen enkel terrein is zo gevoelig voor sociale veranderingen en het ontstaan van nieuwe inzichten in de maatschappelijke positie van de patiënt. Gemeenschappelijke noemer van alle hervormingsbewegingen binnen de gezondheidszorg is het gevecht tegen het institutionele karakter ervan – daarvan is ook de Kindervallei een markant voorbeeld. In de zeester slaagt Marlies Rohmer erin zo ongeveer alle desiderata van de hervormers in praktijk te brengen. Het gebouwtje verhindert dat de patiënten – jonge geestelijk gehandicapte mensen die er in de dagopvang zitten – het perceel te verlaten, maar doet dat zonder hekken of afrasteringen. Lange rechte gangen, het klassieke spookbeeld van elke medische inrichting, komen niet voor. Het materiaal is vriendelijk en vertrouwd, de afwerking is robuust maar oogt zacht. Met dergelijke architectuur voor deze bijzondere doelgroep bewijst de Nederlandse architectuur althans in sommige opzichten het buitenland nog ver vooruit te zijn.

Voor wat de functie betreft kan men dat onmogelijk beweren van de sportdome die de kunstenaar Willem van der Sluis bij het detentiecentrum voor uitgeprocedeerde asielzoekers realiseerde. Het zijn geen criminelen die hier althans enige ontspanning wordt aangeboden: het enige wat hun verweten wordt, is dat ze zich niet voor toelating in Nederland kwalificeren. De sportdome markeert een beschaafd intermezzo in een barbaars regime dat indruist tegen de essentie van het publieke domein: wie zich niet aan strafbare zaken heeft overgegeven, moet in staat zijn om zijn universele rechten tot gelding te brengen. Waaruit bestaat hier het domein van de architectuur? Van der Sluis gebruikt de eenprocentsregeling voor kunst bij rijksgebouwen om verlichting te brengen in een illegitiem bestel. Hij doet dat met een gebouw dat 's avonds en overdag het meest uitgesproken tegenbeeld is van de gevangenispontons. Hij plaatst het architectonisch domein daarmee letterlijk naast een domein waar dat doelbewust is uitgebannen. En daarmee levert hij een lichtend voorbeeld voor wat altijd, in alle omstandigheden, de missie van de architectuur moet zijn.

1 Een *public health group* met voornamelijk spelers uit het veld tast de mogelijkheden van vernieuwing af en organiseert bijeenkomsten die uitmonden in publicaties als *Au! Bouwen aan de Architectuur van de Zorg*, Groningen 2007; het College bouw zorginstellingen (Bouwcollege) schrijft de laatste jaren regelmatig architectuurprijsvragen uit, soms voor min of meer utopische opgaven. Bij de meest recente architectuurprijsvraag, 'Zorg 2025 – Gebouwen voor de Toekomst', werden twee inzendingen bekroond: Carel Weeber in combinatie met Laura Kaper met het plan 'Big Bang' en het Finse bureau Harris-Kjisik Architects met 'Fair care – care fair'.
2 *De toekomst van de polikliniek*, Stagg, Amsterdam 2008 (verkrijgbaar bij de BNA).

EXPANDING THE ENVELOPE
SPACE FOR ARCHITECTURE

What is the domain of the architect? An odd question, perhaps, for a book like this – open it at random and the architecture bursts from the page, if not in the pictures then in the text. In every Yearbook, architecture appears to be completely self-evident – but in the event it never is. Architecture must serve two masters, or three, in fact: the client, the public and architecture itself. Lack of ambition, clarity and consistency on the part of the client leads in the best case to mediocre buildings and in the worst to architectural catastrophes. The architect's creation stands on the street, is part of the public domain to which it appeals as soon as something goes wrong. In exchange, the public domain makes its own demands: the fire service has a say in things, the building code safeguards structural soundness and minimum standards of hygiene, the design review committee averts visual distress – or is supposed to, at least. Finally there is the architecture, which builds on itself, explores new paths, steps into the breach to create the space it needs in order to fulfil its responsibilities and to ensure that its expertise is fully brought to bear.

That space cannot be taken for granted. Often it has to be won from the client, the public and occasionally, when it involves breaking with the conventions, from architecture as well – construction and destruction, between those two poles architecture flourishes (as J.J.P. Oud discovered). Public buildings entail special responsibilities, particularly when they are not just representative buildings but everyday facilities. The schools, the Ronald McDonald House, the psychiatric clinic and the sports facility for 'failed' asylum seekers featured in this book all fall into this category. They are paradoxical commissions: the relation between architecture and user is nowhere as immediate as here and yet at the same time the distance between designer and user is nowhere so great. All too often this vacuum is filled with rules, guidelines, ad-hoc decisions by committees or with the 'scientific' findings of consultants which on closer inspection serve mainly as an alibi which administrators use to legitimize their decisions. The architect is faced with a choice – fight or capitulate. Sometimes the vacuum remains empty and then the architect is thrown back on his own resources. In both cases the architect must deploy his unique expertise, if necessary with force.

Three schools were included in the selection for this yearbook. They were designed by very different architects and could not have been more diverse in terms of their design. In Roermond, Liagg realized a complex called Niekée (the name 'refers' to the Greek goddess of victory but why they couldn't have just used her name – Nike – is a mystery). From the outside the building is a colourful but otherwise unremarkable box. Inside a whole world opens up, literally. Essentially, Niekée consists of one huge atrium in which a number of discrete boxes are suspended: a theatre that brings its own players with it even before the pupils fill it with their activities. In Dordrecht, DKV opted for the opposite approach in Insula. With its strict grid of concrete posts and the rectangular floor plates they support, the building appears to punch a hole in the space. The three uncommonly big patios, the hall, the generous spaces for project education and the comfortably wide corridors give the pupils air and as such form a counterpoint to the rigid, almost puritan aspect of the structural support. Marlies Rohmer's characteristic play with geometric figures, in this case a simple square, determines the ground plan of the school she built in Hardenberg.

However great the differences between the three schools, they also have something fundamental in common: they are all extremely functional buildings, but at the same time are strategies for dealing with a lack of programme. Obviously, they are tailored to the role for which they were designed, but that this may change completely and within a short space of time was clear from the outset. So the nominal function was not much of a guide. This, too, is a world apart from the classic dogmas of modernism: it is not the function that determines the

form, but the lack of function, or rather the lack of a permanent programme. The solutions could not have been more different. Liagg found support in an ambitious school board. This resulted in a close collaboration between client and architect, an indispensable condition for filling the programmatic vacuum. In this way it proved possible to devise a very specific educational programme that was translated directly into the spatial composition of the building – the building coincides with the programme that was devised for it. Whatever new policies the central government may think up, this duality is intended to stand the test of time.

How differently DKV set to work in Dordrecht. If no one is able to say anything meaningful about the future of Dutch education (not even, or perhaps especially not, the policymakers), then what is needed is a building that can cope with all manner of programmatic changes. When not just the programme but also the location of the original design changed, only a few modifications were required to fit it into West 8's 'learning boulevard', of which it forms the monumental termination. The programmatic uncertainty also prompted DKV to put the emphasis on freely subdivisible space of excessive proportions.

The same circumstances obtained in Hardenberg, but Marlies Rohmer took a very different, perhaps even opposite, approach. She sought refuge in a geometric pattern of ground plan and elevations. The clarity of this composition will survive future changes of function. Even the exterior is time-resistant. It is to this striking facade finish that the school owes its identity: here stands a building of marked character, whose unusual design underscores its function as a community centre. Rohmer, too, allows for spaces to be used for different purposes, to be joined together or divided up, but that is not the main theme of this complex. That is enacted on the external walls: a pattern of square, profiled blocks of synthetic material and continuous strips of glazing gives the building a character capable of surviving any and all future educational changes.

Three completely different responses to the same problem: the lack of a clear vision of the future and the steps necessary to bring that closer. Nowhere is the closeness to policy papers greater than in education, and yet this very area looks to be completely lacking in direction. The community school, one of the most recent inventions, is already entrenched, but where will it go from here? And what is the long-term future of the concept of the school as a 'study house'? What will be the consequences of the parliamentary inquiry into the effects of previous educational policies? No one knows. Whereas in the past the architectural domain was characterized by resistance to an excess of restrictive rules, it is now determining those rules for itself. What changes is the context, what remains the same is the exercise of architecture's own expertise and responsibilities. It is not so difficult to come up with an idea of what a school should be. The conditions for learning should be the best possible, children should be able to develop and to prepare themselves for the society of the future. Guaranteeing equal rights and opportunities to all Dutch children, regardless of their background and the circumstances of their parents, is one of the core tasks of the state. After all, education belongs to what is so finely referred to as the 'public domain' – a nineteenth-century liberal invention and the basis of the parliamentary system that removed control of this domain from the monarchy and transferred it to the public sector. If the state neglects to specify how the public domain functions in education then architecture, coached by the local client, appears to be capable of doing that itself. The architect makes good what the public sector leaves undone.

Education appears to be fairly unique in this respect; the latitude for such successful experiments is much more limited in other domains. Perhaps this is because education is implemented by legions of bureaucrats, is directed at a demand that is reasonably easy to estimate and, apart from the advent of the computer, need scarcely take any account of technological innovations. In spite of the often poor standard of commissioning, the increase in scale, the development of obscure hierarchical relations, the interweaving of politics and school administration and the constant shifts in educational trends, there are still some exceptional cases in which it proves possible to overcome all the obstacles and to open up new horizons.

There is a yawning gap between what a school can be – as illustrated by the three examples – and what the average school usually is. And yet this is as nothing compared with the architectural potential of the hospital and the average built example in this sector which, like education, is one of the cornerstones of the public domain. Few building types are as fascinating as the hospital. There are scarcely any other types of building with such a high concentration of technology and science. Nowhere is the link with physical and mental well-being so direct. Few buildings put such a stamp on their surroundings, both by their scale and by the traffic they generate. A small but constant stream of exceptional examples illustrates the architectural potential of the hospital.

As in school construction, architecture has a special role to fulfil in the health care sector but the obstacles, especially in hospital construction, are almost insurmountable. The main one is without doubt the failure to realize that health care is part of the public domain, that hospitals, like schools, are public buildings. That it is not the *producers* of care (doctors, nurses, medical staff) but the *consumers* (all of us, at a certain moment) who are the real clients. That the producers lack the necessary knowledge to determine the architecture of the hospital, even from the viewpoint of medical functionality. Many a recently completed building is at risk of becoming an instant investment ruin: property that can not be traded on the market and which is thus worthless.

How can the huge gap between potential and reality be explained? By the absence of the public in this sector of the public domain, and by architecture's very limited possibilities for filling the resulting gaps using its own expertise and its own responsibility. The special status of health care undoubtedly plays a role, as does the fact that this sector, unlike education, is for the most part carried out by private contractors. With their lobby groups and an impenetrable forest of government agencies which lay down the price, quality and the protocols, a picture emerges of a powerful medical-bureaucratic complex that, unlike in education, is capable of significantly influencing the political agenda. In practice, this makes the public domain in the health care sector a dead letter: the public's possibilities for exerting influence via the political arena are largely notional. Since the public is equally powerless to use its purchasing power to influence the hospital system, one is forced to conclude that it is *de facto* sidelined.

But this is not the whole story. The hard bureaucratic, administrative and hierarchical structures may put obstacles in the public's way, but it has to be said that the public's involvement, compared with education, is also very limited. Public awareness that hospitals, nursing homes and rehabilitation centres are public facilities built for all of us and not just for a group of 'other people' who are temporarily ill, is very poorly developed – no one wants to be reminded of the possibility that they might end up as a patient some day. As a group, patients are never likely to form a power block with the clout of the medical lobbies and that is probably why politicians are not interested in this sector. Only when healthy citizens are reduced to the status of needy patients, does the realization dawn that they are double victims: not just of illness and discomfort, but also of the machinery set up to deal with that. But then it is too late. Tellingly, even medical specialists who end up as patients in the system, react with repugnance to the hospital regime.

What can architecture do to reclaim space from the medical-bureaucratic complex? If opportunities for building model projects are limited – another difference with education – there remain only two strategies: presenting the possibilities for exploring new avenues to a broad public, and entering into alliances with parties outside the mainstream system. For the first time in decades, the architect's expertise is not automatically denied a sympathetic hearing within the medical-bureaucratic complex. Confronted with the possibility of having to relinquish long-standing monopolies, the medical-bureaucratic establishment is starting to change.[1] Indeed, the existence of hypothetical market parties that would compete with the old system from the outside formed the context for a study of the future of the polyclinic, in which the 'everything-under-one-roof-hospital' was finally laid to rest and replaced by networks of partly generic, partly specialist clinics.[2]

There is no shortage of studies. But as long as nothing much actually changes, there is little to be done except to try to bridge the gap between what the hospital world is now in terms of humanity, and what it should be, by means of initiatives from outside the sector. That is in fact what the Ronald McDonald Houses do: from outside they add a human dimension for which there is no room within the system. For children they offer surroundings geared specifically to their needs and they make it possible for their parents to stay close to them as much as possible. The Kindervallei, which Heinz Springmann designed on the basis of drawings by the late Austrian artist–architect Friedensreich Hundertwasser, is aimed at children who often require a long period of rehabilitation. The complex complements a facility the rehabilitation centre had previously organized, which took the form of a campsite where parents and children could spend holidays together. Any hint of a hospital atmosphere is strenuously avoided; it is always out of place in the architectural domain, but even more so when it concerns facilities for children.

More dynamic than the hospital system is psychiatry. The relation between commissioning and architecture is also more direct and stable here and no area is as sensitive to social change and the emergence of new insights into the social position of the patient. The common denominator of all attempts at reform within the health care sector is the struggle against its institutional character – the Kindervallei is a striking example of this. In the Zeester, Marlies Rohmer succeeded in putting into practice just about all of the reformers' wishes. The building prevents patients – intellectually disabled youngsters in day care – from leaving the premises, but it does this without gates or fencing. Long straight corridors, the classic bogey of every medical institution, are totally absent. The material is friendly and familiar, the finishing is robust but looks soft. With such a building for this special target group, Dutch architecture demonstrates that in some respects at least it is far ahead of the rest of the world.

As far as function is concerned, that would be difficult to maintain with respect to the sports dome that artist Willem van der Sluis built at a detention centre for failed asylum seekers. The people who are being granted a modicum of recreation here are not criminals: the only thing that can be held against them is that they do not qualify for entry into the Netherlands. The sports dome represents a civilized interlude in a barbaric regime that is contrary to the essence of the public domain: those who have not committed any punishable offence should be free to exercise their universal rights. What is the domain of architecture in all this? Van der Sluis exploited the one-percent-for art in government buildings regulation in order to bring alleviation to an illegitimate system. This takes the form of a building that whether by day or by night is the most explicit antithesis of the prison pontoons. He places the architectural domain squarely next to a domain from which it is deliberately excluded. And in so doing he delivers a shining example of what architecture's mission should at all times and in all circumstances be.

97

1 A 'public health group' consisting mainly of players from the field explores the possibilities for renewal and organizes gatherings that result in publications like *Au! Bouwen aan de Architectuur van de Zorg* [Ouch! Building Health Care Architecture], Groningen 2007; in recent years the Netherlands Board for Healthcare Institutions has regularly organized architecture competitions, sometimes for more or less utopian projects. In the most recent competition 'Care 2025 – Building for the Future', two entries were premiated: Carel Weeber with Laura Kaper for 'Big Bang', and the Finnish practice of Harris-Kjisik Architects for 'Fair care – care fair'.
2 *De toekomst van de polikliniek* [The Future of the Polyclinic], Stagg, Amsterdam 2008 (available from the BNA).

LIAG

NIEKÉE, FACILITAIR ONDERWIJS- EN ACTIVITEITENCENTRUM/EDUCATIONAL CENTRE

SITUATIE/SITE PLAN
A   ORANJELAAN

EERSTE VERDIEPING, BEGANE
GROND/FIRST, GROUND FLOOR

DOORSNEDEN/SECTIONS

1   ENTREE/ENTRANCE
2   ONTVANGSTBALIE/RECEPTION
    DESK
3   OPEN LEERCENTRUM/OPEN
    LEARNING CENTRE
4   COLLEGEZAAL/LECTURE ROOM
5   PRAKTIJK LOKAAL/PRACTICAL
    CLASSROOM
6   GANG/CORRIDOR
7   THEORIELOKAAL/CLASSROOM

8   THUISHONK/HOME BASE
9   STILTERUIMTE/QUIET ROOM
10   SPREEKKAMER/CONSULTING
     ROOM
11   PERSONEELSKAMER/STAFF
     ROOM
12   KEUKEN/KITCHEN
13   RESTAURANT
14   KANTINE/CANTEEN

`0   25   50        100m`

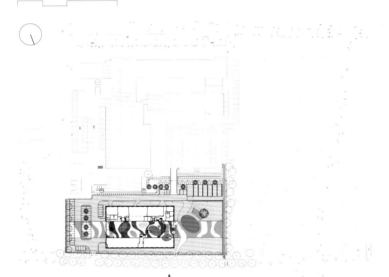

A

98

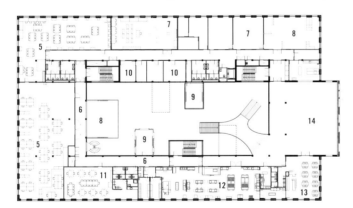

`0  2  5      10m`

ORANJELAAN 300
ROERMOND

ARCHITECT:
LIAG, DEN HAAG/THE HAGUE
PROJECTARCHITECT/PROJECT
ARCHITECT:
ERIK SCHOTTE
PROJECTTEAM/PROJECT TEAM:
CAREL VAN KUIJK (MEDEWERKEND
ARCHITECT/COLLABORATING
ARCHITECT), HARMEN LANDMAN
(PROJECTLEIDER/PROJECT MANAGER),
MARTIN PASMAN (BOUWKUNDIG
TEKENAAR/ARCHITECTURAL
DRAWINGS); ARIE AALBERS (BOUW-
KUNDIG ADVISEUR/STRUCTURAL
CONSULTANT); HONG SIEM (BESTEK-
SCHRIJVER/CONSTRUCTION
SPECIFIER)
PROJECTMANAGEMENT/PROJECT
MANAGEMENT:
HEVO B.V. 'S-HERTOGENBOSCH

ONTWERP--OPLEVERING/
DESIGN--COMPLETION:
2004–2007
OPDRACHTGEVER/CLIENT:
STICHTING ONDERWIJS MIDDEN
LIMBURG, ROERMOND
AANNEMER/CONTRACTOR:
MERTENS BOUWBEDRIJF B.V. WEERT
CONSTRUCTEUR/STRUCTURAL
ENGINEER:
VAN DE LAAR, EINDHOVEN
INTERIEURARCHITECT/INTERIOR
DESIGNER:
LIAG, DEN HAAG/THE HAGUE
INTERIEURBOUW/INTERNAL
CONSTRUCTION:
VD HAM MEUBEL EN INTERIEUR-
BOUW B.V., BERKEL EN RODENRIJS
(BAR EN BALIE/BAR AND RECEPTION
DESK)
KUNSTENAAR/ARTIST:
SJEF DRUMMEN
KALE BOUWSOM/BASIC BUILDING

COSTS:
€ 7.125.300
BOUWKOSTEN PER M²/BUILDING
COSTS PER M²:
€ 900
FOTO'S/PHOTOS:
IEMKE RUIGE

Niekée verenigt de bovenbouw van drie bestaande vmbo-scholen in de regio Roermond. De school is in eerste instantie bedoeld voor de leerlingen van de bestaande scholen, maar trekt intussen een veel groter publiek dan aanvankelijk voorzien. Het programma voor de school, waarvan de naam refereert aan die van de Griekse godin van de overwinning, is door het nieuwgevormde onderwijs- team ontwikkeld, bedoeld om met bestaande tradities te breken. De missie van Niekée is de leerlingen voor te bereiden op een leven lang leren, waarbij ze het realiseren van een optimaal persoonlijk rendement als uitdaging moeten zien. Het gebouw moet deze missie ondersteunen. Het bestaat uit een opvallend kleurig, aan de buitenkant onopvallend vormgegeven langgerekt rechthoekig volume met een boven de uitgang uitkragend deel waarvan de willekeurig geplaatste ramen in de vorm van glazen koepels het meest karakteristiek zijn. Binnen bestaat het gebouw uit een hoge open ruimte met daaromheen een schil met onderwijsruimtes – merendeels voor projectgericht onderwijs. De sfeer van elke afdeling wordt bepaald door het aanbod aan vakken. Kenmerkend zijn de 'dozen' die als losse volumes in de centrale ruimte hangen, en het golvende kleurpatroon van de vloer, dat naar buiten toe is door- gezet. Gemeenschappelijke ruimtes voor grote en kleine groepen, lounges en de ontmoetingsplekken in de hangende dozen verlenen Niekée haar bijzondere identiteit. Deze hebben ook een functie bij het samenbrengen van leerlingen van verschillende etnische en religieuze achtergrond. Het gebouw speelt zo een rol in een meermalen bekroond integratieprogramma van de school, waarin hoogtepunten van de Europese cultuur centraal staan, omdat de meeste leerlingen hier hun toekomst zullen opbouwen.

Niekée (the name is an allusion to Nike, the Greek goddess of victory) was in first instance built to house the senior levels of three existing pre-vocational secondary schools in the Roermond region, but it is now attracting a much bigger enrolment than originally envisaged. The school's programme, which was devised by its newly formed educational team, is designed to break with existing traditions. Niekée's mission is to prepare pupils for life-long learning aimed at maximum personal development. The building was required to support this mission. From the outside it presents as a colourful and striking- looking rectangular volume bisected by a white central section that cantilevers out over the entrance. The randomly arranged dome-shaped windows in this section are the building's most distinctive feature. Inside, the building consists of a high, open space surrounded by a shell of educational spaces, mainly geared to project-based learning. The ambience of each department is determined by the subjects being taught there. The most distinctive features of the interior are the 'boxes' hanging freely in the central space, and the wavy colour pattern on the floor which continues outside. The meeting places for large and small groups in the hanging boxes are what give Niekée its unique identity. They also play a role in bringing together pupils from different ethnic and religious backgrounds. And in this way, the building plays its part in the school's much-awarded integration programme focusing on the high points of European culture, since it is here that most of the pupils will build their future.

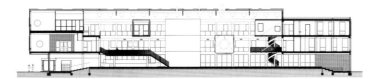

DE ZWARTE HOND

FACULTEITSGEBOUW WISKUNDE EN NATUURWETENSCHAPPEN RIJKSUNIVERSITEIT GRONINGEN/STATE UNIVERSITY MATHEMATICS AND PHYSICS FACULTY BUILDING

NIJENBORGH 9
GRONINGEN

ARCHITECT:
DE ZWARTE HOND,
GRONINGEN/ROTTERDAM
PROJECTTEAM:
JURJEN VAN DER MEER, HENK
SPOELSTRA, THON KARELSE, RONALD
KOEKOEK, WIM FEITH, PAUL VAN
BUSSEL, MIRJAM DE JOODE, BONNIE
GROENEWOLD, NICOLE LAGARDE,
MARCO ARTS, RICARD HERNANDEZ,
MARLON REGIEN
VERANTWOORDELIJKE
STEDENBOUWER/URBAN PLANNER:
WEST 8 URBAN DESIGN &
LANDSCAPE ARCHITECTURE,
ROTTERDAM
ONTWERP–OPLEVERING/
DESIGN–COMPLETION:
2004–2007
OPDRACHTGEVER/CLIENT:

RIJKSUNIVERSITEIT GRONINGEN
AANNEMER/CONTRACTOR:
BAM UTILITEITSBOUW BV REGIO
NOORD, GRONINGEN
CONSTRUCTEUR/STRUCTURAL
ENGINEER:
INGENIEURSBUREAU WASSENAAR BV,
HAREN
INTERIEURARCHITECT/INTERIOR
DESIGNER:
DE ZWARTE HOND, GRONINGEN/
ROTTERDAM
LANDSCHAPSARCHITECT/LANDSCAPE
ARCHITECT:
WEST 8 URBAN DESIGN &
LANDSCAPE ARCHITECTURE,
ROTTERDAM
KALE BOUWSOM/BASIC BUILDING
COSTS:
€ 12.200.000 (EXCL. INSTALLATIES/
BUILDING SERVICES)/
€ 16.450.000 (INCL. INSTALLATIES/
BUILDING SERVICES)

BOUWKOSTEN PER M²/BUILDING
COSTS PER M²:
€ 900 (EXCL. INSTALLATIES/
BUILDING SERVICES)/
€ 1.200 (INCL. INSTALLATIES/
BUILDING SERVICES)
FOTO'S/PHOTOS:
JEROEN MUSCH

FOTO/PHOTO **HARRY COCK**

De Faculteit Wiskunde en Natuurwetenschappen van de Rijksuniversiteit Groningen bevindt zich op een campus in het noorden van de stad. West 8 ontwikkelde hiervoor een reconstructieplan dat voorziet in een open landschap met objectmatige gebouwen met een duidelijke eigen uitstraling. Autoverkeer werd naar een ringweg verwezen, alleen voetgangers, fietsers en het openbaar vervoer worden op de campus toegelaten. De context voor het faculteitsgebouw is hiermee gegeven: een sprekend, losstaand gebouw in een groene setting. Het bevat geclusterde ruimtes voor het bestuur en de centrale diensten van de faculteit, en daarnaast in een algemeen programma (restaurant, bibliotheek), collegezalen en gestandaardiseerde (onderwijs)ruimtes. Dit programma vormt de aanleiding voor een tweedeling tussen generieke, meer openbare functies op de onderste twee lagen, die als een glazen plint zijn vormgegeven, en daarboven een kamstructuur van vier tot vijf lagen met twee open patio's. Die kamstructuur is omgeven door een halftransparante, gezeefdrukte glazen gevel. Samen met de opdrachtgever werd de indigoblauwe kleur gekozen, omdat die het gebouw als een opvallend object markeert. De plint is niet overal even hoog. De ruimtebehoefte van de collectieve voorzieningen en de oplopende vloer van de collegezalen erboven zorgen, met de vides, terrassen en trappartijen voor een zekere dynamiek. Dit effect wordt nog versterkt door een van de collegezalen ogenschijnlijk los boven de plint te laten zweven. Het gebouw wordt ontsloten vanuit de beletage, die bereikbaar is met een trapsgewijs oplopende vloer bij het restaurant.

The Faculty of Mathematics and Physics at Groningen University is located on a campus on the north side of the city. A reconstruction plan drawn up by West 8 envisages the campus as an open landscape dotted with individual, eye-catching buildings. Car traffic is relegated to a ring road and only pedestrians, cyclists and public transport are allowed entry to the campus. This, then, was the context for the new faculty building: an expressive, free-standing building in green surroundings. It comprises clustered spaces for the faculty administration and central services plus general amenities (restaurant, library), lecture rooms and standard classrooms. This programme suggested a division between generic, more public functions on the two lowest floors, which take the form of a glazed plinth, and above that four to five floors arranged in an E-shape around two open patios. These upper floors are enclosed by a semi-transparent, screen-printed glass facade. The striking indigo blue colour, which makes the building stand out, was chosen in consultation with the client. The plinth varies in height. The space required by the collective amenities and the raked floors of the lecture rooms generate a series of voids, terraces and staircases that together make for a lively interior world. This effect is heightened by one of the lecture rooms which appears to float above the plinth. The building is entered at first-floor level via a stepped floor near the restaurant.

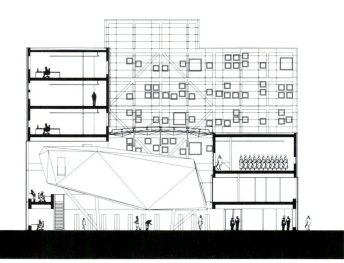

SITUATIE/SITE PLAN
A   NIJENBORGH
B   ZERNIKELAAN

DOORSNEDEN/SECTIONS

TWEEDE, EERSTE VERDIEPING,
BEGANE GROND/SECOND, FIRST,
GROUND FLOOR

1   ENTREE/ENTRANCE
2   TENTOONSTELLINGSRUIMTE/
     EXHIBITION SPACE
3   BIBLIOTHEEK/LIBRARY
4   RESTAURANT
5   KANTOOR/OFFICE
6   BERGING/STORAGE
7   WINKEL/SHOP
8   COLLEGEZAAL/LECTURE HALL
9   FACULTY CLUB
10   RECEPTIE/RECEPTION

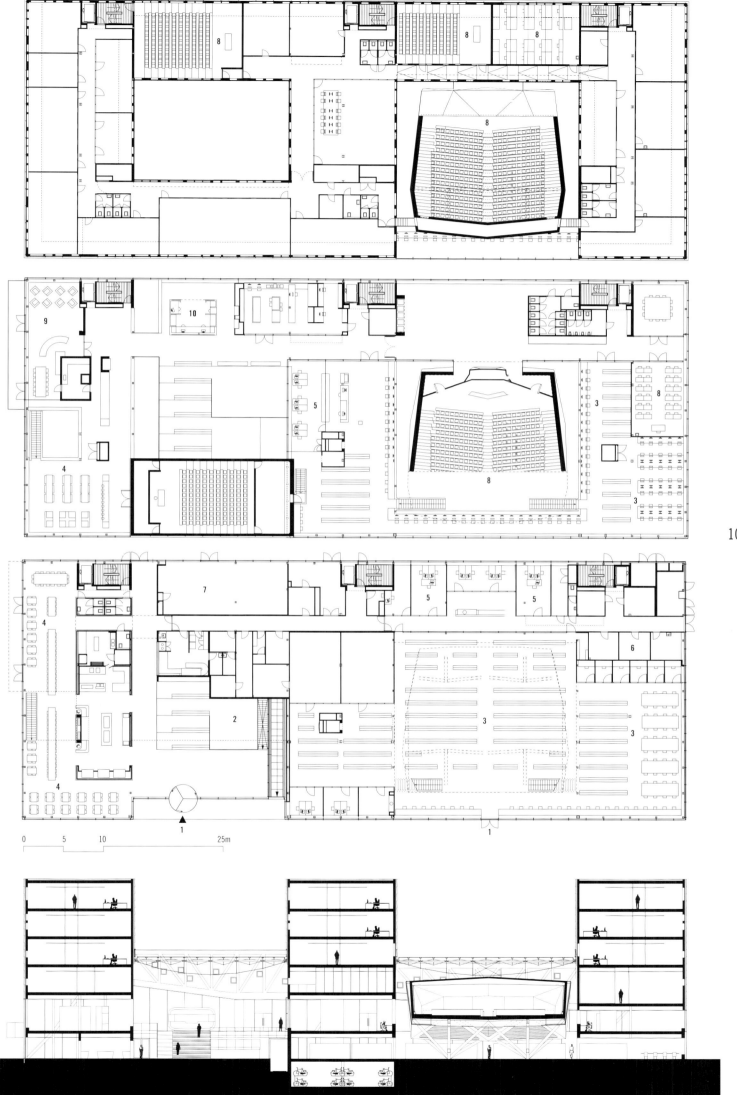

DKV
INSULA COLLEGE

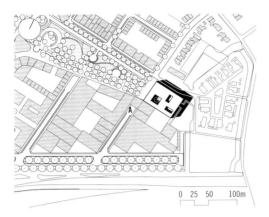

0 25 50 100m

ROMBOUTSLAAN 34
DORDRECHT

ARCHITECT:
DKV ARCHITECTEN, ROTTERDAM:
ROEL BOSCH, HERMAN DE KOVEL,
WICO VALK, PAUL DE VROOM
PROJECTARCHITECTEN/PROJECT
ARCHITECTS:
ROEL BOSCH, PAUL DE VROOM
MEDEWERKERS/CONTRIBUTORS:
JÖRN SCHIEMANN, THIJS DE HAAN,
ANNEMARIE EIJKELENBOOM,
EDWARD SCHUURMANS, HANS
OLDENBURGER, BRITTA NEUMANN,
MONIKA PIEROTH
VERANTWOORDELIJKE

STEDENBOUWER/URBAN PLANNER:
WEST 8 URBAN DESIGN & LAND-
SCAPE ARCHITECTURE, ROTTERDAM
ONTWERP–OPLEVERING/
DESIGN–COMPLETION:
2005–2006
OPDRACHTGEVER/CLIENT:
HEIJMANS BOUW, ROTTERDAM;
PROPER STOK, ROTTERDAM
AANNEMER/CONTRACTOR:
HEIJMANS BOUW, ROTTERDAM
CONSTRUCTEUR/STRUCTURAL
ENGINEER:
INGENIEURSBUREAU ZONNEVELD,
ROTTERDAM
INTERIEURARCHITECT/INTERIOR
DESIGNER:

DKV ARCHITECTEN, ROTTERDAM
(GEDEELTELIJK/IN PART)
LANDSCHAPSARCHITECT/LANDSCAPE
ARCHITECT:
WEST 8 URBAN DESIGN &
LANDSCAPE ARCHITECTURE,
ROTTERDAM
KALE BOUWSOM/BASIC BUILDING
COSTS:
€ 6.240.000 (INCL. INSTALLATIES/
BUILDING SERVICES)
BOUWKOSTEN PER M²/BUILDING
COSTS PER M²:
€ 1.040 (INCL. INSTALLATIES/
BUILDING SERVICES)
FOTO'S/PHOTOS:
BASTIAAN INGENHOUSZ

De overgang tussen leren en werken is niet altijd eenvoudig. Menging van bedrijfsleven en onderwijs kan daar verandering in brengen. Dat is de achterliggende filosofie van de 'leerboulevard' in Dordrecht. Voor een driehoekig areaal dat ligt ingeklemd tussen een drukke randweg en een lawaaiige spoorlijn ontwierp West 8 een stedenbouwkundig plan. Bedrijven die van lawaai weinig hinder ondervinden, worden achter een geluidswal langs de randweg en de spoorlijn geplaatst. Kern van het plan is een leerboulevard die wordt omzoomd door vier scholen, sport- en informatiecentra en een hotel. Het Insula College, school voor vmbo, vormt een stedenbouwkundige dominant die de leerboulevard afsluit. Door een vrij indeelbaar gebouw met een grote maat te tekenen, bleek het mogelijk de veranderingen op te vangen die nodig werden toen een andere locatie in beeld kwam. Projectonderwijs neemt in het Insula College een belangrijke plaats in en vervangt er zo veel mogelijk het traditionele klassikale onderwijs. De school heeft een rechthoekige plattegrond en bestaat uit drie lagen, waarvan de begane grond een extra grote verdiepingshoogte kreeg. De ingangspatio opent zich aan twee kanten onder de bovenliggende verdiepingen naar buiten en geeft toegang tot een centrale hal die het hele complex ontsluit. Een trap voert naar de centrale corridor op de eerste verdieping, die uitzicht geeft op de ingangspatio. Hier bevinden zich de kleinere lokalen en lesruimtes, die vooral door de onderbouw worden gebruikt, en twee kleine patio's. Op de tweede verdieping, waar de bovenbouw is ondergebracht, is het projectonderwijs het verst doorgevoerd. Doorzichtige en ondoorzichtige glazen platen wisselen elkaar op de eerste en tweede verdieping schijnbaar willekeurig af. Vierkante, identieke vloerplaten rusten direct op een betonconstructie van vierkante palen op een ruim stramien. Veranderingen – bijvoorbeeld een terugkeer van het klassikaal onderwijs – zijn daardoor betrekkelijk gemakkelijk te realiseren.

The transition from school to work is not always simple. A closer physical relationship between business and education might help to change that. This at any rate is the philosophy behind an 'educational business park' in Dordrecht. West 8 drew up a spatial masterplan for a triangular plot of land wedged between a busy by-pass road and a noisy railway line. Businesses that are not unduly affected by noise are located behind a noise barrier adjacent to the road and the railway line. The heart of the plan is a learning boulevard lined by four schools, sports facilities, an information centre and a hotel. Insula College, a centre of pre-vocational secondary education, forms the spatially dominant termination of the boulevard. Thanks to the architects' foresight in designing a large building with flexible floor plans, they were able to incorporate the changes made necessary by a subsequent change of location. Project learning is paramount at Insula College and has all but replaced traditional classroom learning. The school is rectangular in plan and spread over three storeys, the lowest of which has an exceptionally tall floor-to-ceiling height. The L-shaped, fully glazed entrance patio on the ground floor ushers people towards a central hall which provides access to the rest of the complex. A stair leads up to the central corridor on the first floor, which overlooks the entrance patio. The first floor contains the smaller classrooms and workshops, used primarily by the junior classes, and two small patios. The layout of the second floor, where the senior classes are concentrated, is determined by project learning. On both these floors, transparent and opaque glass panels alternate with apparent randomness. Identical rectangular floor plates bear directly on a widely spaced grid of square concrete columns so that any future changes – such as a return to classical classroom learning – should be relatively easy to accommodate.

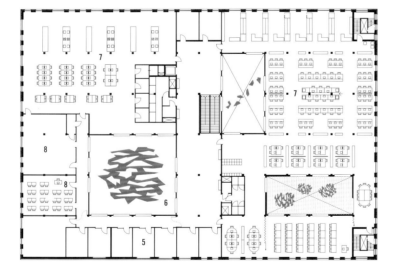

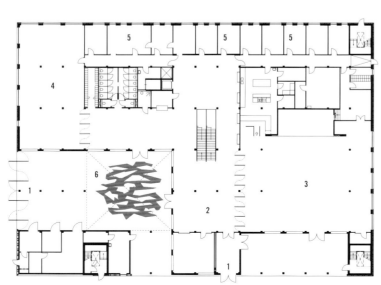

SITUATIE/SITE PLAN	1 ENTREE/ENTRANCE	7 PRAKTIJKLOKAAL/PRACTICAL
A ROMBOUTSLAAN	2 HAL/HALL	CLASSROOM
	3 KANTINE/CANTEEN	8 LESLOKAAL/CLASSROOM
EERSTE VERDIEPING, BEGANE	4 TENTOONSTELLINGSRUIMTE/	
GROND/FIRST, GROUND FLOOR	EXHIBITION SPACE	
	5 KANTOOR/OFFICE	
DOORSNEDEN/SECTIONS	6 PATIO	

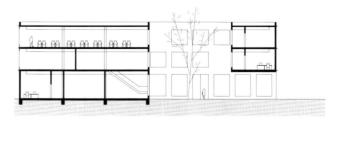

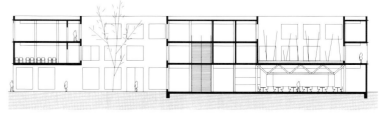

FOTO/PHOTO **JEROEN MUSCH**

MARLIES ROHMER

DE MATRIX, BREDE SCHOOL/ COMMUNITY SCHOOL

In de nieuwbouwwijk Marslanden, een woon- en werkgebied waar retroarchitectuur de toon aangeeft, is een groot deel van de onderwijs- en zorgvoorzieningen samengebracht in een brede school. Deze bevat een protestants-christelijke en een openbare school, ruimtes voor kinderopvang, een peuterspeelzaal, een praktijkzaal voor fysiotherapie en logopedie, twee gymzalen, een multi-functioneel 'meersportenplein' en een gemeenschapsruimte. De Matrix bestaat uit een centraal vierkant bouwdeel met twee lagen met op het dak een door een hoge wand omheind sportveld, en op de hoeken vier eveneens vierkante satellieten, waarvan twee uit één laag bestaan, de andere uit twee lagen. Deze satellieten beschikken over eigen ingangen en zijn ook vanuit de centrale hal te bereiken. Het hart van het complex bestaat uit een aula met een verdiepte vloer in het centrale deel, die met de speel- en vergaderruimtes eromheen tot een grote gemeenschapsruimte is om te vormen. Ook de vier satellieten zijn rond een centrale hal georganiseerd. De samenstelling van het programma bepaalt de geleding in vijf hoofdvolumes. Deze matrix maakt het mogelijk deze brede school flexibel in te delen, zonder aantasting van het markante voorkomen. Verantwoordelijk daarvoor is de opvallende afwerking van het exterieur. De begane grond bestaat uit een ononderbroken glazen strook met daarboven de voor dit ontwerp karakteristieke vierkante gevelplaten. Deze bestaan uit met de hand afgewerkte, diepe kunststofelementen met een diep, vierkant reliëf. De omrastering van het sportveld op het dak bestaat uit een glazen strook die met dezelfde elementen is bekroond. Daardoor lijkt De Matrix veel groter dan ze in werkelijkheid is.

In the new Marslanden district, a live-work suburb where retro architecture sets the tone, practically all the educational and care provisions have been gathered together under one roof in a 'community school', a clustering that is becoming increasingly popular in the Netherlands. The Matrix comprises a Protestant and a public primary school, a day care centre, a nursery school, consulting rooms for physiotherapy and speech therapy, two gyms, a multi-purpose 'multi-sports field' and a community room. The complex consists of a central, two-storey square volume. On the roof is a sports field surrounded by a high wall and at each corner a 'satellite' square block, two of which are single-storey volumes and the other two one-storey. These satellites have their own entrances but can also be reached via the central hall. The spatial and emotional heart of the complex is an auditorium with a sunken floor which can be turned into one large communal space by opening up the doors of the surrounding play and meeting rooms. The four satellites are also organized around a central hall. The make-up of the programme determined the five-volume configuration. This 'matrix' provides a flexible layout which ensures that future changes will not impinge on the complex's striking, high quality exterior. Above a continuous glass facade on the ground floor is a distinctive cladding of square facade panels developed especially for this project. The thick, hand-moulded elements of fibre-reinforced polyester have a deep square relief. The fencing around the rooftop sports field consists of a band of glazing topped by a row of the same facade elements, the effect of which is to make The Matrix look bigger than it really is.

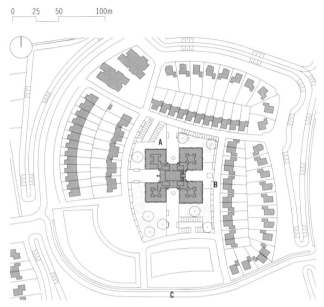

SITUATIE/SITE PLAN
A ERVE ODINCK
B ERVE NIJSINCK
C VOLTELENSTRAAT

BEGANE GROND, EERSTE, DAK-
VERDIEPING/GROUND, FIRST FLOOR,
ROOF LEVEL
A OPENBARE BASISSCHOOL/
   STATE-RUN PRIMARY SCHOOL
B PROTESTANTS-CHRISTELIJKE

BASISSCHOOL/CHRISTIAN
PRIMARY SCHOOL
C DIVERSE PARTICIPANTEN/
   SEVERAL PARTICIPANTS
D KINDERDAGVERBLIJF/DAY
   NURSERY
E GEMEENSCHAPPELIJK/SHARED

1 GROEPSRUIMTE/GROUP SPACE
2 VERWERKINGSRUIMTE/
   PROCESSING ROOM

3 DIRECTEUR/DIRECTOR
4 BERGING/STORAGE
5 PEUTERSPEELZAAL/PLAYGROUP
6 FYSIOTHERAPIE/PHYSIOTHERAPY
7 SLAAPRUIMTE/SLEEPING
   ACCOMODATION
8 HANDVAARDIGHEID/HANDICRAFTS
9 VERGADERRUIMTE/CONFERENCE
   ROOM
10 GYMZAAL/GYM
11 KLEEDRUIMTE/CHANGING ROOM

ERVE ODINCK 3-7
HARDENBERG

ARCHITECT:
ARCHITECTENBUREAU MARLIES
ROHMER, AMSTERDAM
PROJECTARCHITECT/PROJECT
ARCHITECT:
MARLIES ROHMER
MEDEWERKERS/CONTRIBUTORS:
SIMONE VAN DEN BRINK
(MEDEWERKEND ARCHITECT/
COLLABORATING ARCHITECT),
FLORIS HUND (MEDEWERKEND
ARCHITECT/COLLABORATING
ARCHITECT), GIENEKE PIETERSE
(PROJECTCOÖRDINATIE/PROJECT
COORDINATION), CHARLES HUEBER,
BORIS BRIELS, KLAAS NIENHUIS,
IRENE ZANDHUIS, RIKJAN SCHOLTEN,
QUIRIJN OUDEGEEST
VERANTWOORDELIJKE
STEDENBOUWER/URBAN PLANNER:
MARSLANDEN B.V., ALMELO
ONTWERP-OPLEVERING/
DESIGN-COMPLETION:
2004-2007
OPDRACHTGEVER/CLIENT:
GEMEENTE HARDENBERG
BOUWMANAGEMENT/CONSTRUCTION
MANAGEMENT:
ABC MANAGEMENT GROEP BV, ASSEN
AANNEMER/CONTRACTOR:
BOUWBEDRIJF BOSCH BV, OLST

CONSTRUCTEUR/STRUCTURAL
ENGINEER:
SCHREUDERS BOUWTECHNIEK BV,
HENGELO
GEVELELEMENTEN/FACADE
ELEMENTS:
POLUX BV, ENKHUIZEN
INTERIEURARCHITECT/INTERIOR
DESIGNER:
ARCHITECTENBUREAU MARLIES
ROHMER, AMSTERDAM
LANDSCHAPSARCHITECT/LANDSCAPE
ARCHITECT:
ARCHITECTENBUREAU MARLIES
ROHMER, AMSTERDAM
KALE BOUWSOM/BASIC BUILDING
COSTS:
€ 5.625.000 (INCL. INSTALLATIES
EN TERREININRICHTING/BUILDING
SERVICES AND SITE LAYOUT
BOUWKOSTEN PER M²/BUILDING
COSTS PER M²:
€ 870 (INCL. INSTALLATIES EN
TERREININRICHTING/BUILDING
SERVICES AND SITE LAYOUT
FOTO'S/PHOTOS:
JEROEN MUSCH

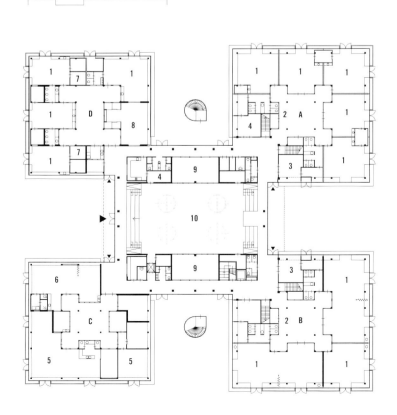

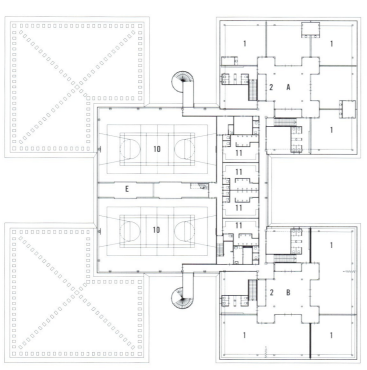

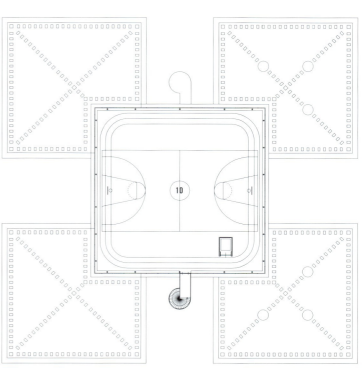

HUNDERT-WASSER

RONALD MCDONALD KINDERVALLEI

ONDERSTE STRAAT 29
VALKENBURG AAN DE GEUL

ARCHITECT:
FRIEDENSREICH HUNDERTWASSER
PROJECTARCHITECT/
PROJECTMANAGMENT:
SPRINGMANN ARCHITECTUR, STUTT-
GART; PROCESS-BBFM, MAASTRICHT
MEDEWERKERS/CONTRIBUTORS:
CAUBERG-HUYGEN, MAASTRICHT
(ADVISEUR BOUWFYSICA EN
AKOESTIEK/ACOUSTICS AND
BUILDING PHYSICS CONSULTANT);
K+ ADVIESGROEP INSTALLATIES,
MAASTRICHT
VERANTWOORDELIJKE
STEDENBOUWER/URBAN PLANNER:
BURO SPRINGMANN, STUTTGART
ONTWERP-OPLEVERING/
DESIGN-COMPLETION:
1987-2007
OPDRACHTGEVER/CLIENT:

RONALD MCDONALD KINDERVALLEI,
VALKENBURG AAN DE GEUL
AANNEMER/CONTRACTOR:
SMEETS BOUW, MAASTRICHT
CONSTRUCTEUR/STRUCTURAL
ENGINEER:
CASTERMANS, BERG EN TERBLIJT
INTERIEURARCHITECT/INTERIOR
DESIGNER:
BURO SPRINGMANN/PROCESS-BBFM
LANDSCHAPSARCHITECT/LANDSCAPE
ARCHITECT:
BURO SPRINGMANN/PROCESS-BBFM
KUNSTENAAR/ARTIST:
FRIEDENSREICH HUNDERTWASSER
KALE BOUWSOM/BASIC BUILDING
COSTS:
€ 7.000.000
BOUWKOSTEN PER M²/BUILDING
COSTS PER M²:
€ 3.500
FOTO'S/PHOTOS:
CHRYS STEEGMANS

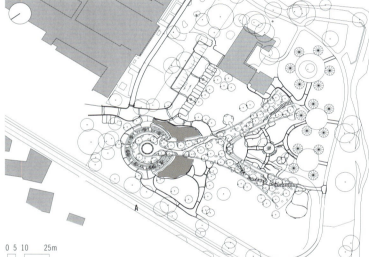

0 5 10   25m

Idealiter bestaat de wereld van kinderen uit sport en spel in een huiselijke omgeving waar hun ouders veiligheid en geborgenheid garanderen. Van dat alles worden ze beroofd wanneer ze in een ziekenhuis worden opgenomen. Ronald McDonald Huizen geven hun een speelse, vrolijke omgeving terug en, nog belangrijker, maken het hun ouders mogelijk steeds in de buurt te zijn. Architect Heinz Springmann realiseerde het eerste ontwerp in Nederland van de in 2000 overleden kunstenaar-architect Friedensreich Hundertwasser, en tevens het eerste Europese Ronald McDonald Huis dat is onder-gebracht bij een revalidatiecentrum in plaats van bij een zieken-huis. Het is bedoeld voor de familie van kinderen tussen drie en veertien jaar die in het ernaast gelegen Franciscusoord revalideren en voor meervoudig gehandicapte kinderen die er leren met hun beperkingen om te gaan. De Kindervallei bevat een huiskamer, waar ouders overdag kunnen verblijven, logeerkamers met gemeenschappelijke voorzieningen als een keuken en woonkamer, vakantieappartementen die het hele jaar door te gebruiken zijn, een theater en een 'infotheek'.
Het complex bestaat uit een 'regenboogspiraal' die met een brug is verbonden met een vleugel die zich in tweeën splitst. Aanvankelijk lag het in de bedoeling een door Hundertwasser voor Essen ontworpen project om te bouwen tot Ronald McDonald Huis, maar toen dat zich daar niet voor leende, bleek een ander onuitgevoerd project wel voor dit specifieke doel geschikt te maken. Springmann realiseert met de Kindervallei zijn achtste project van Hundert-wasser. De karakteristieken ervan zijn overbekend: organische vormen, geen standaardisatie (alle ramen zijn verschillend), volumes die door de uitbundige kleurtoepassing worden gebroken, veel handwerk, begroeide daken en gevels. Met de verzameling witte wigwams eromheen vormt deze 'regenboogspiraal' een opvallend element in het idyllische Limburgse landschap.

Ideally a child's world should consist of sport and play in a domestic setting where the parents guarantee their safety and security. All this is taken away from them when they are admitted to hospital. Ronald McDonald Homes give sick children a playful and cheerful environment and, even more importantly, make it possible for their parents to stay close by. Architect Heinz Springmann built the first design by the late Friedensreich Hundertwasser (1928–2000) to be realized in the Netherlands and, simultaneously, the first European Ronald McDonald Home to be located next to a convalescent centre rather than a hospital. The Kindervallei (Children's Valley) is intended for the parents and siblings of children aged from three to fourteen years who are recovering from physical injuries or learning to cope with multiple disabilities in the neighbouring Franciscusoord rehabilitation centre. It contains a lounge room, where parents can stay during the day, guest rooms with shared facilities like a kitchen and living room, holiday apartments that can be used all year long, a theatre and an 'info library'. The complex consists of a 'rainbow spiral' that is connected by a bridge to a wing that splits in two. The initial idea had been to convert a design Hundertwasser had made for Essen into a Ronald McDonald Home, but when this proved unfeasible, another unrealized plan came to light which turned out to be suitable for adaptation. The Kinder-vallei is Springmann's eighth Hundertwasser project. The well-known Hundertwasser hallmarks are all there: organic shapes, no straight lines, no standardization (all the windows are different), volumes broken up by an exuberant use of colour, a lot of handcrafting, green roofs and facades. Together with its entourage of white wigwams, the 'rainbow spiral' is a striking apparition in the idyllic Limburg landscape.

0 5 10   25m

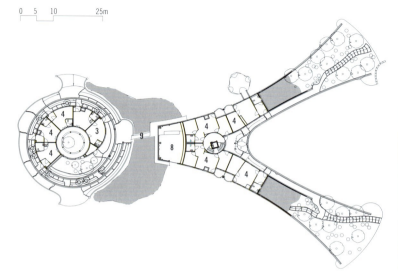

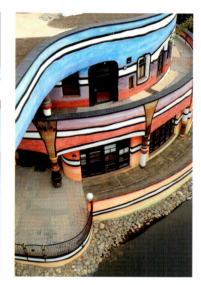

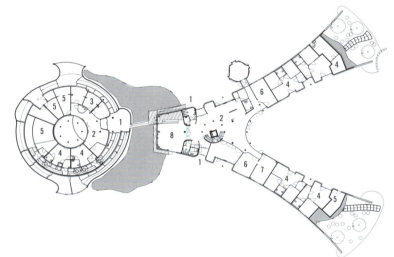

SITUATIE/SITE PLAN

A   ONDERSTE STRAAT

DOORSNEDE/SECTION

**EERSTE VERDIEPING, BEGANE
GROND/FIRST, GROUND FLOOR**

1   ENTREE/ENTRANCE
2   HAL/HAL
3   KANTOOR/OFFICE
4   LOGEERKAMER/GUEST ROOM
5   BERGING/STORAGE
6   SPEELKAMER/PLAYROOM
7   BIBLIOTHEEK/LIBRARY
8   HUISKAMER/LOUNGE ROOM
9   BRUG/BRIDGE

115

MARLIES ROHMER

DAGCENTRUM DE ZEESTER/ DE ZEESTER DAY CENTRE

Het terrein van de Willem van den Berghstichting in Noordwijk is typerend voor de klassieke buiteninrichtingen die de psychiatrie zo lang hebben gedomineerd. Voor de Willem van den Berghstichting ontwierp Felix Claus een masterplan dat de integratie van de psychiatrische patiënt wil bevorderen door het terrein open te stellen voor mensen zonder verstandelijke beperking. Dit plan verdeelt het terrein in een weide- en een bosgebied en voorziet in de plaatsing van markant vormgegeven losse gebouwen: betrekkelijk grote in het weidegebied, kleiner in de zone met bos. De Zeester is een gesloten afdeling voor de dagopvang van voornamelijk jongere patiënten. Gedurende hun verblijf is dit gebouw de enige omgeving waarover ze beschikken. Het bestaat uit een uit donkere baksteen opgetrokken volume van twee lagen met een plusvormige footprint. Door op de vier hoeken ruime balkons te plaatsen, heeft de tussenverdieping een vierkante plattegrond. De buitenruimte bevindt zich binnen het gebouw achter een hoge borstwering, die een onvriendelijke afrastering rond het perceel echter overbodig maakt. Achter een glazen pui bevindt zich een lichte centrale hal die vrijwel geheel in beslag wordt genomen door een brede houten trap. Deze hal is van de groepsruimtes eromheen afgescheiden door een gang, een oplossing die een gemakkelijke ontsluiting combineert met minimaal ruimteverlies. Hout binnen en donkere baksteen buiten zorgen voor een vriendelijke, duurzame materialisering, waarbij vooral de 275 keramische ronde raamopeningen opvallen, die corresponderen met ronde stalen raamomlijstingen in de vorm van patrijspoorten binnen. Ze zijn door verstandelijk gehandicapten met de hand vervaardigd en versterken het objectmatige, gesloten karakter.

The Willem van den Bergh Foundation's centre in Noordwijk was typical of the classic closed mental institution that has long dominated the practice of psychiatry in the Netherlands. The foundation engaged Felix Claus to produce a masterplan that would promote the social integration of psychiatric patients by opening the grounds to people without intellectual disabilities. The plan divides the grounds into a meadow and a wooded area dotted with strikingly designed, free-standing buildings – fairly large in the meadow area, smaller in the wooded zone. The Zeester (Dutch for 'starfish') is a closed day care unit for mainly younger patients. During their stay, this building is the only environment they know. It consists of a dark brick, two-storey volume with a cruciform footprint but a square floor plan at first floor level owing to the insertion of spacious balconies in the four corners. Outdoor space is located within the building behind a high parapet, thereby doing away with the need for an unfriendly perimeter wall. Behind a glass wall is a light-filled central hall that is almost entirely taken up by a wide wooden staircase. The hall is separated from the surrounding group rooms by a corridor, a solution that provides an efficient circulation system with a minimum loss of space. Wood panelling inside and dark brick outside make for a friendly, durable materialization; particularly striking are the 275 round ceramic window openings which correspond on the inside to round steel window frames in the form of portholes. They were made by hand by intellectually disabled people and reinforce the object-like, introverted character of the building.

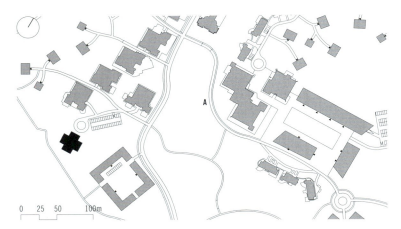

116

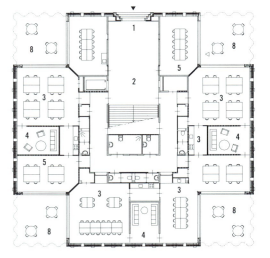

SITUATIE/SITE PLAN

A WINTERTUINLAAN

EERSTE VERDIEPING, BEGANE GROND/FIRST, GROUND FLOOR

DOORSNEDE/SECTION

1 ENTREE/ENTRANCE
2 CENTRALE HAL/CENTRAL HALL
3 GROEPSRUIMTEN/GROUP ROOMS
4 RUSTRUIMTE/REST-ROOM
5 KANTOOR/OFFICE
6 KEUKEN/KITCHEN

7 RESTAURANT
8 BUITENRUIMTE/OUTDOOR SPACE

ZWARTEWEG 20
NOORDWIJK

ARCHITECT:
ARCHITECTENBUREAU MARLIES ROHMER, AMSTERDAM
PROJECTARCHITECT/PROJECT ARCHITECT:
MARLIES ROHMER
MEDEWERKERS/CONTRIBUTORS:
FLORIS HUND (MEDEWERKEND ARCHITECT/COLLABORATING ARCHITECT), MICHIEL VAN PELT (PROJECT COORDINATOR), JOOST MULDERS (MEDEWERKEND ARCHITECT/COLLABORATING ARCHITECT), RENÉ VAN ZOEREN, KLAAS NIENHUIS
VERANTWOORDELIJKE STEDENBOUWER/URBAN PLANNER:
CLAUS EN KAAN ARCHITECTEN, AMSTERDAM
ONTWERP–OPLEVERING/

DESIGN–COMPLETION:
2003–2007
OPDRACHTGEVER/CLIENT:
'S-HEERENLOO WEST NEDERLAND, WILLEM VAN DEN BERGH, NOORDWIJK
AANNEMER/CONTRACTOR:
BOUWONDERNEMING STOUT BV, HARDINXVELD-GIESSENDAM
CONSTRUCTEUR/STRUCTURAL ENGINEER:
ADAMS BOUWADVIESBUREAU BV, DRUTEN
INTERIEURARCHITECT/INTERIOR DESIGNER:
ARCHITECTENBUREAU MARLIES ROHMER, AMSTERDAM
LANDSCHAPSARCHITECT/LANDSCAPE ARCHITECT:
NIEK ROOZEN, WEESP
KUNSTENAAR/ARTIST:
KERAMISCHE GEVELELEMENTEN/CERAMIC FACADE

ELEMENTS: MARLIES ROHMER, UITVOERING/PRODUCTION: COR UNUM, 'S-HERTOGENBOSCH
KALE BOUWSOM/BASIC BUILDING COSTS:
€ 1.485.900 (INCL. INSTALLATIES/ BUILDING SERVICES)
BOUWKOSTEN PER M²/BUILDING COSTS PER M²:
€ 1270 (INCL. INSTALLATIES/ BUILDING SERVICES)
FOTO'S/PHOTOS:
DARIA SCAGLIOLA/STIJN BRAKKEE

FOTO'S/PHOTOS **MARLIES ROHMER**

118

ARONS EN GELAUFF
DIERENOPVANGCENTRUM/ ANIMAL REFUGE

OOKMEERWEG 271
AMSTERDAM

ARCHITECT:
ARONS EN GELAUFF ARCHITECTEN BV,
AMSTERDAM
PROJECTARCHITECTEN/PROJECT
ARCHITECTS:
FLOOR ARONS, ARNOUD GELAUFF
MEDEWERKERS/CONTRIBUTORS:
ADRIE LAAN, RIANNE KREIJNE, JOOST
VAN BERGEN, MIREN ARAMBURU,
MARISKA KOSTER, CLAUDIA
TEMPERILLI, OLIVER RASCHE
ONTWERP–OPLEVERING/
DESIGN–COMPLETION:
2004–2007
OPDRACHTGEVER/CLIENT:
PROJECT MANAGEMENT BUREAU,
AMSTERDAM; STICHTING DIEREN-
OPVANGCENTRUM, AMSTERDAM
AANNEMER/CONTRACTOR:
BAM, AMSTERDAM

CONSTRUCTEUR/STRUCTURAL
ENGINEER:
VAN ROSSUM, AMSTERDAM
ADVISEUR BOUWFYSICA/BUILDING
PHYSICS CONSULTANT:
DGMR, ARNHEM
ADVISEUR INSTALLATIES/BUILDING
SERVICES CONSULTANT:
W+R INSTALLATIES, UTRECHT
LANDSCHAPSARCHITECT/LANDSCAPE
ARCHITECT:
DRO AMSTERDAM: RUWAN ALUVIHARE
TERREININRICHTING/LANDSCAPE
IMPLEMENTATION:
ROD'OR ADVIES, DE MEERN
KALE BOUWSOM/BASIC BUILDING
COSTS:
€ 4.100.000
BOUWKOSTEN PER M²/BUILDING
COSTS PER M²:
€ 707
FOTO'S/PHOTOS:
LUUK KRAMER

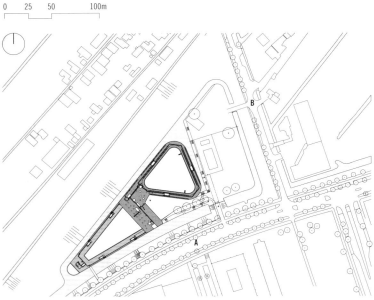

SITUATIE/SITE PLAN
A   OOKMEERWEG
B   OSDORPERWEG

TWEEDE, EERSTE VERDIEPING,
BEGANE GROND/SECOND, FIRST,
GROUND FLOOR
1   ENTREE/ENTRANCE
2   LOOPBRUG/FOOTBRIDGE
3   ONTVANGSTHAL/RECEPTION

4   VERBLIJVEN HONDEN/DOGS'
    QUARTERS
5   SPEELWEIDE HONDEN/DOGS'
    PLAY AREA
6   DIENSTWONING/STAFF
    RESIDENCE
7   KANTOOR/OFFICE
8   VERBLIJVEN KATTEN/CATS'
    QUARTERS
9   GALERIJ/GALLERY

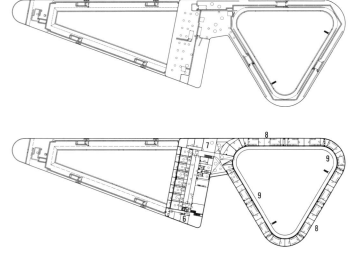

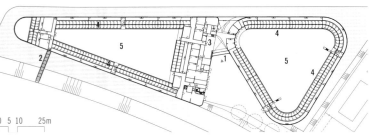

Huisdieren kunnen niet in alle gevallen bij hun verzorgers blijven. Soms is het niet mogelijk ze mee te nemen op reis, soms noopt ziekte of ander ongemak tot tijdelijke uitplaatsing. Ook komt het voor dat dieren zonder pardon aan hun lot worden overgelaten. Is onderbrenging bij gastgezinnen geen optie, dan biedt de geïnstitutionaliseerde dierenopvang uitkomst – overigens kan die alleen dankzij de inzet van vrijwilligers bestaan. Verschillende Nederlandse steden beschikken over dergelijke inrichtingen. Voor de grootste ervan, die zich in Amsterdam bevindt, ontwierpen Arons en Gelauff een nieuw onderkomen. Dat bestaat uit een bijna gelijkzijdige driehoek van twee verdiepingen, gekoppeld aan driehoek die zeer langgerekt is. Deze plattegrond maakt optimaal gebruik van het op het eerste gezicht onpraktische perceel waarop de dierenopvang is ondergebracht. Het dierenopvangcentrum vult dat nagenoeg compleet en staat met zijn sokkel bijna rondom in het water van de sloot eromheen. Het gebouw is maar zes meter dik en binnen beide driehoeken zijn voor de dieren grote speelruimtes open gebleven. De korte kant van de langgerekte driehoek is verdikt om onderdak te bieden aan de ingang, de personeelsvertrekken en de ziekenboeg. Deze centrale afdeling bestaat net als de kleine driehoek uit twee lagen. De open ruimte tussen beide bouwdelen fungeert als parkeerplaats voor de bezoekers. Het tegengaan van overlast door blaffende honden vormde een belangrijk ontwerp-criterium. Om die reden opent het gebouw zich uitsluitend naar de twee ruime binnenterreinen, waar uit baksteen gemaakte kluiven voor een vrolijke noot zorgen. Ook de plaatsing van de katten boven de hondenkennels in het hoge gedeelte draagt bij aan de vermindering van de geluidshinder. Alle hoeken zijn afgerond, waardoor een vloeiende vorm ontstaat. Langgerekte stroken in verschillende tinten groen markeren de buitenkant. Zo nestelt zich het asiel zich moeiteloos in het omliggende polderland.

Domestic pets cannot always remain by their owner's side. International travel, illness or some other mishap may compel an owner to seek temporary accommodation elsewhere. Sometimes, of course, animals are ruthlessly abandoned to their fate. If it is not possible to place them with a host carer or a pet hotel, another option is one of the animal refuges that are to be found in various Dutch cities – and which only function thanks to the dedication of volunteers. For the largest of these centres, in Amsterdam, Arons & Gelauff designed a new shelter. It consists of what is almost an equilateral triangle of two storeys, linked to a very elongated triangle. This plan makes optimal use of the centre's seemingly impractical plot. The new building almost completely occupies this plot and a large part of it stands with its plinth in the waters of the ditch that surrounds the plot. The building is only six metres deep and the centre of both triangles has been left open to create large exercise areas for the animals. The short side of the long triangle is deeper in order to accommodate the entrance, the staff quarters and the infirmary. This central section, like the smaller triangle, is two storeys high. The open space between the two triangles is a visitor car park. Minimizing the sound of barking dogs was an important design criterion and it is for this reason that the building only opens up towards the two large interior courtyards where brick knucklebones add a cheerful note. The decision to house the cats on the upper level above the dog kennels also helps to reduce the noise nuisance. All the corners are rounded, resulting a fluid form. Long bands in different shades of green mark the outside of the refuge, helping it to blend in with the surrounding polder landscape.

CUSTOMR
SPORTDOME/
SPORTS DOME

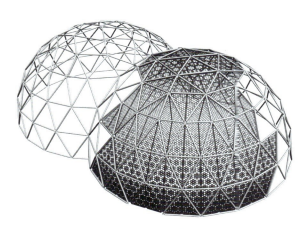

De sportdome van Willem van de Sluis combineert twee ogenschijnlijk tegenstrijdige werelden, die van het opgesloten zitten en die van de vrije tijd. Twee aan elkaar gekoppelde koepels bieden ontspanning aan 576 illegale asielzoekers. Ze bestaan uit halve bollen, opgebouwd uit een driehoekige draagstructuur aan de buitenkant met aan de binnenkant een beplating die is geperforeerd met een zeshoekig patroon. Bij de begane grond is de verhouding open-gesloten zodanig dat communicatie met de buitenwereld onmogelijk is, terwijl de gedetineerden toch naar buiten kunnen kijken. Naar boven toe is de verhouding omgekeerd, waardoor het bovenste deel van de koepel veel licht doorlaat. Het lijnenspel op de vloer bevat onder andere een kompas, dat de gevangenen enige oriëntatie biedt. 's Avonds zijn de koepels van binnenuit verlicht. De associatie met hemellichamen is duidelijk, ook binnen lijkt het spel van ronde openingen in een halve bol naar het uitspansel te verwijzen; iedere koepel heeft daarnaast zekere religieuze referenties: de Sint-Pieter in Rome, maar vooral het gangbare type van de moskee, hier versterkt door het gebruikte perforatiemotief. De sportdome, die tot stand kwam in het kader van de 1%-regeling voor de beeldende kunst, is demontabel en geschikt voor verschillende andere functies, mocht het fenomeen van de detentieboten – hopelijk snel – tot het verleden behoren.

The sports dome designed by Willem van de Sluis combines two seemingly contradictory worlds namely, captivity and leisure. Two linked domes provide 576 failed asylum seekers with an opportunity for recreation. They consist of half spheres made up of a triangular support frame on the outside and on the inside metal plating perforated with a hexagonal pattern. At ground level the ratio of open to closed is such as to make communication with the outside world impossible while still allowing the detainees to see out. As the height increases, so the ratio is reversed with the top of the dome admitting copious light. The system of lines on the floor includes a compass that provides detainees with some means of orientation. At night the domes are illuminated from within. The association with a heavenly body is obvious and inside the play of round openings in a half sphere also appears to refer to the firmament. Besides, all domes have certain religious associations – with St Peter's in Rome, but more especially with the classic mosque, reinforced here by the perforation motif. The sports dome, which owes its existence to the 1% ruling whereby developers reserve 1% of the construction budget for an artwork, is demountable and suitable for several different functions, should the detention boat phenomenon become (hopefully soon) a thing of the past.

RIJSHOUTWEG 16
ZAANDAM

ARCHITECT:
CUSTOMR INDUSTRIAL DESIGN,
AMSTERDAM: WILLEM VAN DER SLUIS
PROJECT MANAGEMENT:
EGM ARCHITECTEN, DORDRECHT:
DICK SCHRAM
ONTWERP–OPLEVERING/
DESIGN–COMPLETION:

2005–2007
OPDRACHTGEVER/CLIENT:
RIJKSGEBOUWENDIENST, DIRECTIE
PROJECTEN, DEN HAAG/THE HAGUE
AANNEMER/CONTRACTOR:
DOMES: ALES METAALTECHNIEK,
RHENEN: DICK SCHOLTUS
FUNDAMENTEN/FOUNDATION:
FLORIS INFRA, WORMERVEER
CONSTRUCTEUR/STRUCTURAL
ENGINEER

MERO-TSK INTERNATIONAL GMBH
CO. KG, WÜRZBURG; ALES METAAL-
TECHNIEK, RHENEN, CUSTOMR,
AMSTERDAM
KALE BOUWSOM/BUILDING COSTS:
DOMES: € 327.000
BOUWKOSTEN PER M²/BUILDING
COSTS PER M²:
€ 356

TRAAN LATEN

Het Centraal Station van Rotterdam was vijftig jaar lang het symbool van vertrekken of thuiskomen voor vele Rotterdammers. Miljoenen reizigers passeerden dit Rotterdamse icoon. Nu er hard wordt gewerkt aan een nieuw station, krijgt het gebouw van Sybold van Ravesteyn vlak voor de sloop nog één keer de aandacht. Bureau Lakenvelder ontwikkelde een ode aan het Centraal Station en de architect met een letterwisseling: de oude vertrouwde neonletters op het dak vormen de woorden **TRAAN LATEN**.
> www.bureaulakenvelder.com

SHED A TEAR

For fifty years, Rotterdam's Centraal Station was a symbol of departure and homecoming for many of the city's residents. Millions of travellers passed through this Rotterdam icon. With work on a new station precinct under way, the building designed by Sybold van Ravesteyn was in the spotlight one last time before disappearing forever. Bureau Lakenvelder composed an ode to the station and its architect by rearranging the giant neon letters that once spelt CENTRAAL STATION to form the words TRAAN LATEN, Dutch for 'shed a tear'.
> www.bureaulakenvelder.com

ARCHITECTUUR UIT NEDERLAND IN CHINA

Het Nederlandse architectuur- en bouw-
product vaart wel bij de enorme economische groei die China op dit moment
doormaakt. Met de Olympische Spelen in
aantocht is de Chinese markt bijzonder
lucratief, zijn de budgetten goed en is het
heerlijk bouwen zonder al die Europese
regeltjes.
> www.geledraak.nl

DUTCH ARCHITECTURE IN CHINA

Dutch architecture and construction are
doing well out of China's booming economy.
With the Olympic Games just around the
corner, the Chinese market is exceptionally
lucrative, budgets are generous and it is
oh, so liberating to be able to build without
all those niggling little European regulations.
> www.geledraak.nl

HULSHOF ARCHITECTEN

BANEKE VAN DER HOEVEN

NIEK ROOZEN

FÜN

NIEK ROOZEN

BERT ROOS   2005 7 14

BERT ROOS   2005

KUIPER COMPAGNONS

DHV

VHA

ATELIER DUTCH

OMA

NEXT ARCHITECTS

DHV

NEXT ARCHITECTS

KUIPER COMPAGNONS

KUIPER COMPAGNONS

NIEK ROOZEN

EEN AVONTUURLIJK PROCES

Bij veel Jaarboekprojecten dringt de vraag zich op naar het proces voorafgaand aan het gebouwde resultaat. Zeker dit jaar, waarin de redactie een uitzonderlijke hoeveelheid geslaagde projecten bezocht die doen vermoeden dat ze niet op de traditionele wijze van meervoudige opdracht, Europees aanbesteden, esthetische directie en op geld toegespitst projectmanagement tot stand zijn gekomen. Soms zijn het projecten waarbij vanuit het proces en de binnenkant is gewerkt en niet op basis van een eindbeeld. In andere gevallen zijn het projecten waarbij een bouwsysteem is toegepast, zonder industrieel van uiterlijk te zijn; waarbij een team van opdrachtgever, procesbegeleider en aannemer op basis van wederzijds vertrouwen op een goede uitkomst, een flinke dosis onzekerheid hebben geaccepteerd; waarbij de architect geselecteerd is voor een volledige opdracht op basis van zijn kunnen.

Wie was die opdrachtgever? Wie was de procesmanager? Hoe werd er aanbesteed? Wat was de rol van de architect in dit alles? Drie verhalen, gereconstrueerd aan de hand van interviews, bieden inzicht in drie volledig van elkaar verschillende maar even vruchtbare processen.[1] Drie projecten met een maatschappelijke betrokkenheid: 'De Kamers' in de Amersfoortse wijk Vathorst als voorbeeld van een geslaagd bottom-up-project, humaan, alternatief, eigenwijs en toch geaccepteerd in een verder conventionele omgeving; het Lokaal Opleidingen Centrum (LOC) in Hardenberg als voorbeeld van een geslaagd collectief, flexibel maar topdown-project, enigszins megalomaan maar zeker ook gezellig; en ten slotte Las Palmas in Rotterdam, als voorbeeld van een commerciële herontwikkeling, een duurzaam reclameobject en tegelijk een cultureel gebouw.

De Kamers, Vathorst, Amersfoort

Oktober 2003 wordt Korteknie Stuhlmacher gebeld: of ze een portakabin van een vlot jasje willen voorzien. Haar kantoorgenoot wil niet op dit soort vragen ingaan, maar Mechtild Stuhlmacher is meteen gecharmeerd van de vraagstellers: Jan van der Meulen, kunstenaar, en Jos van Oord, vinexdominee. Beiden wonen in een wijk in aanbouw en zijn daar bezig met het scheppen van een cultureel klimaat. Jan organiseert bijvoorbeeld vijverconcerten en Jos transformeert zijn kerk één keer in de maand tot bioscoop. Zij hebben elkaar gevonden in de gezamenlijke wens om een plek te creëren waar mensen elkaar kunnen ontmoeten en zich kunnen ontwikkelen, juist in een nieuwbouwwijk. Er is in alle enthousiasme een groot alles-of-niets-plan ontstaan dat echter té groot blijkt om realiseerbaar te zijn. Het idee is om maar klein te beginnen met één kamer en langzaam uit te groeien. Vanwege het budget en de nog niet vaststaande locatie wordt gedacht aan een portakabin mét een vlot jasje. Tegelijkertijd wordt contact gelegd met Arend de Jong van Andersson Elffers Felix, een gerenommeerd adviesbureau uit Utrecht. Zij bieden vanuit hun maatschappelijke betrokkenheid hun werkzaamheden kosteloos aan en adopteren het plan. Ze vinden het mooi dat dit initiatief door twee particulieren is bedacht, buiten de gangbare cultuur- en welzijnswereld om. Het plan is niet gemaakt vanwege beleidsvoornemens of gebaseerd op het gebruiken van subsidiemogelijkheden. Deze ongekende opzet is een uitdaging voor het organisatiebureau.

Bij het opstellen van een businessplan blijkt al snel dat een portakabin te klein is om inkomsten te genereren: met een investering van een ton bleek het plan niet sluitend te krijgen, een miljoen is realistischer. Korteknie Stuhlmacher kunnen het 'vlotte jasje' dus overslaan en mogen een voorstel maken zonder locatie en met een Programma van Eisen (PVE) bestaande uit een paar woorden: kamers, open haard, eten, theater en film. Vanuit de gedachte dat de ambities groot zijn maar de uitkomst nog uiterst onzeker, komen ze met het voorstel voor een groeimodel: Kamers kunnen later worden toegevoegd, maar ook tijdens het voorspelbaar langdurige realisatietraject. Dit model zonder grenzen past volledig in de filosofie van De Kamers. Ze presenteren het model in een flexibele maquette gemaakt uit de blokken van een kinderpuzzel. De blokken meten in werkelijkheid 7 x 7 x 7 m, een maat die ruimte geeft voor divers gebruik en een tussenverdieping mogelijk maakt.

Ook aan bedrijven die actief zijn in de wijk wordt het model, met de hoop op sponsoring, voorgeschoteld. De beide directeuren van het Ontwikkelingsbedrijf Vathorst zien de voordelen voor de ontwikkeling van de wijk en de woningverkoop en zij stellen tegen gunstige voorwaarden grond ter beschikking. De initiatiefnemers gaan door met het zoeken naar geld en Korteknie Stuhlmacher doet hetzelfde: ze zijn inmiddels zo gecharmeerd geraakt van het plan dat ze zelf een subsidie aanvragen in het kader van het programma industrieel en demontabel bouwen van het ministerie van Volkshuisvesting, Ruimtelijke Ordening en Milieubeheer. Dit blijkt een gouden greep: de uitvoeringssubsidie wordt toegekend aan de architect en dat brengt niet alleen de bouw een stuk dichterbij, maar verzekert tegelijkertijd het bouwen met de door de architect zo geliefde industriële houtbouwsystemen én – minstens zo belangrijk – betrokkenheid van Korteknie Stuhlmacher bij het hele bouwproces.

Inmiddels is het begin 2005. Er is een stichting opgericht en burgemeester en wethouders zijn groot voorstander van het project geworden. Ook is er een goede locatie gevonden: tussen een natuurboerderij en een scholengemeenschap. Maar financieel sluitend is het plan nog steeds niet. Het model is uitgegroeid tot een ontwerp dat bestaat uit dozen van verschillende maten, verschillende materialen en verschillende levensduren. Het is gaandeweg weer groter en daarmee duurder geworden en moet weer krimpen. Tegelijkertijd wordt er naar een aannemer gezocht. Het Ontwikkelingsbedrijf Vathorst stelt de lokale aannemer Schoonderbeek voor, die het project als prestigeproject wil bouwen en zij meedenken over de realisatie. Zonder dat de geschatte bouwsom volledig aanwezig is, wordt er uiteindelijk vol enthousiasme

gestart met de bouw. Alle partijen hebben langzamerhand zo veel geloof in het project gekregen dat ze er op vertrouwen dat het ook financieel goed zal komen. En dat vertrouwen blijkt terecht: als de bouw van De Kamers bijna klaar is, neemt woningcorporatie De Alliantie Eemvallei het pand én het beheer over. Zodoende hebben de initiatiefnemers na een lange aanloopperiode weer de handen vrij om zich met de inhoud van het project bezig te houden: met de programmering en de wijkbewoners.

Lokaal Opleidingen Centrum, Hardenberg

In 2000 is advies- en onderzoeksbureau Ecorys financieel en procesmatig betrokken bij het opzetten van het masterplan voor Hardenberg. Doel van dit masterplan is om het centrum van Hardenberg beter af te stemmen op de groei van het stadje en het sterker te profileren als regiocentrum. Ecorys stelt voor om als stedenbouwkundigen Mei architecten en stedenbouwers in te schakelen. Mei constateert dat er jarenlang toezeggingen zijn gedaan aan scholen en culturele instellingen, maar dat er uiteindelijk nog niets is gebouwd. Dit is aanleiding om als speerpunten van de centrumontwikkeling twee grootschalige projecten voor te stellen, die door hun schaal en positie orde zullen scheppen in het gefragmenteerde centrum. Het betreft het gemeentehuis en het Lokaal Opleidingen Centrum (LOC) met vier scholen, een muziekschool/creatief centrum, een bibliotheek, een parkeergarage en het Centrum voor Werk en Inkomen. Uit alle voorgaande politieke beloftes en het masterplan ontstaat in eerste instantie een verstandshuwelijk tussen verschillende argwanende partijen.

Onder leiding van de nieuwe wethouder Ruimtelijke Ordening, Douwe Prinsen, wordt een stuurgroep geformeerd met vertegenwoordigers van alle verschillende instellingen. Mei architecten krijgt aanvankelijk alleen de opdracht om een ruimtelijk model en het PVE op te stellen. Deze opdracht is zo klein dat er geen Europese aanbesteding voor gedaan hoeft te worden. Het PVE met het ruimtelijk model van een centrale hal wordt Europees aanbesteed bij verschillende bouwbedrijven om verder door architect, opdrachtgever en aannemer in een bouwteam te ontwikkelen. Mei moet zichzelf daarbij verkopen als architect voor het gebouw bij de aannemers, en dat lukt bij vier van de vijf inschrijvers: zij schrijven in voor de bouw, inclusief het werk vanaf Definitief Ontwerp (DO) van architect, constructeur en installatieadviseur. Tot het DO is de aannemer weliswaar betrokken bij het ontwerp, maar blijft de stuurgroep opdrachtgever om hun belang te laten prevaleren. Ook de opdracht voor het DO is klein genoeg om geen Europese aanbesteding te hoeven doen. Trebbe, een landelijk opererende aannemer, krijgt de opdracht, onder meer door de sterke lokale betrokkenheid.

Aannemer, PVE en opdrachtgevers zijn bekend, het ontwerp kan beginnen. Allereerst laat Mei voor de hand liggende synergievoordelen zien. Door bijvoorbeeld verkeersruimten, wc's en installatie te combineren, krimpt het programma. Deze ruimte wordt benut om lucht in het gebouw te kloppen met vier doorsnijdingen en een route dwars door het gebouw, de zogenaamde aorta. Door deze open ruimten te programmeren met onderdelen uit het PVE, worden ze groter en tegelijk onmisbaar. Daarnaast wordt er samen met de aannemer voor de vijf bouwdelen naar een optimaal en flexibel bouwsysteem gezocht. Dragende prefab betongevels zorgen voor een kolomvrije overspanning, alles op basis van het parkeergrid van de parkeergarage. Tachtig procent van het gebouw wordt daarmee generiek en dus zo flexibel opgezet dat de steeds veranderende ruimtevraag van het onderwijs kan worden geaccommodeerd. Een ander doel van deze flexibele opzet is dat het mogelijk wordt meer en meer synergievoordelen door te voeren. De verschillende opdrachtgevers raken gaandeweg steeds meer overtuigd van de voordelen van het delen. Zo wordt besloten om ruimtes met dure apparatuur, zoals de oven van handvaardigheid, te delen, om bibliotheken en studieplekken samen te voegen en presentatieruimtes te vergroten. Uiteindelijk blijkt een vijfde van het oorspronkelijke PVE gewonnen door het

KORTEKNIE STUHLMACHER, DE KAMERS, SCHETSONTWERP /DESIGN, MASSASTUDIES/ GROWTH MODEL STUDIES DECEMBER 2003

combineren van programmaonderdelen. Ook blijkt het binnen deze opzet goed mogelijk te schuiven met het programma en de trappen en liften, zodat de bezoekersstromen worden geoptimaliseerd en het gebouw beter beheerbaar wordt.

Las Palmas, Rotterdam

In 2003 kijkt Coen van Oostrom, de dan 33-jarige directeur van OVG Projectontwikkeling, uit het raam van zijn kantoor aan de Parklaan te Rotterdam. Wijzend naar Las Palmas aan de overkant van de Maas legt hij zijn werknemers zijn plannen met het gebouw uit. Het ontwikkelingsbedrijf van de gemeente heeft twaalf jaar lang gestudeerd op herontwikkeling van het gebouw en is uiteindelijk op basis van 40% bezetting door culturele instellingen gestart met de renovatie. Maar Van Oostroms overtuiging is dat het Ontwikkelingsbedrijf Rotterdam (OBR) zich moet beperken tot een initiërende rol, daarna dient de markt het verder op te pakken en kan de gemeente zich richten op een volgend project. Tegelijkertijd kan OVG zich meer cultureel profileren met het project. Hij wil daarom een ontwikkelingsplan maken voor het gebouw en dat aan de gemeente aanbieden. Deze actieve houding is normaal voor OVG, want anders dan traditionele projectontwikkelaars bezit het geen langjarige grondposities. Het is voor acquisitie derhalve afhankelijk van dit soort actieve planontwikkeling. Dit geeft OVG ook de mogelijkheid om breed te zoeken naar interessante projecten en daarbij snel in te spelen op marktbehoeftes. Daarbij wordt vaak samengewerkt met gemeenten: beweging krijgen in gebieden is een gezamenlijk belang, anders dan dat van beleggers, die zich vaak passief gedragen en kapitaal verkrijgen uit waardestijging.

OVG stapt dus simpelweg naar het OBR met een projectvoorstel voor ontwikkeling van de resterende 60% en het al ergens in het voortraject voorgestelde penthouse. Ze tonen met een concept en bijbehorende spreadsheets hun toegevoegde waarde aan, en bieden onder de streep zelfs een residuele koopprijs. Uitgangspunt blijft een gebouw met 40% culturele instellingen, met daarbij verhuurbare casco kantoorruimtes voor creatieven, een goed restaurant en het penthouse als luxe kantoor en blikvanger voor het wat utilitair ogende gebouw. Het OBR is geïnteresseerd, maar uiteindelijk is er een raadsbesluit nodig om het gebouw waar al zo veel plannen voor gemaakt zijn ook te kunnen verkopen.

Samen met het gebouw ontvangt OVG architect Benthem Crouwel en Bouwcombinatie Strukton-Jurriëns. Omdat de renovatie al is gestart, zit OVG vast aan een aantal voor hen uitzonderlijke afspraken. Ze zijn gewend om in teamverband een project te ontwikkelen en geloven in een open proces en daarbij hoort bij voorkeur geen meervoudige opdracht, geen openbare aanbesteding en geen architect die slechts esthetische directie voert. De renovatie blijkt echter openbaar aanbesteed, alleen het dak en het penthouse zijn nog niet geheel ontwikkeld. OVG besluit om het eigen kantoor in het penthouse te vestigen tegen een flinke huurprijs, waardoor het ambitieniveau kan worden opgeschroefd. Nu is er extra ruimte voor een dakpark en de opbouw wordt vanbinnen en vanbuiten verder uitgewerkt als blikvanger voor Las Palmas én OVG.

Ontsnapping

Zowel Architectuur Lokaal[2], Jeroen van Schooten, voorzitter van de BNA,[3] als Oliver Thill van Atelier Kempe Thill[4] vroeg het afgelopen jaar aandacht voor de Nederlandse invulling van de Europese regels. Als braafste jongetje van de klas is de Nederlandse uitleg daarvan veelal eendimensionaal. Luie adviesbureaus vertalen ze in al te simpele eisen waaraan de architectenbureaus hebben te voldoen: minimale omzetten en maximale ervaring. Dit risicomijdend gedrag komt boven op de al langer heersende trend tot marginalisering van de rol van de architect. Hij mag in een meervoudige opdracht zonder dialoog een ontwerp maken en met een beetje geluk wint hij de esthetische directie op het vervolg. Resultaat is een bouwproces waarbij iedereen verantwoordelijk is voor een klein deel en daarmee niemand voor het geheel. En dat vormt geen vruchtbare voedingsbodem voor goede architectuur. Maar het lijkt er op dat er hier en daar ontsnappingsmogelijkheden worden gevonden.

In een uniek project als De Kamers krijgen amateuropdrachtgevers door hun doorzettingsvermogen een project van te grond waar aanvankelijk niemand in gelooft, om uiteindelijk toch de 'normale' institutionele partijen over de streep te trekken. Bij OVG zie je een ontwikkelaar die over een zeker visionair talent beschikt, waardoor een moeizaam lopend project commercieel haalbaar wordt en zelfs een zekere glamour krijgt. In Hardenberg zie je hoe een klein stadje door een bevlogen wethouder en adviseurs twee bijzondere projecten weten te realiseren. Deze drie projecten tonen een aantal opvallende overeenkomsten. Er is een opdrachtgever die duidelijk is in zijn ambities en de architect als generalist een rol geeft. Er is een projectmanager die denkt vanuit het doel en niet alleen vanuit de zekerheden van procedures en financiën. Er is een ontwikkelaar of aannemer die creatief is en een visie heeft, die transparant is over de financiële rekensom, die het creëren van meerwaarde mogelijk maakt en daarmee de kaders en de mogelijkheden voor de architectuur duidelijk maakt. Er is een politicus die met daadkracht en volharding de ambities van een project volhoudt. En er is een tactisch ontwerpende architect, betrokken bij het hele bouwproces, die gekozen is op basis van zijn kunnen en niet vanwege zijn verleidelijk ontwerp. Alle partijen geloven daarbij in een avontuurlijk proces in plaats van in het turven van een checklist. Zo wordt het ontwerp- én realisatieproces een dialoog in plaats van een ISO-gecertificeerde rituele dans rond de kruisjeslijst, het Bouwbesluit, de Woningwet, en diverse NEN-normen. En het resultaat mag er zijn.

1 Interviews met Mechthild Stuhlmacher (Korteknie Stuhlmacher), Pim van der Ven en Leen Kooman (Mei architecten en stedenbouwers) en Thomas J. Ummels (OVG Projectontwikkeling).
2 'BOOST! next Opdrachtgeverschap in de 21e eeuw'. Speciale uitgave van het kwartaaltijdschrift van Architectuur Lokaal, 2007.
3 Bernard Hulsman 'Brusselse richtlijnen veranderen de zichtlijnen', *NRC Handelsblad* 25 mei 2007.
4 'Voorstellen tot verbetering Europese aanbesteding', ArchiNed 28 augustus 2007.

AN ADVENTUROUS PROCESS

Many Yearbook projects make one curious about the process that led up to the built result. That is certainly the case this year, when the editors visited an unusually high number of successful projects that gave the impression of not having been the result of the traditional method of invited competition, European procurement, aesthetic control and balance-sheet project management. In some of these projects the various players worked from the process and the inside, rather than with a final picture in mind. Other cases concern projects where a building system was employed without producing an industrial look; where a team of client, process manager and contractor, working on the basis of mutual trust, accepted a good deal of uncertainty; and where the architects were chosen for the entire commission on the basis of their ability.

Who was the client? Who was the process manager? What was the procurement method? What was the role of the architect in all this? Three stories, reconstructed from interviews, offer insights into three completely different but equally productive processes.[1] Three projects with social commitment: 'De Kamers' (The Rooms) in Vathorst, Amersfoort is an example of a successful bottom-up project, humane, alternative, original and yet accepted in

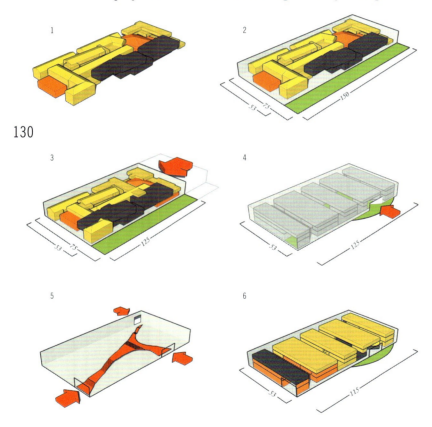

130

MEI ARCHITECTEN, LOC.
1: PROGRAMMA/PROGRAM.
2: 93.000 M², 3: 77500 M².
4: + SCHOOLPLEIN/
SCHOOL YARD.
5: + AORTA, 6: 71.300 M²

an otherwise conventional environment; the Lokaal Opleidingen Centrum (LOC, Local Training Centre) in Hardenberg is an example of a successful collective, flexible but top-down project, somewhat megalomaniacal but also unquestionably attractive; and finally, Las Palmas in Rotterdam, an example of a commercial redevelopment, a durable 'billboard' and at the same time a cultural building.

De Kamers, Vathorst, Amersfoort

October 2003. Korteknie Stuhlmacher receives a telephone call inviting them to design a smart jacket for a Portakabin. While her partner is unwilling to respond to requests of this kind, Mechtild Stuhlmacher is immediately charmed by the would-be clients: Jan van der Meulen, artist, and Jos van Oord, clergyman. Both live in a new housing development still under construction where they are busy trying to create a cultural climate. Jan organizes lakeside concerts and once a month Jos turns his church into a cinema. They have found one another in a shared desire to create a place in this new housing development where people can meet and evolve. In the first flush of enthusiasm they had hatched a big, all-or-nothing plan which has turned out to be too big to be feasible. So now

their idea is to start small with one room and then slowly build from there. In view of the budget and the still uncertain location, they have come up with the idea of a Portakabin, but with a smart jacket. They have also contacted Arend de Jong of Andersson Elffers Felix, a respected firm of management consultants in Utrecht, whose strong sense of social commitment prompts them to offer to work pro bono. They adopt the plan, impressed by the fact that it was conceived by two private persons outside the usual cultural and welfare circles. The project is not the outcome of policy objectives and nor does it rely on government subsidies. This unprecedented scheme is a challenge for the organization experts.

In the course of drawing up a business plan it quickly becomes apparent that a Portakabin is too small to generate any income: with an investment of 100,000 euros it is impossible to balance the budget; a million looks more realistic. So Korteknie Stuhlmacher can forget about the 'smart jacket' and submit a proposal for a project without a site and with a building brief consisting of just a few words: rooms, open hearth, eating, theatre and film. Working on the basis that the ambitions are lofty but the outcome still very uncertain, they come up with their proposal for a growth model: rooms can be added on later, but also during what looks like being a lengthy realization process. This open-ended concept is in perfect keeping with the philosophy of De Kamers. They present it in the form of an adaptable model made of wooden blocks from a child's puzzle. In reality, the blocks measure 7 x 7 x 7 metres, a size capable of accommodating a variety of uses and tall enough for a mezzanine floor.

The model is also presented to businesses active in the district, in the hope of attracting sponsorship. The two directors of the Vathorst Development Company see advantages for local development and house sales and they provide a plot of land on very favourable terms. The instigators continue with their quest for funding and Korteknie Stuhlmacher do likewise: they have become so enamoured of the plan that they apply for a grant under the Ministry of Housing, Spatial Planning and Environment's programme for industrial and demountable building. This turns out to be an inspired move: the implementation grant is duly awarded to the architect and this not only brings construction a good deal closer but also ensures that it will proceed with the architect's preferred industrial timber building systems and – almost as important – with the involvement of Korteknie Stuhlmacher throughout.

It is now early 2005. A foundation has been set up and the local authority is solidly behind the project. A suitable location has been found, between a farm park and a school. But the plan is still not financially viable. The model has grown into a design consisting of boxes of different sizes, different materials and different life spans. It has also become bigger and thus more expensive and it needs to shrink to more manageable proportions. At the same time, a contractor is being sought. The development company suggests a local contractor, Schoonderbeek, who is prepared to take it on as a prestige project and to make suggestions regarding the realization. Eventually, although the estimated total building costs are not fully covered, enthusiasm carries the day and construction commences. All the parties are by now so positive about the project that they are confident that the money will be found. And so it is: with construction almost complete, the Alliantie Eemvallei housing corporation takes over the building and its management. After a very long lead time, the instigators are finally free once more to concentrate on the project's content: the programme and the local residents.

Local Education Centre, Hardenberg

In 2000, Ecorys, an advice and research consultancy, is financially and organizationally involved in establishing a spatial masterplan for Hardenberg. The aim is to make sure the city centre keeps pace with the city's growth and to promote Hardenberg as a regional centre. Ecorys suggests engaging Mei architecten & stedenbouwers as urban planners. Mei discovers that despite years of promises to schools and cultural organizations, nothing has as yet been built. With this in mind, Mei proposes to spearhead the city centre development with two large-scale projects which, by their very size and position, will create order in the fragmented centre. The two projects are a town hall and a 'local education centre' made up of four schools, a music school/creative centre, a library, a car park and a government Centre for Work and Income. Out of all the previous political promises and the masterplan there emerges a tentative marriage of convenience between the various mutually mistrustful parties.

Under the leadership of the new spatial planning alderman, Douwe Prinsen, a steering group is set up with representatives from all the relevant organizations. Mei architecten are initially commissioned to produce only a spatial model and the schedule of requirements (SoR). This commission is too small to require EU procurement. However, the SoR with the spatial model of a central hall is tendered according to EU rules to several construction companies to be developed by a building team consisting of architect, client and contractor. Mei have to sell themselves to the potential contractors as the architects for the building and they are successful with four of the five tenderers who duly submit a bid for the construction, including all architectural, structural engineering and building services work from the final design onwards. The contractor will be involved in the design up until the final design stage, but the steering group will remain the client in order to ensure that their interests prevail. This contract for the definitive design is also too small to require European procurement. Trebbe, a national contractor, is awarded the commission, partly due to its strong local involvement.

The contractor, SoR and clients are all known; the designing can begin. First of all, Mei reveals the most obvious synergetic advantages. By combining circulation routes, toilets and building services, the programme shrinks. The space saved is used to force air into the building by way of four incisions and a route right through the building, the so-called aorta. By programming these open spaces with amenities from the SoR, they become bigger and also indispensable. Together with the contractor, Mei looks for the best and most flexible building system for the five wings. Load-bearing precast concrete facades deliver clear-span floors based on the module of the semi-underground car park. Eighty per cent of the building is thus generic and flexible enough to cope with the constantly changing spatial demands of the education sector. Another objective of this flexible layout is to facilitate still more synergetic benefits. Along the way, the various clients have become increasingly convinced of the advantages of sharing. For example, they decide to share spaces containing expensive equipment, like the handicrafts kiln, to merge the libraries and study alcoves and to enlarge the presentation spaces. In the end it transpires that one-fifth of the original SoR has been saved by combining programme elements. And within this set-up it is still possible to shuffle the programme, stairs and lifts around in order to optimize circulation and to make the building easier to manage.

Las Palmas, Rotterdam

In 2003 Coen van Oostrom, the 33-year-old director of OVG property developers, looks out his window on Parklaan in Rotterdam. Pointing towards Las Palmas on the other side of the River Maas, he tells his staff about his plans for the former Holland America Line workshop building. The municipal development company (OBR), which has been studying the building's redevelopment for the past twelve years, has finally started work on the basis of 40% occupancy by cultural organizations. But Van Oostrom feels that the OBR should confine itself to an initiatory role and let the market do the rest while the council gets on with the next project. So he intends to come up with his own development plan for Las Palmas and present it to the council. This proactive approach is quite normal for OVG, for unlike traditional property developers it does not own any building land and is consequently dependent for acquisition on this kind of active plan development. This also allows OVG to cast its net wide in the search for interesting projects and in so doing to respond quickly to market demands. It is used to collaborating with local authorities: they have a common interest in getting things moving, unlike investors who are often happy to make their money passively from a rise in property values.

So OVG duly goes to the OBR with a project proposal for the development of the remaining 60% of Las Palmas plus the penthouse that was mooted at an earlier planning stage. With their concept and accompanying spreadsheets, they demonstrate the added value of their proposal and offer, below the bottom line, a residual purchase price. The basic premise remains 40% occupancy by cultural organizations but now includes rentable shell office spaces for creative businesses, a good restaurant and a penthouse

to be designed as luxury office accommodation and as the showpiece for the rather utilitarian building. The OBR is keen but in the end it requires a decision by council before a building for which so many plans have already been made can be sold off.

Along with the building, OVG inherits the architect, Benthem Crouwel, and Bouwcombinatie Strukton-Jurriëns. Because renovation work has already commenced, OVG is committed to several (for them) unusual agreements. They are used to developing a project in a team and believe in an open process; they are generally averse to invited competitions, public tenders and architects who confine themselves to aesthetic management. But the renovation has been publicly tendered and only the roof and the penthouse are not completely worked out. OVG decides to move its own office into the penthouse at a hefty rental which allows for a more ambitious design. Now there is additional room for a rooftop park and the penthouse is designed inside and out as the showpiece for both Las Palmas and OVG.

Escape

In the past year, Architectuur Lokaal,[2] BNA chairman Jeroen van Schooten[3] and Atelier Kempe Thill's Oliver Thill[4] all drew attention – and rightly so – to the Netherlands' implementation of EU regulations. For the most obedient pupil in the EU class, the Dutch interpretation of these rules has been rather one-dimensional. Lazy consultancies translate them into over-simplified requirements that architectural firms must satisfy: minimum turnover and maximum experience. This risk-avoidance behaviour comes on top of the already dominant tendency to marginalize the role of the architect. The architect may be allowed to produce a design within the context of an invited competition and without any consultation, and with a bit of luck may win aesthetic management of the follow-up phase. The result is a building process in which everyone is responsible for a small part and no one for the whole. And that is not a productive basis for good architecture. But it seems that here and there various means of escape are being discovered.

In a unique project like De Kamers, amateur clients manage through sheer perseverance to get a project that nobody initially believed in off the ground, eventually succeeding in getting 'normal' institutional parties across the line. In the case of OVG, a developer with a degree of visionary talent turns a faltering project into a

commercially viable one and even adds a touch of glamour. In the example of Hardenberg a small city is able to realize two exceptional projects thanks to an enthusiastic alderman and consultants. These three projects display several striking similarities. There is a client who knows what he wants and who allows the architect to play the role of generalist. There is a project manager who thinks in terms of the goal and not just in terms of procedural and financial certainties. There is a developer or contractor who is creative and has vision, who is transparent about costing, who makes it possible to create surplus value and in so doing is clear about the framework and possibilities for the architecture. There is a politician who defends the ambitions of the project with energy and perseverance. There is a tactically designing architect, involved in the entire building process, who was chosen on the basis of ability and not because of a seductive design. In addition, all the parties believe in an adventurous process rather than in crossing off items on a check list. Accordingly, both the design and the realization process become a dialogue instead of an ISO certified ritual dance around the crossed-off list, the Building Regulations, the Housing Act, and various NEN standards. And the result is not half bad.

1   Interviews with Mechthild Stuhlmacher (Korteknie Stuhlmacher), Pim van der Ven and Leen Kooman (Mei architecten & stedenbouwers) and Thomas J. Ummels (OVG Projectontwikkeling).
2   'BOOST! next Opdrachtgeverschap in de 21e eeuw' [BOOST! next Commissioning in the 21st century]. Special issue of Architectuur Lokaal's quarterly publication, 2007.
3   Bernard Hulsman, 'Brusselse richtlijnen veranderen de zichtlijnen' [Brussels' directives change the sightlines], NRC Handelsblad 25 May 2007.
4   'Voorstellen tot verbetering Europese aanbesteding' [Suggestions for improving European procurement], ArchiNed 28 August 2007.

KORTEKNIE STUHLMACHER
DE KAMERS

WEZEPERBERG 8, VATHORST
AMERSFOORT

ARCHITECT:
**KORTEKNIE STUHLMACHER
ARCHITECTEN, ROTTERDAM**
PROJECTARCHITECT/PROJECT
ARCHITECT:
**MECHTHILD STUHLMACHER, RIEN
KORTEKNIE**
MEDEWERKERS/CONTRIBUTORS:
TONY NELIS, JOLA STARZAK, ANDREJ
RADMAN, ARNE HANSEN, MORITZ
BERNOULLY, LINDA HASSELMANN,
ULI GRADENEGGER, CAROLINA
SUMARES, MARIANNA FERNANDES,
INES GUEDES, GERRIE BEKHUIS
VERANTWOORDELIJKE
STEDENBOUWER/URBAN PLANNER:
**KUIPER COMPAGNONS, ROTTERDAM:
HARM ZEEDIJK**
ONTWERP–OPLEVERING/
DESIGN–COMPLETION:

2003-2007
OPDRACHTGEVER/CLIENT:
**STICHTING DE KAMERS, AMERSFOORT
I.S.M./WITH DE ALLIANTIE EEMVALLEI,
AMERSFOORT**
AANNEMER/CONTRACTOR:
**SCHOONDERBEEK BV, AMERSFOORT
I.S.M./WITH LOMANS, LEUSDEN
(INSTALLATIES/BUILDING SERVICES)**
CONSTRUCTEUR/STRUCTURAL
ENGINEER:
**PIETERS BOUWTECHNIEK, UTRECHT:
JAAP DIJKS**
ADVISEUR INSTALLATIES/BUILDING
SERVICES CONSULTANT:
**BOERSEMA INSTALLATIEADVISEURS,
AMERSFOORT: KEES BOERSEMA,
PETER HARING**
LICHTADVISEUR/LIGHTING
CONSULTANT:
JOOST DE BEIJ, ZALTBOMMEL
KUNSTENAAR/ARTIST:
HANS GREMMEN (BELETTERING/

LETTERING); DIV. KUNSTENAARS/
VARIOUS ARTISTS (SCHILDERIJEN
PLINT/PAINTINGS ON PLINTH)
KALE BOUWSOM/BASIC BUILDING
COSTS:
€ 1.400.000 (INC INSTALLLATIES,
VERLICHTING, VAST MEUBILAIR/
BUILDING SERVICES, LIGHTING,
FURNITURE)
BOUWKOSTEN PER M²/BUILDING
COSTS PER M²:
€ 1.393 (BRUTO)
FOTO'S/PHOTOS:
SJAAK HENSELMANS

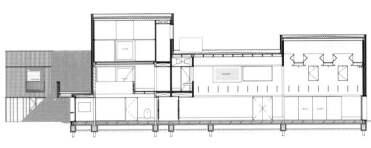

DOORSNEDE/SECTION

EERSTE VERDIEPING, BEGANE
GROND/FIRST, GROUND FLOOR

1 ENTREE/ENTRANCE
2 FOYER
3 TONEELKAMER/THEATRE
4 ZIJTONEEL/SIDE STAGE
5 EETKAMER/DINING ROOM
6 HUISKAMER/LOUNGE ROOM
7 BOVENKAMER/UPSTAIRS ROOM

SITUATIE/SITE PLAN

A WEZEPERBERG
B OUDE VEENWEG

Het cultuurhuis 'De Kamers' biedt onderdak aan verschillende klein-schalige activiteiten in vinexwijk Vathorst en moet in de toekomst meegroeien met de wijk. Het project is gestart als particulier initiatief van een aantal bewoners van de wijk op zoek naar een 'huiskamer', een hangplek voor de buurt. Gaandeweg zijn 'De Kamers' uitgegroeid tot een volwaardig cultuurhuis. Er zijn kamers om te eten, film te kijken, te studeren, een voorstelling te bezoeken of een feest te geven.

Het exterieur vormt een grillige sculptuur van eenvoudige kubus-vormige volumes. Deze zijn opgetrokken uit een combinatie van twee geïmporteerde houtbouwsystemen, Lenotec uit Duitsland (massief verlijmde houten platen) voor de wanden en Lignatur uit Zwitserland (houten kanaalplaten) voor de vloeren. De constructie is nergens afgewerkt, is in het zicht gelaten en ter bescherming alleen aan de onderzijde van lambrisering voorzien. Verlichtings-armaturen, brandslanghaspels en akoestische voorzieningen zijn eenvoudig opgenomen in gefreesde holten in het houten bouw-systeem.

Ook de buitenzijde is van hout: grijze houten delen bekleden de verschillende volumes, onderbroken door grote houten schuifpuien. De witte plint van cementgebonden plaatmateriaal wordt door de gebruikers zelf kleurrijk beschilderd.

Na oplevering van het gebouw was een lokale woningbouw-vereniging zo enthousiast over het bereikte resultaat dat deze alle door de initiatiefnemers bij elkaar gesprokkelde leningen, bijdragen en subsidies overnam en zorg ging dragen voor de exploitatie.

De Kamers cultural centre provides accommodation for various small-scale activities in the new suburban development of Vathorst and is expected to grow in tandem with the district. It began life as a private initiative by several Vathorst residents looking for a 'common room', somewhere locals could get together. Over time De Kamers (which is Dutch for The Rooms) developed into a full-fledged cultural centre. There are rooms where people can eat, watch a film, study, attend a show or hold a party.

The exterior presents as an irregular sculpture made up of simple cubic volumes. These were built using a combination of two imported timber construction systems, Lenotec from Germany (solid bonded timber panels) for the walls, and Lignature from Switzerland (timber hollow-core beams) for the floors. There is no finishing and the construction is exposed except for a protective wainscotting. Light fittings, fire hose reels and acoustic equipment are simply accommodated in cavities created in the timber construction system.

The exterior is also timber: grey wooden boards cover the various volumes, punctuated by large, timber-framed sliding glass windows. The white plinth of cement-bonded boards is gradually being turned into a colourfull mural by the centre's users.

The local housing corporation was so enthusiastic about the finished building that it took over all the loans, donations and grants scraped together by the initiators and added a contribution of its own towards the running costs.

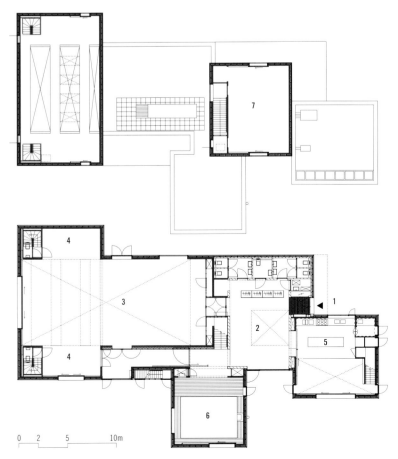

0 25 50 100m

FOTO/PHOTO **STEFAN MÜLLER**

FOTO/PHOTO **STEFAN MÜLLER**

HAN WESTELAKEN
BOSSCHERHOF

VOEDINGSKANAALWEG
MAASTRICHT

ARCHITECT:
**HAN WESTELAKEN, ARCHITECTEN
AAN DE MAAS, MAASTRICHT**
MEDEWERKERS/CONTRIBUTORS:
**SYLVIE SMEETS, BÉR BASTIAANS,
HANS SOONS, LUC NOOIJEN**
VERANTWOORDELIJKE
STEDENBOUWER/URBAN PLANNER:
GEMEENTE MAASTRICHT
ONTWERP–OPLEVERING/
DESIGN–COMPLETION:
2005–2007
OPDRACHTGEVER/CLIENT:
**SERVATIUS WONINGSTICHTING,
MAASTRICHT**
AANNEMER/CONTRACTOR:
BAM WONINGBOUW, WEERT
CONSTRUCTEUR/STRUCTURAL
ENGINEER:
INGENIEURSBUREAU A. PALTE,

VALKENBURG
INTERIEURARCHITECT/INTERIOR
DESIGNER:
**ARCHITECTEN AAN DE MAAS,
MAASTRICHT**
LANDSCHAPSARCHITECT/LANDSCAPE
ARCHITECT:
GEMEENTE MAASTRICHT
KUNSTENAAR/ARTIST:
ANNEMARIE WESTELAKEN
KALE BOUWSOM/BASIC BUILDING
COSTS:
€ 5.275.000
BOUWKOSTEN PER M²/BUILDING
COSTS PER M²:
€ 682
FOTO'S/PHOTOS:
MARTIN THOMAS

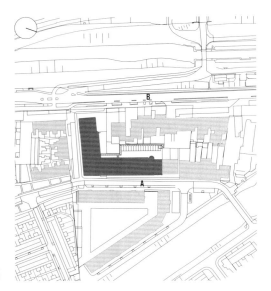

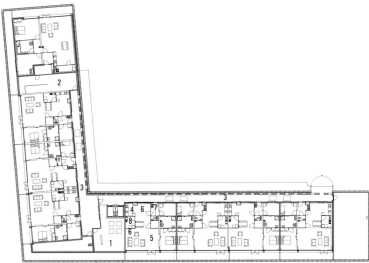

De Bosscherhof is een wooncomplex voor senioren in de Maastrichtse wijk Bosscherveld, een volkswijk ingeklemd tussen infrastructuur en industrie. Het L-vormige complex vervangt een aantal duplex-woningen en galerijflats en bevat 41 sociale huurwoningen op de onderste drie lagen en 8 duurdere penthouses op de terugliggende bovenste verdieping.
De driekamerappartementen worden ontsloten via een galerij aan de binnenkant van het blok.
In de strenge, donkere baksteenarchitectuur is een robuuste, maar verzorgde detaillering toegepast. Om de privacy te waarborgen neemt de afstand tussen de woonruimte en de straat toe naarmate de woning dichter bij het maaiveld ligt.
Ook in het interieur is te zien hoe door een zorgvuldige materialisering en detaillering een rijk effect is bereikt met gebruikmaking van op zichzelf goedkope materialen. Zo zijn alle trappenhuizen, hallen en galerijwanden afgewerkt met een lichtgrijze cement-speciepap, die met zijn gruizige structuur alle ongelijksoortige oppervlakken tot een geheel maakt.
Opvallend is de aandacht die is besteed aan de ambachtelijke kant van de architectuur, zoals te zien is in de aandacht voor afwerking en detail: de geglazuurde randjes die de gemetselde wanden beëindigen, de in de vormgeving van de balkons geïntegreerde bloembakken, de figuratieve tegeltableaus aan de buitengevel: alles is even verzorgd.

Bosscherhof is a housing scheme for seniors in Maastricht's Bosscher-veld district, a low-income residential area wedged between infra-structure and industry. The L-shaped complex, which replaces several blocks of maisonettes and gallery-access flats, contains 41 subsidized rental apartments on the first three floors and eight more expensive penthouse apartments on the set-back top floor. The three-room apartments are accessed via a gallery on the inside of the block. In the interests of privacy, the distance between living room and the street increases the closer the apartment is to the ground.
The austere, dark brick architecture is complemented by a robust but meticulous detailing. Similar care has been invested in the materialization and detailing of the interior, where a stylish effect has been achieved by means of basically inexpensive materials. For example, all the stairwells, halls and gallery walls are finished with a light grey cement mortar whose gritty texture lends a sense of unity to the different parts of the complex.
A surprising amount of attention has been paid to the craftsmanly aspect of the architecture, as evidenced by the finishing and details: from the decorative glazed capping on the brick walls, to the flower boxes integrated into the balcony design and the figurative tile pictures on the exterior, everything has been treated with equal care.

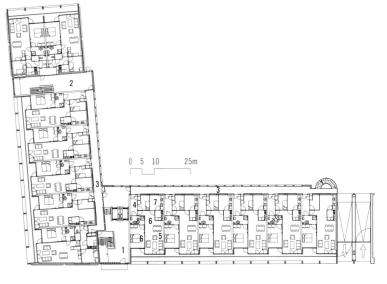

SITUATIE/SITE PLAN
A   VOEDINGSKANAALWEG
B   BOSSCHERWEG

EERSTE VERDIEPING, BEGANE
GROND/FIRST, GROUND FLOOR

1   ENTREE/ENTRANCE
2   HAL/HALL
3   GALERIJ/GALLERY
4   ENTREE WONING/DWELLING
    ENTRANCE
5   WOONKAMER/LIVING ROOM
6   SLAAPKAMER/BEDROOM
7   KEUKEN/KITCHEN
8   BADKAMER/BATHROOM

0 5 10   25m

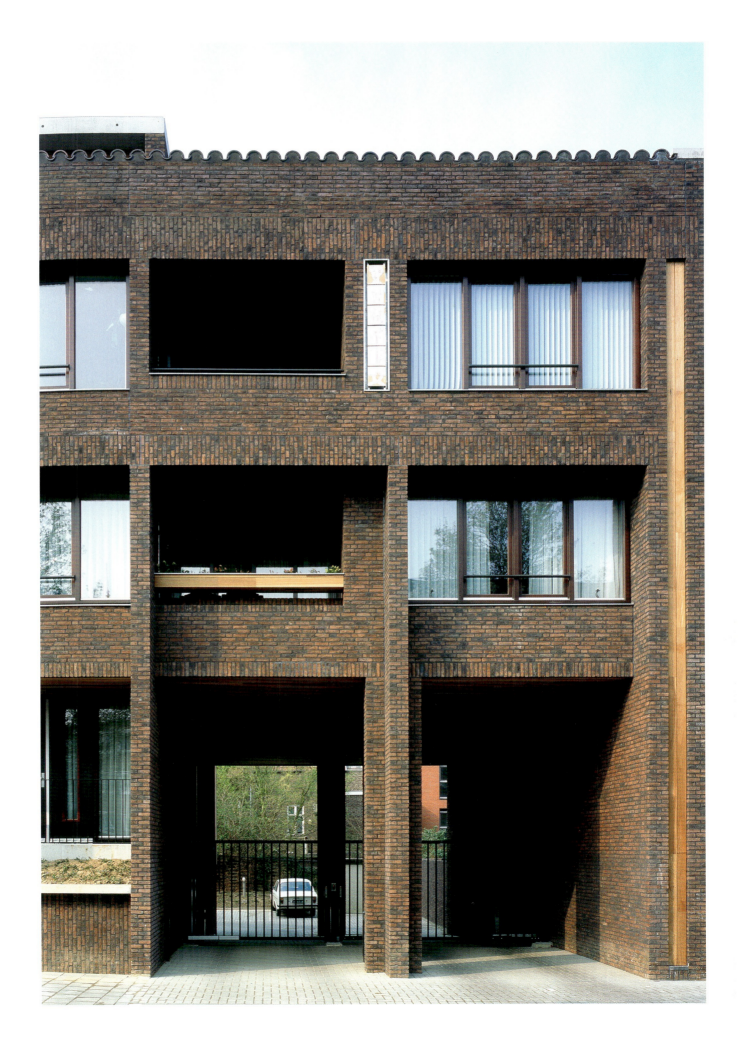

MEI
LOC

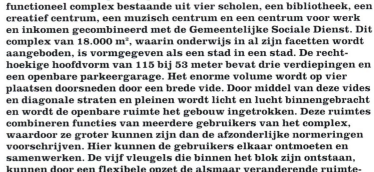

0 25 50   100m

SITUATIE/SITE PLAN
A   PARKWEG
B   STATIONSSTRAAT

PARKWEG 1
HARDENBERG

ARCHITECT:
MEI ARCHITECTEN EN
STEDENBOUWERS B.V., ROTTERDAM
PROJECTARCHITECT/PROJECT
ARCHITECT:
PIM VAN DER VEN
MEDEWERKERS/CONTRIBUTORS:
LEEN KOOMAN, JOS SCHÄFFER,
FRANK AARSSEN, MAURICE DE
RUITER, PEPIJN BERGHOUT, CAROLA
VAN BENNEKOM, MEIKE STOETZER,
BERND UPMEYER
VERANTWOORDELIJKE
STEDENBOUWER/URBAN PLANNER:
MEI ARCHITECTEN EN
STEDENBOUWERS, B.V., ROTTERDAM:
CHRIS ZWIERS (SUPERVISOR)
ONTWERP–OPLEVERING/
DESIGN–COMPLETION:
2004–2007

OPDRACHTGEVER/CLIENT:
STICHTING LOC+, HARDENBERG
(GEMEENTE HARDENBERG, ALFA
COLLEGE, AOC DE GROENE WELLE)
AANNEMER/CONTRACTOR:
TREBBE BOUW OOST & NOORD,
ZWOLLE
CONSTRUCTEUR/STRUCTURAL
ENGINEER:
ALFERINK VAN SCHIEVEEN
BOUWTECHNISCH ADVIESBUREAU,
ZWOLLE
INTERIEURARCHITECT/INTERIOR
DESIGNER:
MEI ARCHITECTEN EN STEDEN-
BOUWERS B.V., ROTTERDAM
LANDSCHAPSARCHITECT/LANDSCAPE
ARCHITECT:
MEI ARCHITECTEN EN STEDEN-
BOUWERS B.V., ROTTERDAM
KUNSTENAARS/ARTISTS:
MARIA ROOSEN, MARTIJN
SANDBERG, MICHIEL KLUITERS

KALE BOUWSOM/BASIC BUILDING
COSTS:
€ 22.400.000
BOUWKOSTEN PER M²/BUILDING
COSTS PER M²:
€ 930
FOTO'S/PHOTOS:
LUUK KRAMER

140

Het LOC (Lokaal Opleidingscentrum) Hardenberg is een multi-functioneel complex bestaande uit vier scholen, een bibliotheek, een creatief centrum, een muzisch centrum en een centrum voor werk en inkomen gecombineerd met de Gemeentelijke Sociale Dienst. Dit complex van 18.000 m², waarin onderwijs in al zijn facetten wordt aangeboden, is vormgegeven als een stad in een stad. De recht-hoekige hoofdvorm van 115 bij 53 meter bevat drie verdiepingen en een openbare parkeergarage. Het enorme volume wordt op vier plaatsen doorsneden door een brede vide. Door middel van deze vides en diagonale straten en pleinen wordt licht en lucht binnengebracht en wordt de openbare ruimte het gebouw ingetrokken. Deze ruimtes combineren functies van meerdere gebruikers van het complex, waardoor ze groter kunnen zijn dan de afzonderlijke normeringen voorschrijven. Hier kunnen de gebruikers elkaar ontmoeten en samenwerken. De vijf vleugels die binnen het blok zijn ontstaan, kunnen door een flexibele opzet de alsmaar veranderende ruimte-vraag vanuit het onderwijs accommoderen.
Het monolithische bakstenen blok staat midden in de stad Harden-berg, waar de bebouwing een nogal gefragmenteerd karakter heeft. Het robuuste volume van het blok wordt genuanceerd door gemetselde gevelpatronen en raamopeningen in verschillende afmetingen. Bij het interieur was het uitgangspunt het creëren van maximale contrasten tussen ruwe en onafgewerkte materialen als beton en grof gecementeerde wanden en warme tactiele materialen als hout en natuursteen.

LOC Hardenburg is a multifunctional complex comprising four schools, a library, a creative centre, music school and a centre for work and income in combination with the Municipal Social Services. The 18,000 m² complex, which offers a wide range of education, has been designed as a town within a town. The rectangular building, measuring 115 by 53 metres, comprises three storeys above a semi-underground public car park. This enormous volume is pierced at four places by a wide void. The voids and a network of diagonal streets and plazas admit light and air and bring the public domain inside the building. Because these spaces contain amenities utilized by several tenants they can be larger than would normally be the case for single-use amenities. They are places where the different users can meet and work together. Thanks to a flexible layout, the five wings generated within the block are capable of adapting to the changing spatial demands of the educational sector. The monolithic brick block stands in the centre of Hardenberg where the built fabric has a somewhat fragmented character. The robust new volume is tempered by brickwork facade patterns and variation in the size of window openings. In the interior, the aim was to maximize the contrast between rough and unfinished materials like exposed concrete and coarsely cemented walls, and warm, tactile materials like wood and stone.

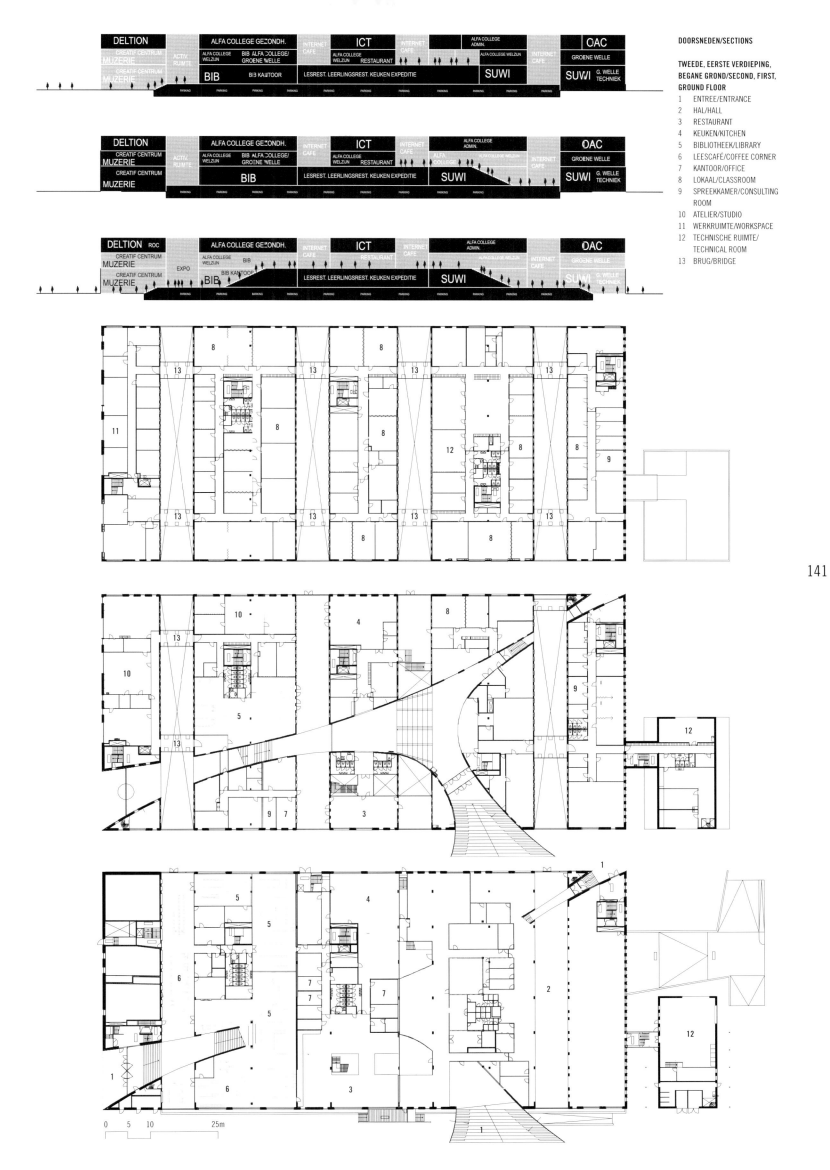

DOORSNEDEN/SECTIONS

TWEEDE, EERSTE VERDIEPING,
BEGANE GROND/SECOND, FIRST,
GROUND FLOOR
1   ENTREE/ENTRANCE
2   HAL/HALL
3   RESTAURANT
4   KEUKEN/KITCHEN
5   BIBLIOTHEEK/LIBRARY
6   LEESCAFÉ/COFFEE CORNER
7   KANTOOR/OFFICE
8   LOKAAL/CLASSROOM
9   SPREEKKAMER/CONSULTING
    ROOM
10 ATELIER/STUDIO
11 WERKRUIMTE/WORKSPACE
12 TECHNISCHE RUIMTE/
    TECHNICAL ROOM
13 BRUG/BRIDGE

141

WIEL ARETS ARCHITECTS

WONINGEN KLOOSTERTUIN/ KLOOSTERTUIN HOUSING

HOUTWAL, OOSTSINGEL
APELDOORN

ARCHITECT:
WIEL ARETS ARCHITECTS,
MAASTRICHT/AMSTERDAM
PROJECTARCHITECTEN/PROJECT
ARCHITECTS:
WIEL ARETS, BETTINA KRAUS,
PHILIPPE DIRIX, CARL AUGUSTIJNS,
MAI HENRIKSEN, SATURO UMEHARA
MEDEWERKERS/CONTRIBUTORS:
ELSA CAETANO, JÖRG LÜTHKE,
NIKOLAJ FROELUND THOMSEN
VERANTWOORDELIJKE
STEDENBOUWER/URBAN PLANNER:
WIEL ARETS ARCHITECTS,
MAASTRICHT/AMSTERDAM
ONTWERP—OPLEVERING/
DESIGN—COMPLETION:
2000—2006
OPDRACHTGEVER/CLIENT:
LE CLERCQ PLANONTWIKKELING BV,

DEVENTER
AANNEMER/CONTRACTOR:
NIKKELS BOUWBEDRIJF BV, TWELLO
CONSTRUCTEUR/STRUCTURAL
ENGINEER:
BARTELS INGENIEURSBUREAU,
APELDOORN
LANDSCHAPSARCHITECT/LANDSCAPE
ARCHITECT:
EVERS ADVIESBURO VOOR
CIVIELTECHNIEK BV, LEUVENHEIM
KALE BOUWSOM/BASIC BUILDING
COSTS:
€ 6.787.600
BOUWKOSTEN PER M²/BUILDING
COSTS PER M²:
€ 850
FOTO'S/PHOTOS:
JAN BITTER

Een overgebleven gebied aan de rand van een vinexwijk in Apeldoorn vormt de onopvallende locatie van dit project. In het oorspronkelijke prijsvraagplan was de stedenbouwkundige opzet gebaseerd op de ruimtelijke principes van een klooster. In zes jaar tijd is dit woningbouwontwerp op slimme wijze aangepast aan de marktcondities. De 32 twee-onder-een-kapwoningen, 10 vrijstaande woningen en 10 rijtjeshuizen omsluiten een gemeenschappelijke binnentuin. Alle woningen zijn door hun iconische vorm afzonderlijk herkenbaar en grenzen met hun langgerekte kavels zowel aan de straat als aan de binnentuin. Door de lokalisering van auto's achter de bebouwing of aan de randen van het gebied heeft het wijkje een uitermate groen karakter. De overgangen tussen privé en openbaar zijn vormgegeven door een consequente toepassing van eenvoudige hekwerken in verschillende hoogten. De materialisatie van zwarte leien en leiachtige baksteen geeft de woningen zowel een abstract als een natuurlijk karakter. In deze rigide compositie vormen de vrijliggende raamopeningen een prettige verstoring.

A leftover piece of land on the edge of an urban development in Apeldoorn forms the unremarkable site for this project. In the original competition plan, the layout was based on the spatial principles of a cloister. In the intervening six years, the winning design was cleverly adapted to changing market conditions. The 32 semi-detached houses, 10 free-standing houses and 10 row houses enclose a shared courtyard garden. All the houses are individually recognizable, thanks to their iconic shapes, and their very deep plots border both the street and the courtyard garden. The strategy of putting cars behind the buildings or on the edges of the scheme has given the little neighbourhood a decidedly green character. The transition between private and public is indicated throughout the scheme by the same simple fencing in different heights. The use of materials – black slate and slate-like brick – lends the houses an abstract yet natural air. A variety of different window openings (residents were allowed to choose from several types) provides a pleasant disruption to the otherwise rigid composition.

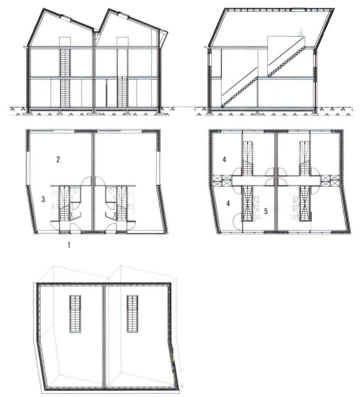

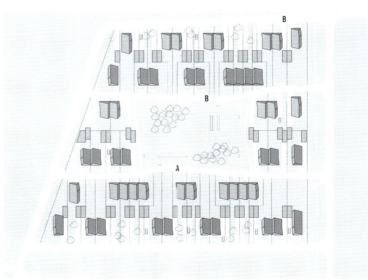

DOORSNEDEN/SECTIONS

EERSTE VERDIEPING, BEGANE
GROND/FIRST, GROUND FLOOR
1   ENTREE/ENTRANCE
2   WOONKAMER/LIVING ROOM
3   KEUKEN/KITCHEN
4   SLAAPKAMER/BEDROOM
5   BADKAMER/BATHROOM

SITUATIE/SITE PLAN
A   HOUTWAL
B   OOSTSINGEL

VAN HERK DE KLEIJN SCHROEDER & DE JONG / MADE / VHP

DE HOF, WATERRIJK WOERDEN

SNEEKERMEER, VELUWEMEER, BALATONMEER, VIERWOUDSTEDENMEER WOERDEN

VERANTWOORDELIJKE STEDENBOUWER/URBAN PLANNER:
WEST 8 URBAN DESIGN & LANDSCAPE ARCHITECTURE, ROTTERDAM:
ADRIAAN GEUZE, EDZO BINDELS (SUPERVISOR), RIIKKA TUOMISTO, HENK HARTZEMA, BAS VAN DER VINNE
ARCHITECT:
VAN HERK DE KLEIJN SCHROEDER & DE JONG ARCHITECTEN BV, AMSTERDAM; MADE ARCHITECTEN ROTTERDAM; VHP (VOORHEEN RUIMTELAB), ROTTERDAM
PROJECTARCHITECTEN/PROJECT ARCHITECTS:
VAN HERK DE KLEIJN SCHROEDER & DE JONG: NAUD SCHROEDER;

MADE: WIM KLOOSTERBOER, ROY SIELJES;
VHP: RENÉ HEIJNE, JACQUES VINK
MEDEWERKERS/CONTRIBUTORS:
MADE: PIA KRONBERGER, DANIELLE VAN STEENBERGEN;
VHP: NIELS VAN HAM, CHRISTIAAN VAN HEGELSOM
ONTWERP–OPLEVERING/DESIGN–COMPLETION:
2003–2007
OPDRACHTGEVER/CLIENT:
BOUWBEDRIJF M.J. DE NIJS EN ZONEN BV. WARMENHUIZEN
AANNEMER/CONTRACTOR:
VOS & TEEUWISSEN, HUIZEN
CONSTRUCTEUR/STRUCTURAL ENGINEER:
VAN ROSSUM, AMSTERDAM
LANDSCHAPSARCHITECT/LANDSCAPE ARCHITECT:
BEN KUIPERS, DELFT

KALE BOUWSOM/BASIC BUILDING COSTS:
€ 8.150.000
BOUWKOSTEN PER M²/BUILDING COSTS PER M²:
€ 774
FOTO'S/PHOTOS:
JEROEN MUSCH

VAN HERK DE KLEIJN SCHROEDER & DE JONG

BEGANE GROND, EERSTE, TWEEDE VERDIEPING/ GROUND, FIRST, SECOND FLOOR

1 ENTREE/ENTRANCE
2 HAL/HALL
3 KAMER/ROOM
4 KEUKEN/KITCHEN
5 BADKAMER/BATHROOM
6 BERGING/STORAGE
7 TUIN/GARDEN

SITUATIE/SITE PLAN
A SNEEKERMEER
B BALATONMEER

MADE   VHP

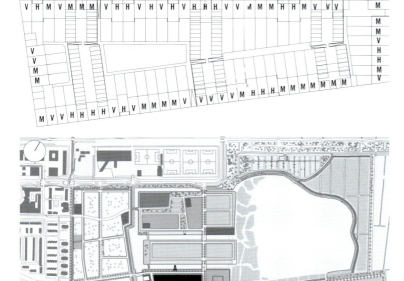

In steeds meer nieuwbouwwijken wordt gezocht naar een eigen identiteit van woonomgeving en het individuele huis. In het door West 8 ontworpen stedenbouwkundig plan voor Waterrijk Woerden is het typisch Hollandse waterstadje als inspiratiebron gebruikt. Het voorziet in twee gesloten bouwblokken met eengezinswoningen. Het straatprofiel rondom de blokken is met opzet smal en steenachtig gehouden, terwijl aan de binnenzijde ruimte is voor een openbaar hof, parkeerplaatsen en tuinen. Binnen deze opzet is gestreefd naar verregaande variatie in bebouwing. Drie architectenbureaus ontwierpen elk een basistype, die in een steeds wisselende combinatie in een gesloten bouwblok zijn opgenomen. De hoek- en poortwoningen vormen daar uitzonderingen op.
Alle woningen zijn van baksteen, maar verschillen duidelijk van uiterlijk. De woningen van MADE hebben een lessenaarsdak en een gevel die is geïnspireerd op het traditionele vakwerkhuis. De door VHP ontworpen woningen hebben een plat dak en een geabstraheerde versie van de klokgevel. De woningen van Van Herk de Kleijn Schroeder & de Jong referen met hun zwarte gevels en kleine kap aan achttiende-eeuwse pakhuizen. Om deze variatie mogelijk te maken zijn er enkele gemeenschappelijke uitgangspunten bepaald. Met het zogenaamde *master-slave*-principe worden de onderlinge aansluitingen geregeld: de ene woning is in hoogte en breedte dominant over de andere. Alhoewel er slechts twee beukmaten gebruikt zijn voor alle woningen, zorgt dit voor extra verschillen in de breedtes en daarmee voor extra variatie in het beeld.
In deze slimme combinatie van standaardisering en variatie is extra aandacht besteed aan de vormgeving van de entrees en de mogelijkheid tot uitbreiding aan de achterkant.

The planners of new housing schemes are increasingly looking to create a distinctive identity for both the surroundings and the individual houses. In this part of West 8's masterplan for Waterrijk Woerden, the planners drew inspiration from the classic Dutch water city. The plan provides for two closed blocks of single-family houses. The street profile around the blocks is deliberately narrow and stony, while the spacious interior contains a publicly accessible courtyard, parking spaces and gardens. Within this overall layout, maximum architectural variation was sought. Three architectural firms designed one basic housing type each and these were then alternated in several different combinations to create a closed housing block. The only exceptions are the corner and gateway houses.
Apart from the fact that they are all of brick, the houses are very different in appearance. Those by MADE have a monopitch roof and a facade inspired by traditional half-timbered houses. The houses designed by VHP have a flat roof and an abstracted version of the bell-shaped gable. For their part, the black facades and shallow roofs of the houses by Van Kerk de Kleijn Schroeder & de Jong allude to eighteenth-century warehouse buildings. This variation could only be achieved by establishing a few common ground rules. The interconnection between different building types is based on the master-slave principle whereby one house is taller and wider than its immediate neighbour. Although only two bay widths were used throughout, this too generated additional differences in widths and thus in the overall impression.
In this clever combination of standardization and variation particular attention was paid to the design of the entrances and to the possibility of future expansion at the back.

BENTHEM CROUWEL
RENOVATIE EN PENTHOUSE LAS PALMAS/LAS PALMAS RENOVATION AND PENTHOUSE

WILHELMINAKADE 300-332
ROTTERDAM

ARCHITECT:
BENTHEM CROUWEL ARCHITEKTEN
BV BNA, AMSTERDAM
PROJECTARCHITECTEN/PROJECT
ARCHITECTS:
JAN BENTHEM, MARTEN WASSMANN
MEDEWERKERS/CONTRIBUTORS:
ANNETTE VAN BAREN, MARCEL DE
GOEDE, JEROEN JONK, PETER KROPP,
ROY VAN RIJK, DAPHNE TEMPELMAN,
DANIËL VAN DER VOORT, NICO DE
WAARD, MARCEL WASSENAAR, JOEP
WINDHAUSEN
ONTWERP–OPLEVERING/
DESIGN–COMPLETION:
2003–2007
OPDRACHTGEVER/CLIENT:
ONTWIKKELINGSBEDRIJF ROTTER-
DAM, OVG PROJECTONTWIKKELING
BV, ROTTERDAM

AANNEMER/CONTRACTOR:
BOUWCOMBINATIE STRUKTON-
JURRIËNS VOF, UTRECHT
CONSTRUCTEUR/STRUCTURAL
ENGINEER:
DHV B.V., DEN HAAG/THE HAGUE
INTERIEURARCHITECT GEDEELTE
CULTUUR/INTERIOR DESIGNER
MUSEUM SECTION:
BENTHEM CROUWEL ARCHITEKTEN
BV BNA, AMSTERDAM
INTERIEURARCHITECT/INTERIOR
DESIGNER PENTHOUSE:
FOKKEMA ARCHITECTEN, DELFT
LANDSCHAPSARCHITECT/LANDSCAPE
ARCHITECT:
DELTA VORM GROEP BV, UTRECHT
KALE BOUWSOM/BUILDING COSTS:
€ 15.898.000 (RENOVATIE/
RENOVATION),
€ 5.000.000 (PENTHOUSE)
BOUWKOSTEN PER M²/BUILDING
COSTS PER M²:

€ 744 (RENOVATIE/RENOVATION),
€ 2.128 (PENTHOUSE)
FOTO'S/PHOTOS:
JANNES LINDERS

Het in 1953 door Van den Broek & Bakema ontworpen pakhuis Las Palmas op de Wilhelminapier diende oorspronkelijk als werkplaatsengebouw voor de Holland-Amerika Lijn. Het gebouw, bestaande uit een betonconstructie met prefab elementen, is geheel in oude staat hersteld. De vier verdiepingen en de kelder zijn gestript van latere toevoegingen, waardoor met de kenmerkende achthoekige betonnen paddestoelkolommen weer vrij indeelbare vloervelden zijn verkregen. Extra noodtrappenhuizen en een penthouse zijn toegevoegd en kleven aan het gebouw, net als de oorspronkelijke bouwkundige elementen als trappenhuizen, hijsbalken, schoorstenen, liftmachinekamers, daklichten en constructiespanten. In Las Palmas zijn diverse culturele gebruikers gehuisvest, er is een restaurant op de begane grond en de derde en vierde verdieping zijn kantoorruimten. In de kelder bevinden zich een parkeergarage en de depots van het Nederlands fotomuseum, een van de gebruikers.

Door alle installatieruimte inpandig te plaatsen in de voormalige houtopslag achter de betonnen louvres, is het dak geheel vrij gehouden voor een penthouse. Dit geheel witte, opgetilde volume met afgeronde hoeken bevat twee kantoorverdiepingen. Het staat zelfstandig op het dak en vormt een *landmark* voor het gebouw eronder. Het dak zelf wordt door landschapsontwerper delta vorm groep ingericht als park, met een door middel van de oude goederenlift bereikbare parkeerplaats. Uiteindelijk vond de ontwikkelaar de kantoorruimte op het dak zo mooi dat hij het chic liet inrichten en zelf betrok.

The Las Palmas industrial building designed in 1953 by Van den Broek & Bakema was originally used as a workshop shed by the Holland-America Line. The building, a concrete frame clad with precast concrete panels, has been restored to its original state. The four storeys plus basement were stripped of later additions, allowing the distinctive, octagonal concrete mushroom columns to deliver flexible floor spaces once more. Extra fire-escape stairs and a penthouse volume were added and these structures cling to the building along with such original structural elements as stairways, hoisting beams, chimneys, elevator machine rooms, rooflights and trusses. The reborn Las Palmas building houses a diversity of cultural tenants, a ground floor restaurant, and office space on the third and fourth floors. The basement contains a car park and the repository of one of the tenants, the Nederlands Fotomuseum.

By placing all the building services inside the building in the former timber yard behind the concrete louvres, the roof was freed up for a penthouse. This all-white, raised volume with rounded corners contains two floors of office space. Perched above the roof, the freestanding volume acts as a landmark for the building below. A landscape designer will turn the roof itself into a triangular park with a car park that can be accessed via the old goods lift. The developer was so enchanted by the rooftop office that he had it stylishly fitted out and moved into it himself.

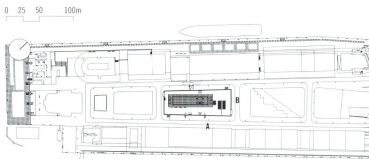

SITUATIE/SITE PLAN
A   WILHELMINAKADE
B   WESTERDAM

DOORSNEDEN/SECTIONS

VIJFDE, VIERDE, TWEEDE, EERSTE
VERDIEPING, BEGANE GROND/FIFTH,
FOURTH, SECOND, FIRST, GROUND
FLOOR

1   ENTREE CULTUUR/CULTURAL
     ENTRANCE
2   ENTREE COMMERCIEEL/
     COMMERCIEEL ENTRANCE
3   HORECA/CATERING
4   TONEEL/STAGE
5   CULTURELE ACTIVITEITEN/
     CULTURAL ACTIVITIES
6   TENTOONSTELLLINGSRUIMTE/
     EXHIBITION SPACE NFM
7   ARCHIEF/ARCHIVES NFM

8   KANTOOR/OFFICE
9   STUDIOS
10   WERKPLAATS/WORKSHOP
11   BIBLIOTHEEK/LIBRARY NFM
12   GOEDERENLIFT/GOODS LIFT
13   VERGADERRUIMTE/CONFERENCE
     ROOM
14   LOUNGE

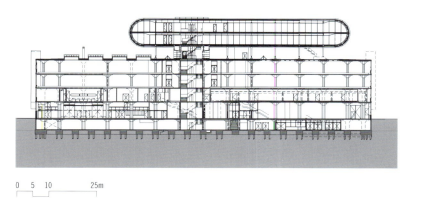

0 5 10   25m

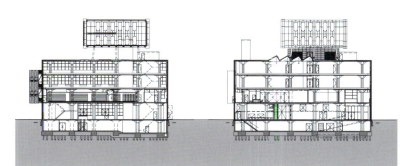

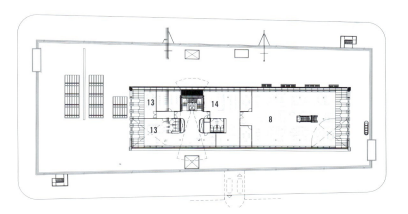

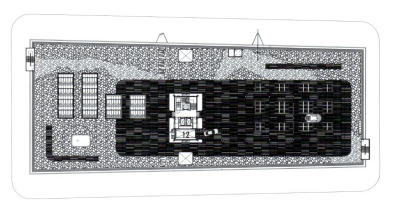

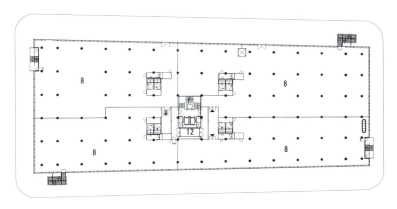

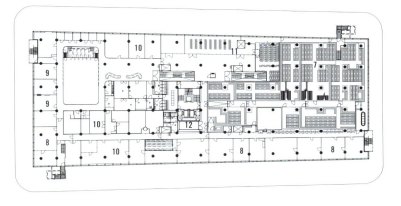

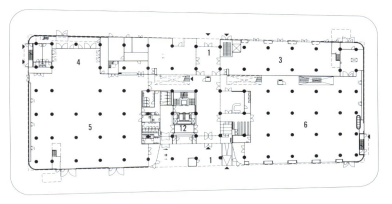

COURAGE
WOONHUIS EN KANTOOR COURAGE/
COURAGE HOUSE AND OFFICE

Niet veel architecten wonen in een geheel door henzelf ontworpen huis. En bij nog minder architecten is het een van hun eerste projecten én tevens het eigen kantoor. Dit alles geldt wel voor het woonhuis annex kantoor dat Courage bouwde aan een oude lintweg in een nieuwbouwwijk. Courage ontwierp dit geheel uit staal en glas opgetrokken huis als onderdeel van een project van vier huizen. Het eigen woonhuis met kantoor is opgebouwd uit twee vierkante volumes. Aan de straatzijde bevindt zich het kantoor, een transparant enkellaags volume op poten, boven een parkeerstrook. In de tuin staat een meer gesloten volume met een strakke vierkamerwoning over twee verdiepingen. De volledig zwarte dozen zijn gebouwd met industriële materialen en bouwtechnieken. Zo zijn de wanden gemaakt met geïsoleerde stalen binnendozen met stalen buitenbeplating en wordt het huis verwarmd en gekoeld met vloerverwarming, warmtepomp en luchtbuizen. Het extreem lange panoramavenster en de schuifpui, die een kolomloze opening kan maken van 7,2 x 2,7 meter, vergen niet alleen het uiterste van wat technisch mogelijk is, maar brengen bovenal een sterke relatie tot stand tussen binnen en buiten, tussen 'groen' en 'zwart'.

Not many architects live in a wholly self-designed house. And for even fewer architects is it their first ever project and coincidentally their own office. But such is indeed the case with the house-cum-office that Courage architects built in a new housing development. Courage designed the steel and glass building as part of a four-house project. Their own home-office is composed of two rectangular volumes. Facing the street is the office, a transparent single-storey volume raised on columns above a strip of hard standing. Facing the garden is a more introvert two-storey volume containing a four-room dwelling. The all-black boxes were built using industrial materials and construction techniques. The walls are made from insulated steel internal liner trays with a steel facade cladding, and the house is heated and cooled by means of floor heating, a heat pump and 'airsock' piping. The extremely long panorama window and the sliding French doors, which can make an opening of 7.2 by 2.7 metres, not only push technical possibilities to their limits but also generate a strong relation between inside and outside, between 'green' and 'black'.

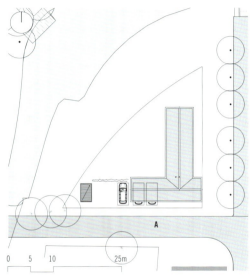

0 5 10 25m

154

VEENHUIZERWEG
APELDOORN

ARCHITECT:
COURAGE ARCHITECTEN BNA,
APELDOORN
PROJECTARCHITECT/PROJECT
ARCHITECT:
LARS COURAGE
MEDEWERKERS/CONTRIBUTORS:
CHRISTA COURAGE, LARS COURAGE,
RON VENDRIG
VERANTWOORDELIJKE
STEDENBOUWER/URBAN PLANNER:
AAD DE GRAAF, KUIPER
COMPAGNONS, ROTTERDAM; PETER
JONGES, GEMEENTE APELDOORN
ONTWERP–OPLEVERING/
DESIGN–COMPLETION:
2005–2007
OPDRACHTGEVER/CLIENT:
LARS & CHRISTA COURAGE,
APELDOORN

AANNEMER/CONTRACTOR:
BOUWBEDRIJF NIKKELS, TWELLO
CONSTRUCTEUR/STRUCTURAL
ENGINEER:
BARTELS INGENIEURS, APELDOORN
INTERIEURARCHITECT/INTERIOR
DESIGNER:
COURAGE ARCHITECTEN BNA,
APELDOORN
TUINARCHITECT/GARDEN DESIGNER:
MEEUWIS DE VRIES HOVENIERS,
EERBEEK
KALE BOUWSOM/BASIC BUILDING
COSTS:
€ 300.000 (INCL. INSTALLATIES/
BUILDING SERVICES)
BOUWKOSTEN PER M²/BUILDING
COSTS PER M²:
€ 1.050
FOTO'S/PHOTOS:
COURAGE

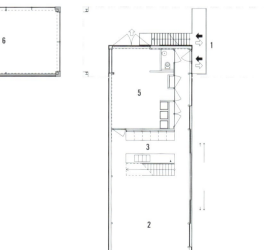

SITUATIE/SITE PLAN
A   VEENHUIZERWEG

EERSTE VERDIEPING, BEGANE
GROND/FIRST, GROUND FLOOR

1   ENTREE/ENTRANCE
2   WOONKAMER/LIVING ROOM
3   KEUKEN/KITCHEN
4   SLAAPKAMER/BEDROOM
5   GARAGE
6   KANTOOR/OFFICE
7   BADKAMER/BATHROOM

DE BRANDGRENS

Op 14 mei 2007 werd als onderdeel van 'Rotterdam 2007 City of Architecture' het bombardement op Rotterdam herdacht met een visualisering van de brandgrens. Deze grens markeerde het gebied dat als gevolg van het 15 minuten durende bombardement en de daaropvolgende branden op 14 mei 1940 verwoest werd.
Op deze 12 km lange lijn wierpen 128 lampen van 7000 watt hun stralen de hemel in, waardoor de impact van deze ingrijpende gebeurtenis zichtbaar werd. Aan een permanente markering wordt gewerkt door bureau West 8.

> www.rotterdam2007.nl

FIRE LINE

On 14 May 2007, as part of 'Rotterdam 2007 City of Architecture' the bombardment of Rotterdam was commemorated with a visualization of the 'fire line', the line demarcating the area devastated during the 15 minute bombardment and subsequent fires on 14 May 1940.
Along this 12 km line, 128 lamps beamed their 7000 watts into the night sky in a graphic rendering of the impact of that devastating event. West 8 urban design & landscape architects are working on a permanent lighting plan.

> www.rotterdam2007.nl

Easy deals, vette winst

In de wereld van het vastgoed is een affaire in wording. Over Alfamannetjes, loonslaven en kwartelboutjes.
'Als ik die deal met je doe, wat zit er dan voor mij aan vast?'

Jannetje Koelewijn

Deel C. Hoofdstraat in Amsterdam waar elke jonge vastgoedman zijn maatpak koopt Foto Jan Boeve/Hollandse Hoogte

'Geld interesseert me niet, het gaat mij om creatieve energie'

'Ik wil ook wel eens met mijn gezin op een motorjacht zitten'

ZWENDEL

Malafide praktijken vastgoed-managers konden jaren doorgaan

Justitie wil schoon schip maken in de vastgoedbranche. In één van de omvangrijkste fraudeonderzoeken uit de geschiedenis zijn tot dusver 25 verdachten gearresteerd. Hoe diep de beerput is moet nog blijken. Maar verschillen de grote bouwprojecten, zoals de Zuidas, dreigen vertraging op te lopen nu de hoofdrolspelers in diskrediet zijn gebracht.

HENK SCHUTTEN

'HET IS EEN MARKT WAARIN MEN ELKAAR IETS MOET GUNNEN'

VAN T. WAS EEN DRIJVENDE KRACHT ACHTER DE ZUIDAS

Zes verdachte mannen

Will F.

Cees H.

Harry H.

Hans van T.

Michiel F.

Jan van V.

SLOOP ZWARTE MADONNA

De mogelijke sloop van het uit 1985
daterende gebouw van Carlos Weeber kwam
voor het eerst in 2000 ter sprake. Na jaren
van ontwerpen, procederen en onderhandelen is het gebouw dit jaar gevallen.
Weeber stelde destijds dat hij 'iets mooiers
dan de Madonna niet kan maken'.

> www.earth.google.com

BLACK MADONNA DEMOLISHED

The demolition of the 1985 building designed
by Carlos Weeber was first mooted in 2000.
After years of design plans, legal proceedings
and negotiations, the building was finally
pulled down in 2007. Back in 1985, Weeber
claimed that he would never make anything
'more beautiful than the Madonna'.

> www.earth.google.com

LE CORBUSIER

Tussen 26 mei en 2 september kreeg het Nederlands Architectuurinstituut meer tentoonstellingsbezoekers te verwerken dan ooit tevoren. Ze vergaapten zich aan de meer dan 450 originele tekeningen, films, maquettes en schilderijen van Le Corbusier, de meest visionaire onder de pioniers van de moderne architectuur. De manifestatie was het resultaat van een samenwerking tussen Vitra Design Museum, Royal Institute of British Architects, Fondation Le Corbusier en NAi.

> www.design-museum.de

LE CORBUSIER

Between 26 May and 2 September 2007, the Netherlands Architecture Institute processed more exhibition visitors than ever before. They came to pore over upwards of 450 drawings, films, models and paintings by Le Corbusier, the most visionary among the pioneers of modern architecture. The event was the result of a collaboration between Vitra Design Museum, the Royal Institute of British Architects, Fondation Le Corbusier and NAI.

> www.design-museum.de

IN MEMORIAM

JAN VERSNEL (1924–2007)

Architectuurfotograaf Jan Versnel overleed op 1 juli 2007 op 83-jarige leeftijd. Versnel wordt algemeen beschouwd als de nestor van de Nederlandse architectuur-, interieur- en productfotografie. Tot zijn opdrachtgevers behoorden architecten als Marcel Breuer, Aldo van Eyck en Jan Rietveld en ontwerpers als Kho Liang Ie en Benno Premsela. Na les te hebben gehad van Bernard Eilers en Jaap d'Oliveira vestigde hij zich in 1947 als zelfstandig fotograaf. Na de oorlog werd hij op voorspraak van Eva Besnyö lid van de GKf, een vakorganisatie van vooruitstrevende fotografen. Van 1971 tot 1983 doceerde Versnel aan de Rietveld Academie. Zijn foto's werden veelvuldig gepubliceerd in vakbladen als *Bouwkundig Weekblad*, *Goed Wonen* en *Forum*. In 1997 verscheen een overzicht van zijn werk.

Architectural photographer Jan Versnel died on 1 July 2007, aged 83. Versnel is widely regarded as the grand old man of Dutch architecture, interior and product photography. His clients included architects Marcel Breuer, Aldo van Eyck and Jan Rietveld and designers Kho Liang Ie and Benno Premsela. After training with Bernard Eilers and Jaap d'Oliveira, he set up his own studio in 1947. After the war Eva Besnyö endorsed Versnel for membership of the Gkf, a professional organization for progressive photographers. From 1971 to 1983, Versnel taught at the Rietveld Academy. His photographs were widely published in trade journals, such as *Bouwkundig Weekblad*, *Goed Wonen* and *Forum*. An overview of his work was published in 1997.

SJOERD SCHAMHART (1921–2007)

Architect Sjoerd Schamhart overleed op 10 augustus 2007 op 88-jarige leeftijd. Hij is bekend geworden door zijn gebouwen in Den Haag, zoals de naar hem vernoemde uitbreiding van het Gemeentemuseum Den Haag, waarin nu het museum voor actuele kunst GEM en het Fotomuseum zijn gevestigd. Schamhart ontwierp in de jaren vijftig een aantal scholen, waaronder het Grotius College. In 1964 kwam de door hem ontworpen Visafslag in Scheveningen gereed. Van de woningcomplexen die Schamhart ontwierp, is Couperusduin, op het terrein van de vroegere Alexanderkazerne in de Haagse Archipel-buurt, het bekendst.

Architect Sjoerd Schamhart died on 10 August 2007, aged 88. He made a name for himself with his buildings in The Hague which included the 'Schamhart Wing' of the Gemeentemuseum Den Haag which now houses GEM, the museum for contemporary art and the Fotomuseum. In the 1950s, Schamhart designed several schools, among them the Grotius College. 1964 saw the completion of his fish market in Scheveningen. The best known of the housing schemes designed by Schamhart is Couperus-duin, on the site of the former Alexander Barracks in The Hague's Archipel neighbourhood.

TEUN KOOLHAAS (1940–2007)

Op 3 oktober 2007 overleed architect en stedenbouwkundige Teun Koolhaas. Hij werd 67 jaar. Koolhaas geldt als een van de grote Nederlandse stedenbouwkundigen van na de Tweede Wereldoorlog. Hij werkte onder meer aan Almere, Zeewolde en de IJ-oevers in Amsterdam. Een van de laatste projecten waaraan hij werkte, was een verbinding tussen Amsterdam en Almere via het eiland Pampus, in opdracht van Atelier IJmeer. Als architect maakte Koolhaas naam met onder andere het gebouw voor tandheelkunde op De Uithof te Utrecht.

Teun Koolhaas, architect and urban planner died on 3 October 2007, aged 67. Koolhaas is considered one of the Netherlands's greatest post-war urban designers. The projects on which he worked include Almere, Zeewolde and Amsterdam's IJ-oevers. One of his last commissions, for Atelier IJmeer, concerned a link between Amsterdam and Almere via Pampus Island. Among Koolhaas's architectural projects was the dentistry school on Utrecht's De Uithof campus.

REM KOOLHAAS

Architect Rem Koolhaas ontving een ere-doctoraat van de Katholieke Universiteit Leuven vanwege de aandacht die hij besteedt aan de plaats van architectuur in de samen-leving en voor de ontwikkeling van de stad als weerspiegeling van maatschappelijke verandering. Koolhaas richtte in 1975 het Office for Metropolitan Architecture (OMA) op, waarmee hij een aantal grote bouwprojecten uitvoerde, zoals Euralille, de bibliotheek van Seattle en het Guggenheim Museum in Las Vegas. Momenteel werkt OMA aan het hoofd-kantoor voor de Chinese staatstelevisie CCTV in Peking. Met OMA heeft Koolhaas sinds het eind van de jaren 1990 ook een eigen onder-zoeksinstituut, AMO.

Architect Rem Koolhaas received an honorary doctorate from Leuven Catholic University in recognition of his concern for the position of architecture in society and for the development of the city as a reflection of social change. With his Office for Metropolitan Architecture (OMA), established in 1975, he has realized a great many building projects such as Euralille, the Seattle public library and the Guggenheim Museum in Las Vegas. OMA is currently working on the headquarters of Chinese state television, CCTV, in Peking. In the late 1990s Koolhaas and OMA set up their own research institute, AMO.

FRANCINE HOUBEN

Tijdens het jaarlijkse congres van het American Institute of Architects (AIA) in San Antonio, Texas kreeg architect Francine Houben het Honorary Fellowship uitgereikt. De AIA reikt deze hoge onderscheiding uit aan een buitenlandse architect die een belangrijke bijdrage heeft geleverd aan de internationale architectuur en aan de maatschappij. Nederlandse architecten die eerder deze eer te beurt viel, zijn Jaap Bakema, Aldo van Eyck, Herman Hertzberger en Rem Koolhaas. In Toronto ontving Francine Houben het Honorary Fellowship van het Royal Architecture Institute of Canada, omdat ze met haar bureau Mecanoo in 25 jaar een hoogwaardig en uitgebreid oeuvre heeft opgebouwd en directeur/curator was van de uiterst succes-volle Eerste Architectuur Biënnale Rotterdam (2003), waarmee zij als een van de actiefste Europese architecten kan worden beschouwd. Houben is de eerste Nederlandse architect die deze onderscheiding van het RAIC kreeg uitgereikt.

During the annual congress of the American Institute of Architects (AIA) in San Antonio, Texas, architect Francine Houben was presented with an Honorary Fellowship. The AIA awards this high honour to foreign architects who have made an important contribution to international architecture and society. Other Dutch architects to have been similarly honoured are Jaap Bakema, Aldo van Eyck, Herman Hertzberger and Rem Koolhaas. In Toronto Francine Houben was made an Honorary Fellow of the Royal Architecture Institute of Canada in recognition of the body of work she has built up with her firm Mecanoo during the past 25 years. This, together with her work as director/curator of the extremely successful First Architecture Biennale Rotterdam (2003), make her one of the most active European architects. Houben is the first Dutch architect to have received this honour from the RAIC.

CEES DAM

Cees Dam werd benoemd tot ridder in de Orde van de Nederlandse Leeuw in het mede door hemzelf ontworpen Muziektheater in Amster-dam, waar hij zijn 75e verjaardag vierde. Dam kreeg het eerbetoon voor zijn bijzondere verdiensten en zijn inzet voor de architectuur en cultuur als onderdeel van een duurzame samenleving. Ook werd hij geëerd voor zijn inspanningen om de kennis van de bouwkunst te vergroten. Dam was onder andere decaan van de Faculteit Bouwkunde van de TU Delft en lid van de Raad voor Cultuur. De architect ontwierp onder meer de Optiebeurs in Amsterdam, het stadhuis van Almere en, voor de Rijksgebouwendienst, de rechtbanken in Rotterdam en Lelystad. Hij maakte het plan voor de renovatie van het ministerie van Landbouw, Natuur en Voedselkwaliteit, die binnenkort wordt afgerond.

Cees Dam was named Companion of the Order of the Dutch Lion in Amsterdam's Muziektheater (a building he helped to design) where he was celebrating his 75th birthday. Dam received this accolade for his exceptional achievements and for his contributions to architecture and culture as part of a sustainable society. He was also honoured for his dedication to the dissem-ination of architectural awareness. In his time, Dam has been dean of the architectural faculty at TU Delft and a member of the Council for Culture. His works include law courts in Rotterdam and Lelystad for the Government Buildings Agency, the Optiebeurs in Amsterdam and Almere Town Hall. His renovation of the Ministry of Agriculture, Nature and Food Quality is currently nearing completion.

PRIJZEN
PRIZES

AGA KHAN AWARD

Dick van Gameren en Bjarne Mastenbroek hebben in Kuala Lumpur de Aga Khan Award 2007 ontvangen voor hun ontwerp van de Nederlandse ambassade in Addis Abeba. De driejaarlijkse Aga Khan Prijs, een van de grootste prijzen in de architectuurwereld, werd in 1977 ingesteld voor projecten in de islamitische wereld. De ambassade in Ethiopische hoofdstad is in 2005 gebouwd.
At a presentation ceremony in Kuala Lumpur, Dick van Gameren and Bjarne Mastenbroek received the Aga Khan Award 2007 for their design of the Netherlands Embassy in Addis Abeba. The three-yearly award, one of the world's richest architectural prizes, was inaugurated in 1977 for architectural projects in the Islamic world. The embassy in the Ethiopian capital was built in 2005.

AMSTERDAMSE NIEUWBOUWPRIJS
AMSTERDAM NEW-BUILD PRIZE

Minister Vogelaar van Wonen, Wijken en Integratie heeft de eerste Amsterdamse Nieuwbouwprijs uitgereikt aan opdrachtgever en uitvoerder Hillen & Roosen en Architectenbureau Geusebroek Stefanova van De Monnik. Dit appartementencomplex bevindt zich midden in het Wallengebied, in het historische centrum van Amsterdam. De bewoners zijn buitengewoon tevreden en gaven een 9,8 als rapportcijfer. De jury prees de uitstraling van het gebouw, de compacte indeling en de afwerking. De Monnik kreeg 30 procent van de (via de website) uitgebrachte stemmen.
Minister Vogelaar for Housing, Communities and Integration awarded the first Amsterdam New-build Prize to the client and project architects (Hillen & Roosen and Architectenbureau Geusebroek Stefanova) of De Monnik. This apartment complex is located in the middle of the Wallen district in the historical centre of Amsterdam. Residents gave the building a satisfaction rating of 9.8 out of 10. The jury praised the building's appearance, the compact internal organization and the finishing. De Monnik received 30 per cent of the votes, cast via the official website.

ARCHIPRIX 2007

De Nederlandse ontwerpopleidingen selecteren jaarlijks hun beste afstudeerplannen op het terrein van de architectuur, stedenbouw en landschapsarchitectuur voor deelname aan Archiprix. De twee winnaars van Archiprix 2007 zijn Jochem Heijmans (Academie van Bouwkunst, Amsterdam) met zijn bouwwerk van de Tekton en Max Rink (TU Delft) met Maja Turg, een markt voor Tallinn. De twee tweede prijzen gingen naar Francisco Adão da Fonseca (TU Delft) voor Osdorp Rings en naar Saša Radtenoć(Academie van Bouwkunst, Amsterdam) voor SmART, Sarajevo Museum of Art. De jury van Archiprix bestond uit Ruurd Gietema (stedenbouw), Sylvia Karres (landschapsarchitectuur), Madeleine Maaskant (architectuur), Koen Ottenheym (theorie), Herman Zeinstra (architectuur), Henk van der Veen (secretaris).
Every year Dutch design schools enter their best graduation projects in the fields of architecture, urban design and landscape architecture for the Archiprix. The two winners of Archiprix 2007 were Jochem Heijmans (Academy of Architecture, Amsterdam) for his Tekton building and Max Rink (TU Delft) with Maja Turg, for a market in Tallinn. The two second prizes went to Francisco Adão da Fonseca (TU Delft) for Osdorp Rings and to Saša Radtenoć(Academy of Architecture, Amsterdam) for SmART, Sarajevo Museum of Art. The Archiprix jury consisted of Ruurd Gietema (urbanism), Sylvia Karres (landscape architecture), Madeleine Maaskant (architecture), Koen Ottenheym (theory), Herman Zeinstra (architecture) and Henk van der Veen (secretary).

ARCHITECT VAN HET JAAR
ARCHITECT OF THE YEAR

UN Studio (Amsterdam) werd tot de eerste Nederlandse Architect van het Jaar 2007 verkozen. Binnen de vijf thematische rangorde en de nominatievolgorde werden zij de overallwinnaar. Op de tweede plaats kwam Rudy Uytenhaak Architectenbureau en als derde Venhoeven CS, beide gevestigd te Amsterdam. De prijs is ingesteld ter gelegenheid van het tienjarig jubileum van ArchitectenWerk en heeft als doel om, behalve de bekende hoge architectonische kwaliteit van hun gerealiseerde werk, ook de professionaliteit en innovatiekracht van Nederlandse architectenbureaus onder de aandacht te brengen van opdrachtgevers, pers en publiek. De elf voor de prijs genomineerde architectenbureaus zijn door een professionele jury bevraagd aan de hand van een vijftal thema's, te weten bedrijfsvoering, duurzaamheid, innovatie, kennisontwikkeling en klantvriendelijkheid.
UN Studio (Amsterdam) was chosen Dutch Architect of the Year 2007 in the first such award in the Netherlands. They were the overall winner in the five thematic rankings and in the nomination ranking. Second place went to Rudy Uytenhaak Architectenbureau and third to Venhoeven CS, both of Amsterdam. The prize, which was created to mark the tenth anniversary of ArchitectenWerk, is aimed at bringing the architectural quality, professionalism and innovation of Dutch architects to the attention of clients, press and public. The eleven practices nominated for the prize were questioned by a professional jury on five topics, namely business management, sustainability, innovation, knowledge development and client friendliness.

ARCHITECTUURPRIJS ACHTERHOEK
ACHTERHOEK ARCHITECTURE PRIZE

Erik van Wel (BRT Architecten in Alkmaar) won deze prijs voor het ontwerp van het Christelijk College Schaersvoorde in Aalten. De jury prees de detaillering van het geheel dat puntgaaf is tot aan de belettering toe, evenals de kunsttoepassing in de glazen pui en het hekwerk (zowel buiten als binnen). Het ritme van de gevel en de trap naar de hoofdingang maakt er een uitnodigend gebouw van. De Publieksprijs 2007 is gewonnen voor Rooijakkers + Tomesen Architecten in Amsterdam voor hun ontwerp van de stadswoning 'Buitenste-binnen' in Doetinchem.
Erik van Wel (BRT Architecten in Alkmaar) won this prize for the design of the Christelijk College Schaersvoorde in Aalten. The jury praised the meticulous detailing of the entire building (down to the signage), the incorporation of art into the glass facade and the balustrading (indoors and out). The rhythm of the facade and the steps leading up to the main entrance make for a welcoming building. The Public Choice Award 2007 was won by Rooijakkers + Tomesen Architecten of Amsterdam for their design of the 'Inside-Out' townhouse in Doetinchem.

ARCHITECTUURPRIJS AMERSFOORT
AMERSFOORT ARCHITECTURE PRIZE

De winnaar van deze architectuurprijs, die tweejaarlijks wordt uitgereikt, was bureau Rik Lagerwaard Architect met het ontwerp van een in groen koper uitgevoerd woonhuis aan de Bachweg. Bij de tentoonstelling 'Architectuurprijs Amersfoort, het allermooiste van de stad' en via internet konden mensen hun stem uitbrengen op tien genomineerde projecten.
This biennial award was won by Rik Lagerwaard Architect for their design of an angular, green copper covered house on Bachweg. People were able to vote for one of ten nominated projects either at the exhibition, 'Amersfoort Architecture Prize, the city's finest', or via the Internet.

ARCHITECTUURPRIJS APELDOORN
APELDOORN ARCHITECTURE PRIZE

Het plintgebouw van de Belastingdienst is bekroond met de Architectuurprijs Apeldoorn 2007, 3.500 euro en een kunstwerk. Het gebouw is ontworpen door Neutelings Riedijk Architecten. Door de komst van het plintgebouw is het geheel van bouwwerken samen gebonden tot één complex. In het gebouw zijn gemeenschappelijke functies ondergebracht, zoals een congrescentrum, sportfaciliteiten en een restaurant. Op het gebouw wordt een plaquette aangebracht die aan de prijs herinnert. De Stentor Publieksprijs ging naar de villa in Beekbergen van Factor Architecten.
The Dutch taxation department's 'plinth building' won the Apeldoorn Architecture Prize 2007 (3500 euros and an artwork). The building, which links four new and two existing office towers, was designed by Neutelings Riedijk Architecten. The partially sunken building contains shared functions like a conference centre, sporting facilities and a restaurant. A plaque recording the award will be mounted on the building. The Stentor Public Choice Award went to a villa in Beekbergen by Factor Architecten.

BETONPRIJS 2007
CONCRETE AWARD 2007

De Betonprijs wordt iedere twee jaar georganiseerd op initiatief van de Betonvereniging, het overkoepelende en coördinerende orgaan binnen de betonbouw. Naast de vijf Betonprijswinnaars kende de jury tevens een Speciale Projectprijs toe aan de HSL Zuid, de hogesnelheidslijn van Amsterdam naar de Belgische grens. Bovendien werd ingenieursbureau Pieters Bouwtechniek gehuldigd met een bijzondere Constructeursprijs vanwege zijn constructieve inbreng in een groot aantal inzendingen voor deze vijftiende editie van de Betonprijs. Het woonhuis van de familie Van Esch in Tilburg werd verkozen tot winnaar in de categorie 'Woningbouw'. In de categorie 'Bruggen & Viaducten' ging de Betonprijs naar het project Bruggen Zuiderpark Oldegaarde in Rotterdam. De jury verkoos het project Woontoren Porthos in Eindhoven tot winnaar van de Betonprijs 2007 in de nieuwe categorie 'Uitvoering' (voorheen STUBECO Uitvoeringsprijs). In de categorie 'Utiliteitsbouw' streek het Nederlands Instituut voor Beeld & Geluid in 2007 met de eer. Het project KW17 Tunnel Rodenrijse Vaart won de Betonprijs 2007 in de categorie 'Constructies in de waterbouw'.
The Concrete Award is presented every two years and is an initiative of the Concrete Association, the main umbrella organization for concrete within the construction industry. In addition to five Concrete Award winners, the jury awarded a Special Project Prize to HSL Zuid, the high-speed train line from Amsterdam to the border with Belgium, and a Structural Engineering Prize to Pieters Bouwtechniek for its contribution to so many of the entries in this fifteenth edition of the Concrete Award. The Van Esch family house in Tilburg emerged the winner of the 'Housing' category, while 'Bridges & Viaducts' was won by the Zuiderpark Oldergaarde bridges project in Rotterdam. In the 'Realization' category (previously known as the STUBECO Realization Award), the jury chose the Porthos Housing Block in Eindhoven. The 'Non-residential' category prize went to the Netherlands Institute for Sound and Vision and the Civil Engineering category was won by the Rodenrijse Vaart KW17 Tunnel.

BNA GEBOUW VAN HET JAAR
BNA BUILDING OF THE YEAR

De Vesteda Toren in Eindhoven van architecten Jo Coenen en Geert Coenen (Jo Coenen & Co Architekten) is uitgeroepen tot BNA Gebouw van het Jaar 2007. Met de verwerkelijking van deze toren bezit Eindhoven een nieuw en prominent *landmark*. Het gebouw is feitelijk een instantmonument. Door een prachtige balans tussen schaal, hoogte en materiaal heeft dit ontwerp voor hoogbouw zich verder zeer harmonieus weten te schikken in het bestaande stedelijk weefsel. De verkiezing van het BNA Gebouw van het Jaar is een initiatief dat tot doel heeft de architectonische kwaliteiten van recent gerealiseerde gebouwen onder de aandacht te brengen.
The Vesteda Tower in Eindhoven by architects Jo and Geert Coenen (Jo Coenen & Co Architekten) was declared BNA Building of the Year 2007. The completion of this tower has given Eindhoven a new and prominent landmark. The building is an instant monument. At the same time, thanks to a perfect balance between scale, height and material, this new high-rise manages to merge harmoniously with the existing urban fabric. The aim of the BNA Building of the Year award is to draw the public's attention to the architectural qualities of recently completed buildings.

BNA KUBUS
BNA CUBE

De prestigieuze architectuurprijs BNA werd in 2007 toegekend aan het Office for Metropolitan Architecture (OMA). De jury heeft de Kubus toegekend aan OMA voor het gehele oeuvre en roemt de enorme invloed van het werk van dit bureau op de architectuur in Nederland en ver daarbuiten en hun bijdrage aan de bureau- en beroepspraktijk, nationaal en internationaal. Volgens de jury heeft OMA 'met zijn werk en werkwijze ruimte gemaakt voor het vak'.
This prestigious BNA prize was awarded to the Office for Metropolitan Architecture (OMA) in 2007. In awarding OMA the Cube for its entire body of work, the jury noted the huge influence the firm's work has had on architecture in and beyond the Netherlands and commended its contribution to office management and professional practice, both nationally and internationally. According to the jury, OMA 'has created space for the profession through its work and method of working'.

BNI PRIJS
BNI PRIZE

Margarita Gaier van de Academie Beeldende Kunsten Maastricht won in 2007 de BNI-prijs met haar ontwerp Tango Club 'La Boca': een tangodanszaal, bar en loungeruimte in een voormalig bioscoopgebouw. Het ontwerp van Gaier wordt door de jury geprezen om de goede uitwerking, speelse keuzes en op het uitgaanspubliek afgestemde interieur-oplossingen. De prijs gaat hiermee voor de derde keer op rij naar de Academie van Maastricht. De Beroepsvereniging Nederlandse Interieurarchitecten (BNI) reikt de BNI-prijs jaarlijks uit aan de meest getalenteerde, pas afgestudeerde interieurarchitect.
Margarita Gaier of the Maastricht Academy of Fine Art won the 2007 BNI prize with her design for Tango Club 'La Boca', a tango dance hall, bar and lounge space in a one-time cinema. Gaier's design was praised by the jury for its excellent elaboration, light-hearted choices and interior design solutions tailored to the club-going public. The prize is awarded by the BNI (Association of Dutch Interior Architects) to the most talented newly graduated interior architect. This is the third time in a row that the prize has gone to a student at the Maastricht academy.

EUREGIONALE ARCHITECTUURPRIJS
EUREGIONAL PRIZE FOR ARCHITECTURE

De eerste prijs (2.500 euro) voor het beste afstudeerproject afkomstig van de vijf architectuuropleidingen uit de Euregio, die in 2007 voor de zeventiende keer werd uitgereikt, ging naar Martina Malsbender (RWTH Aachen). De inzending 'Doppelmuseum' van Malsbender bezat volgens de jury een onverwacht programma vanwege de combinatie van twee erg verschillende presentaties: landbouwvoorwerpen en sculpturen. Het thema van een gebouw in een gebouw werd op een originele wijze geïnterpreteerd. De internationale jury, Christian Kieckens, Sophie Fette, Vera Yanovshtchinsky, Matthias Koch en Adrien Verschuere, kende een tweede prijs toe aan David Capell (RWTH Aachen) voor zijn project 'Tanzzentrum Rotterdam' en een derde prijs aan Jane Dimacuha (RWTH Aachen) voor haar project 'Living bridge – Highdelberg'.
The first prize (2500 euros) for the best graduation project from the five participating architecture programmes in the Meuse-Rhine Euregio, awarded for the seventeenth time in 2007, went to Martina Malsbender (RWTH Aachen) for 'Double Museum'. The jury was intrigued by the unexpected programme resulting from a combination of two very different museum presentations, agricultural equipment and sculptures. All in all it was a most original interpretation of the theme of a building within a building. The international jury consisting of Christian Kieckens, Sophie Fette, Vera Yanovshtchinsky, Matthias Koch and Adrien Verschuere awarded second prize to David Capell (RWTH Aachen) for Tanzzentrum Rotterdam' and a third prize to Jane Dimacuha (RWTH Aachen) for her 'Living Bridge – Highdelberg' project.

EUROPEAN ALUMINIUM IN RENOVATION AWARD 2007

Pakhuis De Nautilus in Scheveningen werd de winnaar van de European Aluminium in Renovation Award. Het woongebouw naar ontwerp van Archipelontwerpers werd samen met vier projecten elders in Europa onderscheiden. Met deze award worden restauratie- en conserveringsprojecten onderscheiden waarbij aluminium op innovatieve en duurzame wijze is toegepast. De Nautilus is een van de gerestaureerde pakhuizen in een voormalige vissershaven te Scheveningen. De jury, onder leiding van Jan Brouwer (rijksadviseur voor de infrastructuur), vond dat het gebruik van aluminium de architectuur een optimistische en moderne uitstraling heeft gegeven. Het plaatsen van een penthouse op het dak heeft bovendien in Nederland een discussie teweeggebracht over woningbouw op daken.
Pakhuis De Nautilus in Scheveningen was the winner of the European Aluminium in Renovation Award. The apartment block designed by Archipelontwerpers was one of five European projects to be honoured. The award recognizes restoration and conservation projects in which aluminium is used in an innovative and sustainable manner. Nautilus is one of several restored and converted warehouses in the former fishing port of Scheveningen. The jury, chaired by Jan Brouwer (State advisor on Infrastructure), felt that the use of aluminium had lent the architecture an optimistic and modern appearance. The addition of a penthouse apartment on the roof of the building has also sparked a debate about roof-top housing in the Netherlands.

EUROPEAN REGIONAL CULTURAL CHAMPION AWARD

Het project 'Water In Historic City Centres' (WIHCC) won de eerste European Regional Cultural Champion Award. WIHCC is een Europees samenwerkingsproject tussen de steden Breda (NL), 's-Hertogenbosch (NL), Gent (B), Mechelen (B) Chester (UK) en Limerick (IE). Dit project is ontstaan in het kader van het Europese Interreg IIIB-programma voor Noordwest-Europa (NWE). WIHCC ontving de prijs omdat de deelnemende steden volgens de Europese jury er het beste in geslaagd waren in een Europees samenwerkingsproject het culturele erfgoed van hun steden te promoten bij een breed publiek. Breda is de *lead partner* van het WIHCC-project. De titel van het project weerspiegelt de groeiende centrale rol die het water speelt in de economische en ruimtelijke intensivering van oude stadscentra die een historische relatie hebben met het water.
The project 'Water in Historic City Centres' (WIHCC) won the first European Regional Cultural Champion Award. WIHCC is a European joint venture by the cities of Breda (NL), 's-Hertogenbosch (NL), Ghent (B), Mechelen (B), Chester (UK) and Limerick (IE) and was developed in the context of the European Interreg IIIB programme for Northwest Europe (NWE). WIHCC received the prize because, according to the European jury, the six partner cities succeeded best in promoting their cultural heritage to a wide audience. Breda is the lead partner in the WIHCC project, the title of which reflects the increasing focus on water in the economic and spatial concerns of old city centres that enjoy an historical relationship with water.

DE GOUDEN PIRAMIDE
THE GOLDEN PYRAMID

De jaarlijkse Rijksprijs voor inspirerend opdrachtgeverschap De Gouden Piramide, in 2007 met als thema 'gebiedsontwikkeling', is toegekend aan de gemeente Enschede voor de wederopbouw en herstructurering van de wijk Roombeek, die op 13 mei 2000 door een vuurwerkramp werd getroffen. De Gouden Piramide staat open voor onder meer gemeenten, particulieren, bedrijven, instellingen en professionele opdrachtgevers en wordt toegekend naar aanleiding van een of meerdere gerealiseerde projecten die een toonbeeld zijn van de bijzondere rol die het opdrachtgeverschap kan spelen bij het ontwerp- en bouwproces. De prijs bestaat uit 50.000 euro, een publicatie en een trofee. De Gouden Piramide is een gezamenlijk initiatief van de ministeries van Volkshuisvesting, Ruimtelijke Ordening en Milieubeheer, Landbouw, Natuur en Voedselkwaliteit, Onderwijs Cultuur en Wetenschap en Verkeer en Waterstaat.
The 2007 Golden Pyramid, the annual state award for inspiring commissioning, was on the theme of 'area development' and was won by the City of Enschede for the reconstruction and spatial restructuring of Roombeek, the district that was largely destroyed by a fireworks explosion on 13 May 2000. The Golden Pyramid is open to local councils, private parties, businesses, institutions, professional commissioning bodies, and the like; it is awarded for one or more realized projects that exemplify the positive impact that good commissioning can have on the design and construction process. The prize consists of 50,000 euros, a publication and a trophy. The Golden Pyramid is a joint initiative of four ministries: Housing, Spatial Planning and the Environment; Agriculture, Nature Management and Fisheries; Education, Culture and Science; and Transport, Public Works and Water Management.

GREAT INDOORS AWARD

The Great Indoors wil met tweejaarlijkse prijzen, een conferentie en workshops een bijdrage leveren aan het groeiende belang van het interieur op internationaal niveau. Daarnaast beoogt het evenement door middel van de workshops en een masterclass en met behulp van genomineerden een stimulerende werking uit te oefenen op het onderwijs, het opdrachtgeverschap en de rol van de ontwerper. Betrokken zijn onder meer de Academie Beeldende Kunsten Maastricht, Academie van Bouwkunst Maastricht en Z33 in Hasselt. De jury stemde in 2007 voor prijzen in vijf categorieën. Het Japanse ontwerpbureau Wonderwall werd onderscheiden met de prijs Interior Design Firm of the Year (10.000 euro); Zaha Hadid, Heatherwick Studios, Ryui Nakamura Architects en Item Idem ontvingen de overige vier prijzen.
The Great Indoors aspires to contribute to the growing, international importance of the interior by means of prizes, a conference and workshops. This new, biennial event also hopes to have a positive effect on education, commissioning practice and the role of the designer via workshops and a masterclass. The initiators include the Maastricht Academy of Fine Arts, Maastricht Academy of Architecture and Z33 in Hasselt. In 2007 the jury chose winners in five categories. The Japanese design firm Wonderwall won the prize for Interior Design Firm of the Year (10,000 euros) while the remaining four prizes went to Zaha Hadid, Heatherwick Studios, Ryui Nakamura Architects and Item Idem.

INTERNATIONAL ARCHITECTURE AWARD

Het Rotterdamse architectenbureau Neutelings Riedijk was in 2007 de winnaar van de International Architecture Award, die de organisatie van de Belgische bouwbeurs Batibouw en de koepel van aannemersbedrijven Confederatie Bouw jaarlijks uitreiken. In België kreeg Neutelings Riedijk bekendheid met hun ontwerp voor het kunstencentrum Stuk in Leuven, het Antwerpse MAS en het Gentse sociale huisvestingsproject Hollainhof.
Rotterdam practice Neutelings Riedijk was the winner of the 2007 International Architecture Award organized and presented by the Belgian trade fair, Batibouw, and Confederatie Bouw, the umbrella organization of contracting companies. Neutelings Riedijk have made a name for themselves in Belgium with their designs for the Stuk arts centre in Leuven, the MAS in Antwerp and Hollainhof, a social housing scheme in Ghent.

INTERNATIONALE ARCHITECTUURPRIJS
INTERNATIONAL ARCHITECTURE PRIZE

Met het ontwerp voor een astmakliniek en zorghotel in Rotterdam won Stefan Kolen, junior architect bij DHV, de Internationale Architectuurprijs. Kolen ontwierp onder begeleiding van Bas Molenaar in het afstudeeratelier van de Faculteit Bouwkunde aan de TU Eindhoven het project 'Dutch Mountain', een gebouw dat gezonde berglucht in hartje Rotterdam brengt. Met dit project won Kolen in Tokyo ook de GUPHA student competition (Global University Programs in Healthcare Architecture). Het GUPHA platform, waaraan ook de TU Eindhoven deelneemt, heeft tot doel kennisuitwisseling tussen alle universiteiten die zich met gezondheidszorg bezighouden.
With his design for an asthma clinic and health care hotel in Rotterdam, Stefan Kolen, a junior architect with DHV, won the International Architecture Prize. Kolen designed his 'Dutch Mountain', a building that brings healthy alpine air into the middle of Rotterdam, in the graduation studio of the Faculty of Architecture at TU Eindhoven under the supervision of Bas Molenaar. The project also won Kolen first prize in the student competition organized by GUPHA (Global University Programs in Healthcare Architecture), a forum dedicated to the exchange of knowledge among all universities (including TU Eindhoven) with programmes relating to the design of health care facilities.

JAN HUYGHEN VAN LINSCHOTEN PRIJS
JAN HUYGHEN VAN LINSCHOTEN PRIZE

ABN AMRO wil met deze prijs het bedrijf belonen dat op internationaal gebied het beste naar voren komt qua ambitie, ondernemerschap, verkoopconcept, aanpak en financiële cijfers en zo een positieve bijdrage levert aan het handelsklimaat. Het Office for Metropolitan Architecture kreeg de prijs (25.000 euro en een sculptuur) toegekend, omdat het op een goede manier weet te concurreren en zich succesvol profileert in opkomende markten zoals China en de Verenigde Arabische Emiraten. OMA bouwt netwerken op door succesvolle allianties aan te gaan met lokale partners, aldus de jury, die de prijs voor de vijfde keer uitreikte.
ABN AMRO's aim in offering this prize, which is now in its fifth year, is to reward companies that make the best international showing in terms of ambition, enterprise, sales concept, approach and financial results and by so doing make a positive contribution to international commerce. The Office for Metropolitan Architecture received the prize (25,000 euros and a sculpture) for its successful ventures into emerging markets like China and the United

Arab Emirates. According to the jury, OMA builds networks by entering into highly effective alliances with local partners.

LENSVELT DE ARCHITECT INTERIEURPRIJS
LENSVELT/DE ARCHITECT INTERIOR PRIZE

Merkx + Girod Architecten werd de winnaar van de Interieurprijs (25.000 euro) voor hun ontwerp voor boekhandel Selexyz in Maastricht. Het winnende project betreft de omvorming van de gotische Dominicanenkerk tot onderkomen van twee tot Selexyz samengevoegde boekhandels. Het bureau won omdat het volgens de jury het meest consequent het programma van eisen heeft vertaald en het best de relatie naar de stad heeft gelegd. Voor de Interieurprijs waren in 2007 relatief minder commerciële ruimtes ingezonden, het publieke interieur lijkt volgens de jury te zijn begonnen aan een voorzichtige comeback.
Merkx + Girod Architecten won the Interior Prize (25,000 euros) with their design for the Selexyz bookshop in Maastricht. The winning project entailed converting a gothic Dominican church into premises for two booksellers that had merged to form Selexyz. The jury awarded the prize to this design because of its logical interpretation of the terms of reference and because it established a good relation with the city. Entries for the 2007 Interior Prize included relatively fewer commercial spaces, which led the jury to conclude that the public interior might be staging a cautious comeback.

DE NEDERLANDSE BOUWPRIJS
DUTCH CONSTRUCTION PRIZE

Safire BV is met de renovatie van het ministerie van Financiën twee keer in de prijzen gevallen. Het won De Nederlandse Bouwprijs in de categorie Integraal Ontwerpen & Bouwen en, met 56% van de stemmen, ook de Publieksprijs. De renovatie is het eerste project voor rijksgebouwen dat via een publiek-private samenwerking (PPS) tot stand is gekomen. In de categorie Gebouwen riep de jury Muziekgebouw aan 't IJ/BIMhuis van 3xNielsen tot winnaar uit. In deze categorie ging een eervolle vermelding naar de atelierwoning KAPKAR/TAW-BW-5860 van Kunst & Architectuurproducties Frank Havermans. In de categorie Bouwwerken won Tramkom vof met het Souterrain. Dit 1250 meter lange tunneltracé in de Haagse binnenstad bestaat uit drie ondergrondse lagen.
Safire BV's renovation of the Ministry of Finance netted it two Dutch Construction prizes. It won the Design & Build category and, with 56% of the votes, also carried off the Public Choice Prize. The renovation is the first government building to have been developed via a public-private partnership (PPS). In the Buildings category the jury chose the Muziekgebouw aan 't IJ/BIMhuis by 3xNielsen as the winner and also awarded an honourable mention to KAPKAR/TAW-BW-5860 studio dwelling by Kunst & Architectuurproducties Frank Havermans. The Civil Engineering category was won by Tramkom vof for the Souterrain, the 1250-metre-long, three-level tunnel which passes under the centre of The Hague.

NEPROM PRIJS
NEPROM PRIZE

De NEPROM-prijs is ingesteld om de samenwerking tussen overheid en markt op het gebied van projectontwikkeling te bevorderen. Het Stadshart Almere won de prijs voor de categorie Locatieontwikkeling, die werd uitgereikt aan de gemeente Almere, Bouwfonds MAB en Blauwhoed Eurowoningen. Naast de samenwerking zijn goede stedenbouwkundige en architectonische kwaliteit en het commerciële succes van het project belangrijke criteria.
The NEPROM prize was established to promote cooperation between government and market in the field of property development. Stadshart Almere won the Site Development category prize which was awarded to the City of Almere, Bouwfonds MAB and Blauwhoed Eurowoningen. Apart from the aforementioned cooperation, a high level of urban and architectural design quality and the commercial success of the project are important criteria in choosing a winner.

NIEUWE STAD PRIJS DEN HAAG
THE HAGUE NEW CITY PRIZE

Woontoren het Strijkijzer aan het Rijswijkseplein werd de winnaar van de Nieuwe Stad Prijs 2007 (10.000 euro). Volgens de jury heeft Den Haag met het Strijkijzer een *landmark* gekregen zoals Rotterdam zijn Euromast heeft. Het gebouw is ontworpen door AAArchitecten. De prijs werd in 2007 voor de twaalfde keer uitgereikt voor projecten die bijdragen aan de stedelijke vernieuwing van Den Haag. De publieksprijs van 5.000 euro ging naar de gerenoveerde woningen aan het Esmoreitplein.
The Strijkijzer (Flat Iron) high-rise tower on Rijswijkseplein was the winner of The Hague's New City Prize 2007 (10,000 euros). The jury felt that the construction of the Strijkijzer has given The Hague a landmark comparable to Rotterdam's Euromast. The building was designed by AAArchitecten. The prize for projects that contribute to The Hague's urban renewal was awarded for the twelfth time in 2007. The public choice award, worth 5000 euros, went to the renovated houses on Esmoreitplein.

NRW JAARPRIJS
NRW ANNUAL AWARD

Winnaar van de NRW Jaarprijs van de Nederlandse Raad voor Winkelcentra 2007 werd De Parade in Bergen op Zoom, een binnenstedelijk herontwikkelingsproject van Bouwfonds MAB Ontwikkeling CVG. Doelstelling van de ontwikkelaar was het introduceren van een aantrekkelijk en aaneengesloten winkelcircuit in het kernwinkelgebied van Bergen op Zoom en daarnaast een ruimtelijke en functionele impuls voor het gebied tussen het Zuivelplein en het St. Jorisplein. De jury beoordeelde De Parade als een excellente ontwikkeling en was unaniem in zijn keuze.
The winner of the 2007 Dutch Council of Shopping Centers Annual Award was De Parade in Bergen op Zoom, an inner-city redevelopment project by Bouwfonds MAB Ontwikkeling CVG. The developer's aim was to strengthen the competitive position of Bergen op Zoom's core shopping area by introducing an attractive and contiguous shopping circuit while at the same time giving a spatial and functional boost to the area between Zuivelplein and St. Jorisplein. The jury described De Parade as an excellent development and was unanimous in declaring it the winner.

OEUVREPRIJS BOUWKUNST
ARCHITECTURE OEUVRE PRIZE

De oeuvreprijs Bouwkunst van het Fonds BKVB is bedoeld voor een architect met een bijzondere staat van dienst en een belangrijk oeuvre. De prijs (40.000 euro) werd uitgereikt aan Wim Quist (1930), die als architect, hoogleraar en als rijksbouwmeester veel voor de Nederlandse architectuur heeft betekend. Een kleine greep uit zijn oeuvre: museum Beelden aan Zee in Scheveningen, het kantoor van Randstad in Amsterdam, de uitbreiding van het Kröller-Müller Museum, het dienstgebouw Stormvloedkering Oosterschelde, het Maritiem Museum en de Willemswerf in Rotterdam.
The Fonds BKVB Architecture Oeuvre Prize is awarded to an architect with an outstanding record of service and a significant body of work. The 2007 prize (40,000 euros) was awarded to Wim Quist (b. 1930) who, in his various capacities as architect, professor and government architect, has played a major role in Dutch architecture. The Beelden aan Zee museum in Scheveningen, the Randstad office in Amsterdam, the extension of the Kröller-Müller Museum, the service building of the Oosterschelde flood barrier, the Maritime Museum and Willemswerf in Rotterdam are just a few of his many works.

RIETVELDPRIJS
RIETVELD PRIZE

De Rietveldprijs (7.500 euro), een tweejaarlijkse prijs voor een nieuw gebouw in de Domstad, werd in 2007 voor het eerst toegekend aan twee gebouwen. Erick van Egeraat associated architects (EEA) was winnaar met het A.A. Hijmans van den Berghgebouw van de Universiteit Utrecht, dat de jury prees om de uiterst heldere oplossing waarbij de barokke inrichting in eerste instantie de ruimtelijke structuur verhult. De andere winnaar betrof Venhoeven CS architecten met schoolgebouw Forum 't Zand, een brede school met sporthal, kinderdagverblijven, buitenschoolse opvang en basisscholen. Volgens de jury verleent het gebouw 'de scholen en andere gebruikers een identiteit en biedt het de wijk een icoon'.
For the first time in its history, the biennial Rietveld Prize (7500 euros) for a new building in the city of Utrecht, was awarded to two buildings. Erick van Egeraat associated architects (EEA) was one of the winners with the A.A. Hijmans van den Bergh building on the Utrecht University campus. The jury commented that a basically lucid spatial organization is at first sight belied by the exuberant detailing. The other winner was Venhoeven CS architecten for their Forum 't Zand community school, a combination of sports hall, day care centres, after-school centre and primary schools which manages 'to give the schools and other users an identity and the district an icon'.

ROTTERDAM-MAASKANTPRIJS VOOR JONGE ARCHITECTEN
ROTTERDAM-MAASKANT PRIZE FOR YOUNG ARCHITECTS

Op unanieme voordracht van de jury werd de Rotterdam-Maaskantprijs voor Jonge Architecten toegekend aan Elma van Boxtel en Kristian Koreman van bureau ZUS uit Rotterdam voor hun werk, dat een krachtig statement brengt over de toekomst van de hedendaagse stedelijke ruimte. Afgestudeerd als landschaparchitecten, onderzoeken en ontwerpen Van Boxel en Koreman de hedendaagse stad. De Rotterdam-Maaskantprijs voor Jonge Architecten is een aanmoedigingsprijs voor architecten tot 35 jaar die zich hebben onderscheiden op het gebied van architectonische en/of stedenbouwkundige ontwerpen. De jury bestond uit Bert Dirrix (Eindhoven, architect en architectuurdocent), Liesbeth Melis (Amsterdam, SKOR, publicist) en Lucas Verweij (Rotterdam, directeur Academie van Bouwkunst).
The 2007 Rotterdam-Maaskant Prize for Young Architects was unanimously awarded to Elma van Boxtel and Kristian Koreman of ZUS in Rotterdam for their work which makes a powerful statement about the future of modern-day urban space. Although they trained as landscape architects, Van Boxel and Koreman are interested in all aspects of the contemporary city and their work ranges from pure design to research. The Maaskant Prize is an incentive prize for architects under the age of 35 who have distinguished themselves in architectural or urban design. The 2007 jury was made up of Bert Dirrix (Eindhoven, lecturer in architecture), Liesbeth Melis (Amsterdam, SKOR, writer) and Lucas Verweij (Rotterdam, director Academy of Architecture).

ROTTERDAMSE BOUWKWALITEITSPRIJS
ROTTERDAM BUILDING QUALITY PRIZE

Hoog Drakenburg in Zuidwijk heeft de Rotterdamse Bouwkwaliteitsprijs 2007 gewonnen. De architect van Hoog Drakenburg is Geurst & Schulze Architecten, de opdrachtgever is Vestia Rotterdam Zuid en de bouwer is de Remmers Bouwgroep. De bouwkwaliteitsprijs wordt jaarlijks uitgereikt aan het kwalitatief meest hoogwaardige bouwproject. Het gaat daarbij om het samenspel tussen de bouwkundige kwaliteit, de architectuur en stedenbouwkundige inpassing, het verloop van het bouwproces en het wooncomfort dat wordt meegewogen op basis van een enquête. Met de prijs wil de gemeente ontwikkelaars, architecten en bouwers stimuleren om te investeren in de kwaliteit van hun bouwprojecten. De Rotterdamse Bouwkwaliteitsprijs is een initiatief van de dS+V, de gemeentelijke dienst die zich bezighoudt met stedenbouw, wonen en verkeer.
Hoog Drakenburg in Zuidwijk won the 2007 Rotterdam Building Quality Prize. Hoog Drakenburg was designed by Geurst & Schulze Architecten for Vestia Rotterdam Zuid and built by Remmers Bouwgroep. This annual prize is awarded to the year's best building, a qualification that implies a combination of structural excellence, good architectural and spatial integration, a smooth building process and user satisfaction (which is measured by means of a survey). The aim of the award is to encourage developers, architects and builders to invest in quality. It is an initiative of dS+V, the municipal department responsible for urban planning, housing and traffic in Rotterdam.

RUIMTE & MOBILITEIT PRIJS
SPACE & MOBILITY PRIZE

Veluwetransferium Posbank won de Ruimte & Mobiliteit Prijs 2007 met als thema 'Leisure'. Het project kreeg de prijs voor de meest succesvolle vrijetijdsvoorziening op het gebied van ruimtelijke inrichting, mobiliteit en infrastructuur. Volgens de jury is het Veluwetransferium Posbank een gedurfd, innovatief en vooral succesvol project en daarmee een bron van inspiratie voor anderen. Omdat de eerste resultaten aangeven dat het Veluwetransferium een succes is, worden er nog vijf

andere opgezet om het recreatieverkeer op de Veluwe zelf te verminderen. De prijs is in het leven geroepen in het kader van het Programma Ruimte & Mobiliteit, dat loopt tot 2007. Het programma is bedoeld om decentrale overheden te ondersteunen bij het effectief vormgeven en uitvoeren van een samenhangend beleid voor ruimtelijke ordening en mobiliteit en is uitgevoerd door het Kennisplatform Verkeer en Vervoer (KpVV). Veluwetransferium Posbank won the 2007 Space & Mobility Prize on the theme of 'Leisure'. The project received the prize for the most successful leisure amenity in terms of spatial design, mobility and infrastructure. According to the jury, the Veluwetransferium Posbank (an intermodal terminal) is a bold, innovative and above all successful project and as such a source of inspiration for others. Thanks to early results indicating the success of the Veluwetransferium, another five will be established in order to reduce leisure traffic in the Veluwe itself. The prize was introduced in the context of the Space & Mobility Programme which was established by the Knowledge Platform for Traffic and Transport (KpVV). The programme, which ran until 2007, was designed to help local and regional governments in the effective design and implementation of a coherent policy on spatial planning and mobility.

STIFTUNGSPREIS LEBENDIGE STADT
VIBRANT CITY FOUNDATION AWARD

De beste parkeergarage van Europa staat in Amsterdam volgens de Duitse Stiftung Lebendige Stadt. De stichting bekroont elk jaar bouwwerken die een bijdrage leveren aan de gebouwde omgeving. Het thema wisselt en was in 2007 'parkeren'. De prijs van 15.000 ging naar parkeerterrein P23 in Amsterdam-Zuidoost. Het gebouw, ontworpen door het Nederlandse architectenbureau Rijnboutt Van der Vossen Rijnboutt, scoorde het beste van de zeventig genomineerde parkeergarages op aspecten als comfort, veiligheid, esthetische schoonheid en milieuvriendelijkheid.
According to the German Lebendige Stadt (Vibrant City) Foundation, Europe's best multi-storey car park is in Amsterdam. Its 2007 award (15,000 euros) went to the P23 car park in Amsterdam-Southeast. The foundation awards its annual prize to structures that make a positive contribution to the built environment. The theme changes each year; in 2007 it was 'parking'. Out of the seventy nominated car parks, the one designed by Dutch architects Rijnboutt Van der Vossen Rijnboutt scored best on points such as convenience, safety, aesthetics and eco-friendliness.

STUDENTEN STAALPRIJS
STUDENT STEEL AWARD

Elk jaar schrijft de vereniging Bouwen met Staal deze prijs uit voor studenten Bouwkunde en Civiele Techniek aan hogescholen, technische universiteiten, Academies van Bouwkunst en de opleiding Staalconstructeur BmS (Professional Master of Structural Engineering). De studentenSTAALprijs (700 euro) dient als waardering voor studenten die tijdens hun afstuderen de mogelijkheden van staal in civiele en bouwkundige constructies hebben onderzocht en/of optimaal hebben benut. Winnaar Martin Francke ontwikkelde voor zijn afstuderen een computerprogramma dat het gedrag voorspelt van een staalconstructie en zijn verbindingen bij een 'natuurlijke brand'.
Every year the Building with Steel Association

awards a prize to a final year student of architecture and civil engineering at one of the many Dutch polytechnics, universities or academies. Worth 700 euros, the prize rewards students who investigate and/or exploit the possibilities of steel in architectural and civil engineering structures in their graduation project. This year's winner, Martin Francke, developed a computer program that models the behaviour of a steel structure and its joints in the case of a 'natural fire'.

VAN MOURIK VERMEULEN STIMULERINGSPRIJS
VAN MOURIK VERMEULEN INCENTIVE PRIZE

De Van Mourik Vermeulen Stimuleringsprijs werd toegekend aan student interieurarchitectuur Steffen Donker. Naar aanleiding van hun vijftigjarig bestaan heeft Van Mourik Vermeulen architecten in 2005 het idee gevat om in samenspraak met de Academie een jaarlijkse stimuleringsprijs in te stellen voor eindexamenstudenten interieurarchitectuur. Hiermee wil het bureau aankomend interieurarchitecten aanmoedigen de overgangssituaties tussen verschillende architectonische schaalgebieden van interieur, architectuur en stedenbouw een centrale plek te geven in hun ontwerp. Opdracht in 2007 was het hergebruik van een bestaand gebouw in het centrum van Den Haag.
To celebrate their fiftieth anniversary in 2005, Van Mourik Vermeulen architecten established an annual incentive award for final year students of interior architecture at the Royal Academy of Art in The Hague. The aim of the award is to encourage up-and-coming interior architects to give inter-disciplinary situations involving interior, architecture and urban design a central place in their design and at the same time to strengthen the position of the discipline. The subject of the 2007 prize, which was won by Steffan Donker, was the conversion of an existing building in the centre of The Hague.

WOODCHALLENGE

De WoodChallenge heeft in 2007, vanwege de grote diversiteit van de inzendingen, twee winnaars opgeleverd: Matthijs Toussaint (TU Delft en Jenske Dijkhuis (Rietveld Academie). De prijs wordt toegekend aan studenten of docenten die door middel van een opmerkelijke prestatie of innovatie het gebruik of imago van hout verbeteren. De door de Vereniging Van Nederlandse Houtondernemingen (VVNH) en Centrum Hout georganiseerde prijs werd in 2007 voor de vierde keer uitgereikt. De deskundige jury onder leiding van Arnold Koomen (directeur Koninklijke Jongeneel, namens VVNH) keken vooral naar de durf en visie van de kandidaten.
Owing to the wide variety of entries, there were two WoodChallenge winners in 2007: Matthijs Toussaint (TU Delft) and Jenske Dijkhuis (Rietveld Academy). The prize is awarded to students or teachers who improve the use or image of wood through an outstanding achievement or innovation. Organized by the Netherlands Timber Trade Association (NTTA) and Centrum Hout, the prize was awarded for the fourth time in 2007. The jury of experts chaired by Arnold Koomen (director Koninklijke Jongeneel, representing the NTTA) was especially interested in evidence of daring and vision.

WOONAWARD HAAGLANDEN
HAAGLANDEN HOUSING AWARD

De Margrietschool in Oude Leede werd winnaar van de Woonaward van het Stadsgewest Haaglanden. Het project kwam tot stand in opdracht van woningbouwcorporatie Rondom Wonen. De award is een jaarlijks terugkerende prijs van door het Stadsgewest Haaglanden voor een kleurrijk en gedurfd woonproject in de regio Haaglanden. Daarnaast golden er criteria als trots, woonplezier en duurzaamheid. In 2007 was het thema 'de starterswoning'. Hiermee wil het Stadsgewest laten zien dat er ook succesverhalen zijn als het gaat om projecten voor starters.
The Margrietschool in Oude Leede, commissioned by the Rondom Wonen housing corporation, was the winner of the 2007 housing prize presented by the Haaglanden urban district. The annual award goes to a bold and colourful housing project that also exhibits a sense of pride, residential amenity and sustainability. The theme in 2007 was 'the starter house' and was intended to show that it is still possible to achieve excellent results in this financially risky, low-budget category of housing.

ZILVEREN WOONLADDER
SILVER HOUSING LADDER

Zeecontainerdorp in Amsterdam heeft de Zilveren Woonladder 2007 (10.000 euro) gewonnen. Deze prijsvraag voor het beste plan voor woonvormen die niet tot de reguliere woningmarkt behoren, door SEV ook wel het 'souterrain' van de woningmarkt genoemd, is een gezamenlijk initiatief van de ministeries voor WWI en van VWS. Zij willen met de prijs een impuls geven aan dergelijke woonvormen en *best practices* laten zien. In 2007 was het thema jongeren.
Zeecontainerdorp (shipping container village) in Amsterdam won the Zilveren Woonladder 2007 (10,000 euros). The competition for the best plan for unconventional forms of housing (dubbed the 'basement' of the housing market by the Steering Committee for Experiments in Housing), is a joint initiative of the ministries of Housing, Communities and Integration and Health, Welfare and Sport. It is intended to stimulate alternative housing forms and to draw attention to best practices. The theme in 2007 was 'youth'.

ZUIDERKERKPRIJS
ZUIDERKERK PRIZE

Uit 63 nieuwbouwprojecten opgeleverd tussen augustus 2006 en augustus 2007 werden Marlies Rohmer en De Principaal, architect en opdrachtgever van project Noordkop aan de Spaarndammerdijk, gekozen tot winnaars. Het winnende project bestaat uit twintig woningen, een supermarkt, coffeeshop en vier atelierwoningen en voldoet aan alle door de jury geformuleerde kwaliteiten. De jury loofde de complexiteit en de rijkdom die architect en opdrachtgever hebben weten te bereiken. Het project is een voorbeeld van de wijze waarop compact en ingenieus bouwen kan worden ingezet om gezinnen in de stad te houden. De Zuiderkerkprijs is een kunstwerk dat elk jaar wordt ontworpen door een andere kunstenaar, in 2007 door glaskunstenaar Bernard Heesen.
Out of 63 projects completed between August 2006 and August 2007, Noordkop on the Spaarndammerdijk emerged the winner. Designed by Marlies Rohmer for property developer De Principaal, the winning project comprises

twenty houses, a supermarket, a café and four studio dwellings. It satisfied all of the jury's criteria and was praised for the level of complexity and richness achieved by architect and client. It stands as an example of how compact and ingenious housing development can be deployed to keep families in the city. The prize consists of an artwork designed by a different artist every year. In 2007 it was designed by glass artist Bernard Heesen.

PRIJSVRAGEN
COMPETITIONS

CAMPUS WOUDESTEIN ERASMUS UNIVERSITEIT
WOUDESTEIN CAMPUS ERASMUS UNIVERSITY

Architectenbureau Juurlink + Geluk mag zijn ontwerp voor een vernieuwde vitale, internationaal georiënteerde inrichting van de campus Woudestein van de Erasmus Universiteit Rotterdam verder uitwerken. De jury sprak grote waardering uit voor de gestructureerde kracht van de landschappelijke ingrepen en het respect waarmee de architecten zijn omgegaan met de gebouwen, die tot de gemeentelijke monumenten behoren. wUrck eindigde op de tweede plaats met hun voorstel voor een aantrekkelijke ontmoetingsruimte in het midden van de campus.
Architects Juurlink + Geluk have been selected to develop their design for a revitalized, internationally oriented revamp of Erasmus University's Woudestein campus. The jury was impressed by the strong landscaping and the respect the architects had shown for the campus's heritage buildings. wUrck, who proposed an attractive meeting place in the middle of the campus, came second.

STRANDPAVILJOEN ROTTERDAM
BEACH PAVILION, ROTTERDAM

Het jonge Rotterdamse bureau MONADNOCK was de winnaar van een ontwerpprijsvraag voor een strandpaviljoen uitgeschreven door AIR en Gemeentewerken Rotterdam. De ontwerpwedstrijd MAAK! daagt opdrachtgevers uit om een concrete bouwopgave te laten uitvoeren door jong talent. De potentie het beeldmerk van Rotterdam als stad aan de rivier te versterken, de publieke toegankelijkheid van het strand en de relatie tussen het strand en de Rotterdamse binnenstad waren vereisten binnen de opdracht. De ontwerpen moesten daarnaast demontabel zijn, via zogenoemde modulebouw tot stand kunnen komen en minimaal drie jaar meegaan. De jury bestond uit vertegenwoordigers van AIR, Gemeentewerken Rotterdam, het Ontwikkelingsbedrijf Rotterdam (OBR), dS+V, Stichting Strand aan de Maas en modulebouwer K&A Projects.
The young Rotterdam office MONADNOCK was the winner of a design competition for a beach pavilion. MAAK!, a design contest organized by AIR and Rotterdam's Department of Public Works, challenges clients to allow a young architect to actually build their design. The entries were assessed on their potential to reinforce Rotterdam's image as a riverside city and their treatment of the relation between beach and city centre, in particular public access to the beach. The designs were also required to be demountable, suitable for modular construction and capable of lasting at least three years. The jury was made up of representatives of AIR, the Rotterdam Department of Public Works, Rotterdam City Development, dS+V, Stichting Strand aan de Maas and modular builder, K&A Projects.

BNA JONGE ARCHITECTENPRIJSVRAAG
BNA YOUNG ARCHITECTS COMPETITION

Jan Westeneng werd de winnaar van de BNA Jonge Architectenprijsvraag 'Room(s) with a view'. Deelname aan de elfde editie van deze prijsvraag was uitsluitend weggelegd voor architecten geboren na 1966. Met deze prijsvraag biedt de BNA jong talent de kans een interessante opdracht in de wacht te slepen. De ontwerpopgave betrof een woongebouw met veertien appartementen aan het Merwedekanaal in Lingewijk-Noord in Gorinchem. De tweede prijs ging naar Reinier de Jong voor de inzending Super 8. Pieter Bedaux behaalde de derde prijs met de inzending DUO.
Jan Westeneng emerged the winner of the BNA Young Architects competition 'Room(s) with a view'. Participation in the eleventh edition of this competition was confined to practising architects born after 1966. The aim of the prize is to offer young talent an opportunity to secure an interesting commission. Entrants were required to design a fourteen-apartment residential building on Merwedekanaal in Gorinchem. Second prize went to Reinier de Jong for Super 8, while Pieter Bedaux's DUO entry earned him third prize.

SPANGEN – VAN NELLE ONTWERPFABRIEK
SPANGEN – VAN NELLE DESIGN FACTORY

De Stichting Spangmaker, een samenwerkingsverband tussen het Woningbedrijf Rotterdam, Proper-Stok Ontwikkelaars, de gemeente Rotterdam en Sparta Rotterdam, stelde in haar prijsvraag architecten, ontwerpers en stedenbouwkundigen de vraag hoe de relatie versterkt kan worden tussen de woonwijk Spangen en de Van Nelle Ontwerpfabriek. De eerste prijs ging naar 'Floating Van Nelle', ingezonden door KAW architecten en adviseurs uit Rotterdam. Het ontwerp concentreert zich op de Schie-oevers en het water. De jury kende dit ontwerp de eerste prijs toe vanwege het vernieuwende karakter, de sterke concentratie op het prijsvraaggebied en de faseerbaarheid. De tweede prijs ging naar 'De Rode Loper', van Grontmij BV uit Waddinxveen. Volgens de jury op onderdelen een briljant en professioneel plan met een mooie opbouw dat voorziet in een prettige routing, waarmee de verbinding wordt gelegd tussen de wijk Spangen en de Van Nelle Ontwerpfabriek. De derde prijs ging naar 'Samen Sterk' van UNO Architekten & Ingenieurs uit Rotterdam, vanwege de bijzonder originele en interessante onderdelen en de integrale benadering.
Stichting Spangmaker, a joint venture by Woningbedrijf Rotterdam, Proper-Stok Ontwikkelaars, the City of Rotterdam and Sparta Rotterdam, challenged architects, designers and urban planners to suggest ways of strengthening the relationship between the Spangen residential district and the Van Nelle Design Factory. First prize went to 'Floating Van Nelle' submitted by KAW architecten en adviseurs of Rotterdam. Their design focused on the banks of the River Schie and the water. The jury chose this design because of its innovative character, close focus on the design area and its suitability for phased implementation. Second prize went to 'De Rode Loper' by Waddinxveen firm Grontmij BV. According to the jury this was in parts a brilliant and professional plan with a layout that resulted in a pleasant routing that links the district with the design factory. Third prize went to 'Samen Sterk' by UNO Architekten & Ingenieurs of Rotterdam for highly original and interesting elements and an integrated approach.

ONTWERP HEESTERVELD
DESIGNING HEESTERVELD

Woningcorporatie Ymere en het NAi schreven gezamenlijk '1:500 Ontwerp Heesterveld, de Stimuleringsprijsvraag voor wonen en woonomgeving' uit met het doel de visievorming voor de inrichting van een stedelijke woonomgeving te stimuleren. De prijsvraag, met de wijk Heesterveld in de Bijlmermeer als uitgangspunt, was erop gericht een duurzame kwalitatieve leefomgeving te ontwerpen. Met het ontwerp 'Mengen en Loslaten' won Micha de Haas architecten de eerste prijs. Het ontwerp 'Metrohalte Bijlmerpark' van M3H architecten eindigde als tweede.
The Ymere Housing Corporation and the NA together organized '1:500 Designing Heesterveld, Incentive Competition for Housing and Residential Environment' with the aim of stimulating interesting ideas for the design of an urban residential environment. The competition, which focused on the Heesterveld neighbourhood in the Bijlmermeer, required entrants to design a sustainable, high-quality living environment. Micha de Haas architecten won first prize with 'Mengen en Loslaten'. Second prize went to 'Metrohalte Bijlmerpark' by M3H architecten.

DRENTS MUSEUM

Erick van Egeraat heeft de internationale competitie gewonnen voor de nieuwe entree en uitbreiding van het Drents Museum in Assen. De nieuwe vleugel van het museum omvat ca. 2.000 m² en zal in 2011 zijn deuren openen. De verspringende, beplante dakvlakken van de nieuwe expositievleugel verbinden de bestaande tuinen en parken in de stad. Erick van Egeraat creëert zo een voor ieder toegankelijk parklandschap.
Erick van Egeraat won the international competition for the new entrance and extension to the Drents Museum in Assen. The museum's new wing comprises approximately 2000 m² and is scheduled to open its doors in 2011. The staggered, planted roof surfaces of the new exhibition wing form a link with the city's existing parks and gardens, thereby creating an accessible park landscape for all citizens.

PARK ZESTIENHOVEN

In Park Zestienhoven, een woonwijk op steenworp afstand van het Rotterdamse stadscentrum, worden de eerste zes brugger gerealiseerd van de in totaal 41 in dit gebied. Ze vormden het onderwerp van de prijsvraag MAAK! 3.0. Het winnende ontwerp van DaF-architecten is volgens de jury een moderne interpretatie van de Hollandse polderbrug. Eind 2008 wordt begonnen met de bouw van de eerste brug in de serie. Deze derde editie van MAAK! werd mogelijk gemaakt door Ontwikkelingsbedrijf Rotterdam (OBR), dienst Stedenbouw en Volkshuisvesting (dS+V), Gemeentewerken Rotterdam (GWR) en AIR (Architectuurinstituut Rotterdam), die allе vertegenwoordigd waren in de jury onder leiding van Patrick van der Klooster (directeur AIR) en Marc Verheijen (architect GWR).
In Park Zestienhoven, a residential neighbourhood a mere stone's throw from the centre of Rotterdam, the first six bridges out of a total of 41 planned for the area are about to be built. The bridges were part of the MAAK! 3.0 design competition. According to the jury, the winning design by DaF-architecten is a modern interpretation of the Dutch polder bridge. Construction of the first bridge in the series will commence in late 2008. This third edition of MAAK! was sponsored by Ontwikkelingsbedrijf Rotterdam (OBR), dienst Stedenbouw en Volkshuisvesting (dS+V), Gemeentewerken Rotterdam (GWR) and AIR (Architectuurinstituut Rotterdam), who were all represented on the jury chaired by Patrick van der Klooster (director of AIR) and Marc Verheijen (architect with GWR).

ARTPARK

Vier ontwerpteams werden aangewezen als winnaar van ARTPARK, een open ideeënprijsvraag voor Rotterdamse architecten, ontwerpers, vormgevers en een selecte groep beeldend kunstenaars, georganiseerd in het kader van 'Rotterdam 2007 City of Architecture' en ondersteund door BNA Kring Rijnmond. De opgave bestond uit een ontwerp van een tot de verbeelding sprekend concept voor een kleinschalig kunstpaviljoen op een speciaal ingericht kavel waarin mobiele of verplaatsbare objecten een wisselende expositieprogrammering en multimediapresentaties mogelijk maken. De vier winnende ontwerpen voor kunstpaviljoens zijn 'Cargo A01' van Pepijn Berghout (Mei Architecten), 'Kunstkas' van Sputnik & Peña Architecture, 'Play-Mobiel' van Maya Brudieux en Twan Steeghs, en 'smARTie' van MADE Architecten.
Four design teams were declared winners of ARTPARK, an open ideas competition for Rotterdam architects, designers, graphic designers and a select group of visual artists, organized in the context of 'Rotterdam 2007 City of Architecture' and supported by BNA Kring Rijnmond. Entrants were required to come up with an imaginative concept for a small-scale art pavilion on a specially laid out plot and to develop ideas for a mobile or movable, distinctively designed presentation space for a changing programme of exhibitions and multimedia presentations. The four winning pavilion designs were 'Cargo A01' by Pepijn Berghout (Mei Architecten), 'Kunstkas' by Sputnik & Peña Architecture, 'Play-Mobiel' by Maya Brudieux and Twan Steeghs, and 'smARTie' by MADE Architecten.

BOULOGNE-BILLANCOURT

KCAP Architects&Planners heeft de prijsvraag gewonnen voor het ontwerp van een kantoorgebouw van 10.500 m² op het terrein van de voormalige Renaultfabrieken in Boulogne-Billancourt, Parijs. Het nieuwe kantoorgebouw, gelegen op kruising van drie hoofdwegen die de entree naar het terrein vormen, maakt deel uit van een grootschalige binnenstedelijke herwaardering van deze industriële locatie. Het ontwerp werd unaniem gekozen vanwege zijn sculpturale karakter en expressiviteit. In het ontwerp is tevens rekening gehouden met duurzame oplossingen als warmtepompen en mogelijkheden voor passieve energieopslag. Naar verwachting zal het gebouw in 2010 worden opgeleverd.
KCAP Architects&Planners won the competition for the design of a 10,550 m² office building on the site of the former Renault factories in Boulogne-Billancourt, Paris. The new office, situated at the intersection of three main roads which form the entrance to the site, is part of a large-scale inner city redevelopment of this industrial location. The design was unanimously chosen for its sculptural character and expressiveness. The design also took account of sustainable solutions such as heat pumps and opportunities for passive energy storage. The building is expected to be completed in 2010.

CASA NOVA 2007

Onder het motto 'Wonen met water' daagde het stadsgewest Haaglanden ontwerpers uit hun bijdrage te leveren aan de actuele discussie over dit thema. De jury was van mening dat het winnende 'Westwater' van Van Bergen Kolpa Architecten een spannend, intrigerend ontwerp is met nieuwe vormen

van openbare ruimte en drijvende tuinen. De tweede prijs ging naar B. Simon uit Rotterdam voor het ontwerp 'Folding Polders' en de derde prijs was voor Gillet Heesen Nouwens Architecten uit Delft voor het ontwerp 'Mud Spa Westland'. De publieksprijs ging naar DeltaSync uit Delft met het ontwerp 'Water-Woon-Brug'.
Under the motto 'Living with water', the Haaglanden urban district challenged designers to contribute to the current debate on this theme. The jury described the winning 'Westwater' entry by Van Bergen Kolpa Architecten as an exciting, intriguing design offering new forms of public space and floating gardens. Second prize went to B. Simon of Rotterdam for 'Folding Polders' and third prize to Gillet Heesen Nouwens Architecten of Delft for 'Mud Spa Westland'. The public choice prize was won by DeltaSync of Delft with their 'Water-Woon-Brug' design.

GEMEENTEHUIS LANSINGERLAND
LANSINGERLAND TOWN HALL

Het college van de Zuid-Hollandse gemeente Lansingerland koos Hans van Heeswijk architecten voor het ontwerp van het nieuwe gemeentehuis. B en W vonden onder meer de compactheid van het gebouw en de inpassing in de omgeving sterke punten. Ook de uitstraling past volgens het gemeentebestuur bij Lansingerland. Van Heeswijk werd verkozen boven vier andere kandidaten: Architectuurstudio HH, Claus en Kaan Architecten, Kraaijvanger • Urbis en Rudy Uytenhaak Architectenbureau.
The Lansingerland town council chose Hans van Heeswijk architecten to design its new town hall. Among the strong points of the chosen design are the compactness of the building and the integration with the surroundings. The council also felt that the projected image was appropriate for Lansingerland. Van Heeswijk was chosen ahead of four other candidates: Architectuurstudio HH, Claus en Kaan Architecten, Kraaijvanger • Urbis and Rudy Uytenhaak Architectenbureau.

STADSKANTOOR EN STATION DELFT
MUNICIPAL OFFICES AND DELFT STATION

Na een Europese aanbestedingsprocedure nodigde de gemeente Delft Mecanoo Architecten, Kraaijvanger • Urbis, Soeters Van Eldonk en Rudy Uytenhaak uit een schetsontwerp te maken voor een nieuw Stadskantoor en NS-station. Volgens een stemming door zowel de bevolking als deskundigen waren Uytenhaak en Soeters Van Eldonk en Kraaijvanger • Urbis betwistten echter de uitkomst en togen naar de rechter. De gemeente Delft besloot tot een vervolgprocedure waarbij de vier architecten de gelegenheid kregen om hun schetsontwerp verder te vervolmaken. Op basis van de aangepaste ontwerpen werd Mecanoo winnaar van de competitie. Als uitgangspunt voor het 34.500 m² omvattende complex heeft Mecanoo gekozen voor een combinatie van de twee karakteristieken van Delft: het rijke historische verleden en technologische innovatie. Het nieuwe Stadskantoor en station moeten in 2014 gereed zijn.
After a European tendering process, Delft city council invited Mecanoo Architecten, Kraaijvanger • Urbis, Soeters Van Eldonk and Rudy Uytenhaak to produce a sketch design for new municipal offices and a railway station. According to a ballot of both residents and experts, Uytenhaak and Soeters Van Eldonk were the winners. However, Mecanoo, Soeters

Van Eldonk and Kraaijvanger • Urbis disputed the result and went to court to have it overturned. The City of Delft decided to hold a follow-up process that would allow all four architects to refine their sketch design. Based on these revised designs, Mecanoo was declared the winner of the competition. As their starting point for the 34,500 m² complex, Mecanoo opted for a combination of the two defining features of Delft: its rich historical past and technological innovation. The new municipal offices and station are scheduled to be completed in 2014.

ZORG 2025 – GEBOUWEN VOOR DE TOEKOMST
HEALTH CARE 2025 – BUILDINGS FOR THE FUTURE

Architect Carel Weeber en het Finse bureau Harris-Kjisik waren met hun projectontwerpen 'Big Bang' en 'Fair care – care fair' winnaars van de prijsvraag 'Zorg 2025 – Gebouwen voor de toekomst'. Het Bouwcollege schreef de prijsvraag uit om nieuwe ideeën te ontwikkelen voor de zorg in 2025 en die te vertalen in een ontwerp voor een nieuwe stad met 160.000 inwoners op denkbeeldig nieuw land in het IJsselmeer. De jury kende eervolle vermeldingen toe aan twee inzendingen: 'zorgeNLoos living' en 'Care-4U' van Victor de Leeuw en Johan van der Zwart. Ook deze ontwerpen gaan uit van decentrale, laagdrempelige en aan de wensen van de bevolking aangepaste gezondheidszorg.
With their project designs 'Big Bang' and 'Fair care – care fair', architect Carel Weeber and Finnish firm Harris-Kjisik were the winners of 'Care 2025 – Buildings for the future', a competition organized by the Bouwcollege (Netherlands Board for Healthcare Institutions). Entrants were required to develop new ideas for care in 2025 and translate them into a design for a new city of 160,000 inhabitants on a notional piece of reclaimed land in the IJsselmeer. The jury awarded honourable mentions to two other entries: 'zorgeNLoos living' by Victor de Leeuw and 'Care-4U' by Johan van der Zwart. All four designs envisaged a decentralized, low-threshold health care system adapted to the needs of the population.

NIEUWE TOEGANGEN VOOR DE KOPPEN VAN DE PEPERKLIP
NEW ENTRANCES FOR THE END ELEVATIONS OF THE PEPERKLIP

Aan de door Vestia Rotterdam Feyenoord georganiseerde openbare projectprijsvraag konden architecten en interieurarchitecten deelnemen mits geboren na 20 februari 1967 en ingeschreven in het Nederlands Architectenregister. De opgave betrof een realistisch, uitvoerbaar ontwerp voor de volledige verbetering van de zes entrees van de hoogbouw. De eerste prijs ging naar Ilse Bakker met de inzending onder motto 'DCCXXXIX'. De tweede prijs naar Ruud Kouwenberg en Bart Haazen met 'Ruba II'. De derde prijs was voor de inzending 'Open Voeg' van Sebastiaan Veldhuizen, Job Nieman en Raul Wallaart (qenep architecture + design). Een eervolle vermelding ging naar Hanneke la Mark en Gerd Peters met de inzending 'De Peperklip ontluikt'. De jury bestond uit Carel Weeber (architect De Peperklip) Helena Casanova (casanova + hernandez architecten), Ergün Erkoçu (artistiek directeur en hoofdonderzoeker MEMAR•DUT©H architects), Jenny Schakelaar (bedrijfsdirecteur Vestia Rotterdam Feijenoord) en Irene Prinsen (voorzitter van de Bewonerswerkgroep Peperklip).

The public project competition organized by Vestia Rotterdam Feyenoord was open to architects and interior architects born after 20 February 1967 and listed in the official register of Dutch architects. Entrants were required to produce a realistic, feasible design for the complete upgrading of De Peperklip's six entrances. First prize went to Ilse Bakker for her entry entitled 'DCCXXXIX'. Second prize was won by Ruud Kouwenberg and Bart Haazen with 'Ruba II'. 'Open Voeg' by Sebastiaan Veldhuizen, Job Nieman and Raul Wallaart (qenep architecture + design) carried off the third prize. Hanneke la Mark and Gerd Peters received an honourable mention for their entry, 'De Peperklip ontluikt'. The jury consisted of Carel Weeber (architect of De Peperklip), Helena Casanova (casanova + hernandez architecten), Ergün Erkoçu (artistic director and chief researcher at MEMAR•DUT©H architects), Jenny Schakelaar (business manager of Vestia Rotterdam Feijenoord) and Irene Prinsen (chair of the Peperklip Residents Association).

BURGEMEESTER ZOEKT WONING
WANTED: A HOUSE FOR THE MAYOR

Deze ideeënprijsvraag voor een nieuwe Rotterdamse ambtswoning, georganiseerd door BNA Kring Rijnmond in het kader van 'Rotterdam City of Architecture 2007', werd gewonnen door Philip Lel uit Delft met het ontwerp 'Burgemeester op stelten'. Beoordelingscriteria waren de architectonische kwaliteit, de stedenbouwkundige inpassing en de balans tussen woonkwaliteit en wooncomfort versus energiegebruik en milieubelasting. De tweede prijs ging naar PROCESSOR van MONOLAB Architects uit Rotterdam, UTOPIE van Jaap Tromp uit Aalsmeer kreeg een eervolle vermelding.
This ideas competition for a new official residence for the mayor of Rotterdam was organized by the Rijnmond chapter of the BNA (Royal Institute of Dutch Architects) in the context of 'Rotterdam City of Architecture 2007'. It was won by Philip Lel from Delft with his design 'Mayor on stilts'. Entries were assessed on architectural quality, spatial integration and the balance between residential quality and comfort on the one hand and energy consumption and environmental impact on the other. Second prize went to PROCESSOR by MONOLAB Architects of Rotterdam, while UTOPIE by Jaap Tromp from Aalsmeer received an honourable mention.

MODERNITEIT IN DE TROPEN
MODERNITY IN THE TROPICS

In samenwerking met het Pusat Dokumentasi Arsitektur (PDA) in Jakarta toonde het NAi aan de hand van tekeningen, maquettes en foto's, bijzondere ontwerpen uit Indonesië uit de periode 1850–1950 uit de eigen Indische archieven. Deze thematentoonstelling, ingedeeld in vijf gebouwtypologieën (kerken; kantoren; scholen; woningen, villa's en hotels; restaurants en winkels), was onderdeel van het project 'The Past in The Present'.
Nederlands Architectuurinstituut, Rotterdam
19 januari – 2 juni 2007
In collaboration with Pusat Dokumentasi Arsitektur (PDA) in Jakarta, the NAi showed drawings, models and photographs of unique designs drawn from its own East Indian archives. This thematic exhibition focusing on five building types (churches, offices, schools, houses, villas and hotels, restaurants and shops) was part of 'The Past in The Present' project.
Netherlands Architecture Institute, Rotterdam
19 January – 2 June 2007

JONGERIUSCOMPLEX
JONGERIUS COMPLEX

Expositie over het voormalige Jongeriuscomplex uit 1937, dat sinds 1955 in gebruik was bij Defensie, de rooms-katholieke zakenman Jan Jongerius. Een stichting beijvert zich voor het behoud van de verwaarloosde gebouwen, met name de villa, de tuin en het kantoor.
Architectuurcentrum AORTA, Utrecht
5 januari – 17 februari 2007
Exhibition about the former Jongerius factory complex (1937), which has been used by the Ministry of Defence since 1955, and about the man who built it, Roman Catholic businessman Jan Jongerius. A foundation is campaigning for the preservation of the derelict buildings, in particular the villa, the garden and the office.
Architectuurcentrum AORTA, Utrecht
5 January – 17 February 2007

ARCHITECTUUR VAN DE NACHT. SCHITTERENDE GEBOUWEN
ARCHITECTURE OF THE NIGHT. LUMINOUS BUILDINGS

Deze tentoonstelling liet zien hoe het gebruik van licht in de afgelopen honderd jaar de architectuur en onze beleving ervan heeft veranderd. Verlichte maquettes in een verduisterde ruimte kregen een bijzondere plaats in de tentoonstelling. Prachtige lichtontwerptekeningen, klassieke en moderne nachtfoto's en collages van 'by night'-ansichtkaarten maakten tevens deel uit van de presentatie.
Nederlands Architectuurinstituut, Rotterdam
27 januari – 5 mei 2007
This exhibition showed how the use of light during the past hundred years has changed architecture and how we experience it. Illuminated models in a darkened space were a focal point of the exhibition. Also on show were superb light design drawings, classic and modern night photos and collages of 'by night' postcards.
Netherlands Architecture Institute, Rotterdam
27 January – 5 May 2007

166

GROENE VINGERS
GREEN FINGERS

De tentoonstelling analyseerde verhouding tussen de stad en het omringende groen, waarbij de plattegrond van Amsterdam werd getoond als een zogenaamde vingerplattegrond. Hierin wordt het bebouwde stadsgebied onderbroken door groene scheggen of 'vingers' die van buitenaf de stad indringen: de IJmeer-, Diemer- en Amstelscheg, het Amsterdamse Bos, de Westrand, de Zaanse Scheg en Waterland met hun recreatieve, ecologische en landbouwkundige functies, cultuurhistorische achtergronden, en bedreigingen en kansen.
ARCAM, Amsterdam
3 februari – 31 maart 2007
The exhibition analysed the relation between the city and the surrounding greenspace. The layout of Amsterdam was portrayed as a 'finger plan' in which built-up urban areas alternate with green wedges or 'fingers' – the IJmeer, Diemer and Amstel wedges, the Amsterdam Woods, the Westrand, the Zaanse wedge and Waterland – which thrust their way into the city with their recreational, ecological and agricultural functions and their cultural-historical background, bringing both dangers and opportunities.
ARCAM, Amsterdam
3 February – 31 March 2007

STAD NOCH LAND. DE RUIMTELIJKE ONTORDENING VAN NEDERLAND
NEITHER TOWN NOR COUNTRY – THE SPATIALLY DISORDERED NETHERLANDS

Het rommelige land op de grens waar stad en agrarisch gebied in elkaar overgaan, lijkt zich te kunnen onttrekken aan de gangbare ideeën over ruimtelijke ordening. Aan de hand van kaarten, tekeningen en foto's gaf deze tentoonstelling inzicht in de onvoorspelbare manieren waarop deze ruimtes zich ontwikkelen. Zo kon de bezoeker de wetten en nota's zien waarnaar altijd verwezen wordt, maar waarvan bijna niemand weet hoe ze eruit zien.
Nederlands Architectuurinstituut, Rotterdam
7 oktober 2006 – 25 februari 2007
The messy transitional zone where city and farmland meet seems to have escaped the customary orderliness of Dutch spatial planning. This exhibition used maps, drawings and photographs to provide insight into the unpredictable ways in which these zones tend to develop. Visitors were able to view the frequently cited but little read laws and policy papers that govern spatial planning in the Netherlands.
Netherlands Architecture Institute, Rotterdam
7 October 2006 – 25 February 2007

DUTCH MOUNTAINS

Openingstentoonstelling van het nieuwe paviljoen van Casa CASLa, gewijd aan de vier jaar waarin architect Francine Houben (Mecanoo architecten) stadsbouwmeester van Almere was. Haar taak was verbeeldende visies te ontwikkelen voor het Almere van de toekomst. Voor Houben zijn de gebouwen als bergen in het Nederlandse vlakke landschap.
Casa CASLa, Almere
9 maart – 9 juni 2007
Opening exhibition in the new Casa CASLa pavilion, focusing on the four years during which architect Francine Houben (Mecanoo architecten) was Almere's city architect. Her task was to develop imaginative visions for the future of the city. Houben sees the buildings as mountains in the flat Dutch landscape.
Casa CASLa, Almere
9 March – 9 June 2007

GEBOUWGEZICHTEN
BUILDING PORTRAITS

Twaalf jonge, talentvolle fotografen kregen van het NAi en Ballast Nedam de opdracht de relatie tussen een gebouw en zijn bedenker, maker en gebruiker weer te geven. Wat betekent een gebouw voor een mens? Wat voor gevoelens kan architectuur oproepen? Een commissie bestaande uit Aaron Betsky, Frank van der Stok, Marcel van der Vlugt en Ine Lamers maakte de fotografenselectie: Christian van der Kooy, Dieuwertje Komen, Eva Fiore Kovacovsky, Gwenneth Boelens, Jan Adriaans, Janneke Luursema, Jelle Ooijevaar, Juriaan Langstraat, Maarten van Schaik, Niels Stomps, Vincent Zedelius, Zaida Oenema.
Nederlands Architectuurinstituut, Rotterdam
23 maart – 12 mei 2007
Twelve young, talented photographers were commissioned by the NAi and construction company Ballast Nedam to portray the relation between a building and its designer, maker and user. What does a building mean for human beings? What kind of feelings does architecture evoke? A committee made up of Aaron Betsky, Frank van der Stok, Marcel van der Vlugt and Ine Lamers selected the twelve photographers: Christian van der Kooy, Dieuwertje Komen, Eva Fiore Kovacovsky, Gwenneth Boelens, Jan Adriaans, Janneke Luursema, Jelle Ooijevaar, Juriaan Langstraat, Maarten van Schaik, Niels Stomps, Vincent Zedelius, Zaida Oenema.
Netherlands Architecture Institute, Rotterdam
23 March – 12 May 2007

NIEUWE LADING LANDSCHAPSARCHITECTEN
NEW WAVE OF LANDSCAPE ARCHITECTS

De door de jonge landschapsarchitecten vormgegeven en geproduceerde tentoonstelling reageerde op vragen als: Waarmee dient de landschapsarchitect zich anno 2007 bezig te houden? Wat is de Utrechtse ontwerpopgave? Wat is de ambitie van de jonge landschapsarchitect? Met ontwerpen van jonge landschapsarchitecten werkzaam bij OKRA landschapsarchitecten, Copijn Tuin- en landschapsarchitecten, tlu landschapsarchitecten, Delta Vorm Groep en Stil Buitenruimtes.
Architectuurcentrum Aorta, Utrecht
11 april – 5 mei 2007
Exhibition designed and curated by young landscape architects working for five local landscape architecture firms, namely OKRA landschapsarchitecten, Copijn Tuin- en landschapsarchitecten, tlu landschapsarchitecten, Delta Vorm Groep and Stil Buitenruimtes. They were responding to questions such as: What should landscape architects be doing in this day and age? What is the design task in Utrecht? What do young landscape architects hope to achieve?
Architectuurcentrum Aorta, Utrecht
11 April – 5 May 2007

HERTZBERGERS AMSTERDAM. DE STAD EEN SCHOOL
HERTZBERGER'S AMSTERDAM. THE CITY AS SCHOOL

Als een plek om contact te maken, te onderhandelen en elkaars standpunten te slijpen – zo ziet Herman Hertzberger de stad, en zo wil hij dat de talloze door hem ontworpen scholen fungeren. In totaal (her)bouwde Hertzberger ongeveer twintig scholen, waarmee hij de éminence grise van de Nederlandse scholenbouw is. Ontwerptekeningen, maquettes en foto's illustreerden Hertzbergers zoektocht naar een nieuw type school.
ARCAM, Amsterdam
14 april – 2 juni 2007
A place for making contacts, for interchange and for honing one another's viewpoints – that is how Herman Hertzberger sees the city, and it is also how he would like the many schools he has designed to function. Hertzberger has built or renovated some twenty schools in all which makes him the doyen of Dutch school construction. Design drawings, models and photographs illustrated Hertzberger's quest to develop a new type of school.
ARCAM, Amsterdam
14 April – 2 June 2007

PANORAMA LAS PALMAS

Het Nederlands Fotomuseum opende op 18 april zijn deuren in het geheel vernieuwde Las Palmas, verbouwd naar ontwerp van Benthem Crouwel. Deze openingstentoonstelling toonde de ontwikkeling van de stad Rotterdam en de haven binnen een omtrek van 1 kilometer rondom Las Palmas.
Nederlands Fotomuseum, Rotterdam
18 april – 31 december 2007
The Nederlands Fotomuseum opened its doors on 18 April in the totally refurbished Las Palmas building. The one-time Holland-America Line workshop was renovated to a design by Benthem Crouwel. The opening exhibition portrayed the development of the city and port of Rotterdam within a one-kilometre radius around Las Palmas.
Nederlands Fotomuseum, Rotterdam
18 April – 31 December 2007

UTRECHT STUDENTENSTAD
UTRECHT, CITY OF STUDENTS

In de tentoonstelling kon het publiek verschillen in studentenhuisvesting tussen 'toen' en 'nu' bekijken en beleven door nagebootste interieurs van studentenkamers uit verschillende periodes. Ook de architectonische veranderingen kregen veel aandacht. In de tentoonstellingen werd verbeeld welke invloed de tijdsgeest op de studentenwoning heeft gehad.
Architectuurcentrum, Utrecht
9 mei – 14 juli 2007
Replicas of student rooms from various periods allowed visitors to this exhibition to see and experience differences in student housing between 'then' and 'now'. The theme of the exhibition was how the spirit of the age affects how students are housed. Changes in the architecture of student accommodation were also part of the review.
Architectuurcentrum, Utrecht
9 May – 14 July 2007

JEAN PROUVÉ

Jean Prouvé ontwikkelde zich tot een van de grootste ontwerpers van de twintigste eeuw. Tot zijn oeuvre behoort een aantal zeer toonaangevende gebouwen en meubelstukken, krachtige iconen die opvallen door hun eenvoud, soberheid en constructie. Op de tentoonstelling waren meubels, tekeningen en maquettes te zien en een reconstructie van de inrichting van Prouvés eigen woonkamer.
Nederlands Architectuurinstituut, Maastricht
12 mei – 2 september 2007
Jean Prouvé became one of the top designers of the twentieth century. His oeuvre included some major buildings and pieces of furniture, powerful icons that impress by their simplicity, restraint and construction. The exhibition showed furniture, drawings and models and a reconstruction of the interior of Prouvé's own living room.
Netherlands Architecture Institute, Maastricht
12 May – 2 September 2007

A BETTER WORLD – ANOTHER POWER

Als onderdeel van de Internationale Architectuur Biënnale Rotterdam 2007 werd in deze tentoonstelling het werk getoond van vier groepen die met inspraakacties, spontane creativiteit en activisme een frisse wind laten waaien in de stedenbouwkundige wereld: FAST in Amsterdam, Jeanne van Heeswijk en Dennis Kaspori in Rotterdam, Santiago Cirugeda in Sevilla, en het Center for Urban Pedagogy (CUP) in New York.
Nederlands Architectuurinstituut, Rotterdam
14 mei – 21 oktober 2007
As part of the International Architecture Biennale Rotterdam 2007, this exhibition featured the work of four groups – FAST in Amsterdam, Jeanne van Heeswijk and Dennis Kaspori in Rotterdam, Santiago Cirugeda in Seville, and the Center for Urban Pedagogy (CUP) in New York – that have brought a breath of fresh air to the world of urban design with their public debate, spontaneous creativity and activism.
Netherlands Architecture Institute, Rotterdam
14 May – 21 October 2007

VISIONARY POWER

Veertien geselecteerde jonge steden- en architectenteams die werkten in onder meer Mexico, Zuid-Afrika, Libanon en China aan projecten om de steden in de toekomst leefbaarder, duurzamer en mooier te maken, toonden in deze tentoonstelling over de toekomst van de stad hun engagement met de vraag hoe in 2050 de dan bijna zes miljard stadsbewoners samen kunnen (over)leven in de explosief groeiende megacities; hoe bestuurders, bedrijven en bewoners op lokaal niveau mondiale krachten in goede banen moeten leiden en vooral hoe zij zelf, als architecten, hierin (opnieuw) een visionaire en richtinggevende rol kunnen spelen.
Kunsthal, Rotterdam
24 mei – 2 september 2007
This exhibition showed the material results of a six-month study by selected young architects working on 'projects for the city' in Mexico, Austria, South Africa, Lebanon, China and other countries. In a reflection of their commitment to the future of our cities, they asked how, in 2050, the by then nearly 6 billion city dwellers will be able to live and survive together in mushrooming megacities; how policymakers, companies and inhabitants will manage to steer global forces in the right direction locally; and, especially, how they, the architects themselves, might be able to once again play a visionary and guiding role.
Kunsthal, Rotterdam
24 May – 2 September 2007

PAUL DE LEY

Paul de Ley (1943) zette zich vanaf de jaren zeventig in voor het behoud en de vernieuwing van Amsterdamse buurten die met sloop

167

werden bedreigd. Kenmerkend voor zijn werk is de zorgvuldige stedenbouwkundige inpassing en de aandacht voor context en openbare ruimte. Een aantal van zijn Amsterdamse projecten werd in de tentoonstelling uitgelicht: woningbouw op het Bickerseiland (i.s.m. Jouke van den Bout), een woningbouwcomplex met sociaal-culturele ruimte op het Binnengasthuisterrein en woningen met bedrijfsruimten aan de Zwanenburgwal (i.s.m. Fenna Oorthuys).
ARCAM, Amsterdam
24 mei – 9 juni 2007
Since the 1970s, Paul de Ley (b. 1943) has devoted himself to the preservation and refurbishment of Amsterdam neighbourhoods threatened with demolition. Typical features of his work are a meticulous spatial integration and a concern for context and public space. The exhibition highlighted a number of his Amsterdam projects: housing on Bickerseiland (with Jouke van den Bout), a housing scheme with a social-cultural space on the Binnengasthuis site and houses with business premises on Zwanenburgwal (with Fenna Oorthuys).
ARCAM, Amsterdam
24 May – 9 June 2007

LE CORBUSIER. DE KUNST VAN ARCHITECTUUR
LE CORBUSIER. THE ART OF ARCHITECTURE

Het oeuvre van Le Corbusier werd gepresenteerd aan de hand van meer dan 450 originele tekeningen, maquettes, schilderijen, tapijten, stoffen, films, foto's, beeldhouwwerken, meubels en interieurs, onderverdeeld in drie thema's. In 'Context' stonden de vijf steden centraal die het werk, leven en ideeën van Le Corbusier over de gebouwde omgeving hebben gevormd: La Chaux-de-Fonds, Parijs, Algiers, New York en Chandigarh. In thema twee, 'Privacy and Publicity', lag de nadruk op de relatie tussen het voorwerp, de architectuur en de huiselijke omgeving. Hier werden voornamelijk toonaangevende huizen en interieurs getoond met maquettes van gebouwen en projecten of gereconstrueerde kamers.
In 'Built Art' werden Le Corbusiers ambities inzichtelijk gemaakt aan de hand van grote maquettes, digitale animaties en films.
Nederlands Architectuurinstituut, Rotterdam
26 mei – 2 september 2007
Over 450 original drawings, models, paintings, carpets, fabrics, films, photographs, sculptures, items of furniture and interiors were organized into a three-part portrait of the work of Le Corbusier. 'Context' focused on fives cities that encapsulate Le Corbusier's ideas on the built environment: La Chaux-de-Fonds, Paris, Algiers, New York and Chandigarh. In 'Privacy and Publicity' the emphasis was on the relation between object, architecture and the domestic environment in a display of notable houses and interiors in the form of models of buildings and projects or reconstructed rooms. In 'Built Art', Le Corbusier's ambitions were revealed in large models, digital animations and films.
Netherlands Architecture Institute, Rotterdam
26 May – 2 September 2007

FOLLYDOCK

Buitententoonstelling in de wijk Heijplaat en op het expositieterrein aan de Courzandseweg in Rotterdam met follies die het resultaat waren van een ontwerpwedstrijd voor fantasiebouwwerken in de context van het Rotterdamse havengebied. In totaal twintig kunstige bouwwerken, gemaakt door een internationaal gezelschap van kunstenaars, vormgevers en architecten.

Heijplaat, Rotterdam
4 juni – 9 september 2007
Outdoor exhibition in the Heijplaat district and at the exhibition site on Courzandseweg in Rotterdam. The follies on display were the result of a design competition for fantasy buildings in the context of the Rotterdam docklands. A total of twenty ingenious structures made by an international group of artists, designers and architects were on show.
Heijplaat, Rotterdam
4 June – 9 September 2007

ODE AAN HET RIETVELDPAVILJOEN. EEN NADEREND EINDE
ODE TO THE RIETVELD PAVILION. THE END IS IN SIGHT

Na bijna vijftig jaar tentoonstellen, debatten, lezingen en vele andere activiteiten op het gebied van moderne kunst en architectuur, nadert het vertrek van De Zonnehof uit zijn bijzondere tentoonstellingspaviljoen in de zomer van 2008. De Zonnehof eerde zijn behuizing met een tentoonstelling in de vorm van een drieluik: aandacht voor het bijzondere tentoonstellingspaviljoen van architect Gerrit Rietveld; een blik in de tentoonstellingshistorie en een eigentijdse reactie op het paviljoen door beeldend kunstenaar Oscar Lourens.
De Zonnehof, Amersfoort
5 juni – 29 juli 2007
After almost fifty years of exhibitions, debates, lectures and many other activities in the field of modern art and architecture, De Zonnehof will finally leave its unique exhibition pavilion in the summer of 2008. De Zonnehof paid tribute to its accommodation with an exhibition in the form of a triptych: an appreciation of this remarkable pavilion designed by architect Gerrit Rietveld, a look at its exhibition history and a contemporary reaction to the pavilion by artist Oscar Lourens.
De Zonnehof, Amersfoort
5 June – 29 July 2007

LIGPLAATS AMSTERDAM
MOORED IN AMSTERDAM

In de tentoonstelling werd naast de historie van het wonen op schepen en arken aandacht besteed aan de mogelijkheden van drijvend bouwen in de toekomst. Niet alleen drijvende woningen, maar ook een theater in het IJ, een bibliotheek en drijvende tuinen kwamen aan de orde. Spectaculair was de buitenexpositie die een verzameling drijvende objecten bevatte: twee historische woonschepen, een drijvend atelier en twee pas voltooide drijvende villa's.
ARCAM, Amsterdam
16 juni – 8 september 2007
As well as surveying the history of living on barges and houseboats, the exhibition looked at future possibilities for floating buildings – not just floating houses, but a theatre in the waters of the IJ, a library and floating gardens. There was a spectacular outdoor exhibition featuring a collection of floating objects: two historical houseboats, a floating studio and two recently completed floating villas.
ARCAM, Amsterdam
16 June – 8 December 2007

WOMEN WHO BUILD. BUILDING FROM THE INSIDE

Tentoonstelling samengesteld door het Spaanse bouwnetwerk voor vrouwen La Mujer Construye toonde het werk van een aantal

veelbelovende vrouwelijke architecten.
Architectuurcentrum Aorta, Utrecht
19 juli – 15 augustus 2007
Exhibition curated by the Spanish network for women architects, La Mujer Construye. On show were works by a number of very promising women architects.
Architectuurcentrum Aorta, Utrecht
19 July – 15 August 2007

IN HET KADER VAN DE WAARDERPOLDER
IN THE CONTEXT OF THE WAARDERPOLDER

De tentoonstelling, met als ondertitel 'randvoorwaarden voor een vruchtbaar bedrijventerrein', liet de veelzijdigheid van de Waarderpolder zien. Hier zijn niet alleen bedrijven gevestigd in allure-architectuur, maar ook 'creatieven', die aan de rand van het bedrijventerrein hun onderkomen vinden.
ABC Architectuurcentrum, Haarlem
6 september – 4 november 2007
The exhibition, subtitled 'prerequisites for a productive business park', showed the versatility of the Waarderpolder. In addition to commercial companies housed in classy architecture, various 'creative' businesses have set up shop on the edge of the business park.
ABC Architectuurcentrum, Haarlem
6 September – 4 November 2007

PIERRE WEEGELS

De tentoonstelling was het eerste overzicht van het werk van deze Weerter architect. De expositie besteedde ook aandacht aan de Limburgse kunstenaars met wie hij samenwerkte, onder anderen Cor van Geleuken, Jan Martens, Charles Eyck en Hugo Brouwer.
Gemeentemuseum, Weert
8 september 2007 – 6 januari 2008
The first retrospective of the work of this local architect. The exhibition also highlighted the work of the Limburg artists with whom he collaborated, such as Cor van Geleuken, Jan Martens, Charles Eyck and Hugo Brouwer.
Gemeentemuseum, Weert
8 September – 30 December 2007

EMIL KRÁLÍČEK, ARCHITECT VAN DE JUGEND-STIL EN HET KUBISME
EMIL KRÁLÍČEK, ARCHITECT OF JUGENDSTIL AND CUBISM

De tentoonstelling haalde Emil Králíček uit de anonimiteit van de grote bouwfirma Matěj Blecha, legde verband tussen zijn persoon en zijn individuele ontwerpen en belichtte Králíčeks leven. Zo werd het beeld opgeroepen van een interessante persoonlijkheid die niet alleen indruk maakt door zijn bewogen leven, maar ook door zijn enorme scheppingskracht.
Goethe-Instituut, Rotterdam
11 september – 16 november 2007
The exhibition rescued Emil Králíček from the anonymity of the huge Matěj Blecha construction company, drew a link between his person and his individual designs and provided biographical details. The picture that emerged was that of an interesting personality who impressed not just because of his eventful life, but also because of his tremendous creative power.
Goethe Institute, Rotterdam
11 September – 16 November 2007

P.J.H. CUYPERS. ARCHITECTUUR MET EEN MISSIE
P.J.H. CUYPERS. ARCHITECTURE WITH A MISSION

In de tentoonstelling in NAi Rotterdam kwam het jaar 1877 tot leven. Uit het omvangrijke archief van Cuypers, in beheer van het NAi, blijkt zijn invloed niet alleen als architect maar ook als (rijks)adviseur, jurylid, projectontwikkelaar en verzamelaar. In NAi Maastricht stond het jaar 1897 en de ontwerpgeschiedenis van Kasteel de Haar in Haarzuilens centraal.
Nederlands Architectuurinstituut, Rotterdam en Maastricht
22 september – 6 januari 2008
This exhibition at the NAi Rotterdam revisited the year 1877 through the work of P.J.H. Cuypers (1827–1921). The museum drew on its extensive Cuypers archive to reveal the extent of his influence, not just as architect but also as advisor (to individuals and government), jury member, property developer and collector. In NAi Maastricht the focus was on the year 1897 and the design history of Kasteel de Haar in Haarzuilens.
Netherlands Architecture Institute, Rotterdam and Maastricht
22 September – 6 January 2008

WORKING APART TOGETHER. TEN YOUNG ARCHITECTS

In deze presentatie van een aantal pas gestarte architectenbureaus stonden de vestigingskwaliteiten en de voorzieningen in Amsterdam centraal. Hoe is momenteel de werkpraktijk van jonge architecten, hoe richten zij hun eigen bureau op, hoe vinden en bekostigen ze hun huisvesting? De geselecteerde bureaus waren: BAVAVLA; Elastik; Emma Architecten; Equipe voor Architectuur en Urbanisme; Olaf Gipser; HENK; Anne Holtrop; Marc Koehler; Loos Architects; Studio JVM Architecture + Urban Strategies.
ARCAM, Amsterdam
22 september – 17 november 2007
This presentation of a number of new architecture firms focused on the practicalities of setting up an architectural practice in Amsterdam. What is the current work practice of young Amsterdam architects, how do they set up their practice, how do they go about finding and paying for premises? The practices selected for inclusion were: BAVAVLA; Elastik; Emma Architecten; Equipe voor Architectuur en Urbanisme; Olaf Gipser; HENK; Anne Holtrop; Marc Koehler; Loos Architects; Studio JVM Architecture + Urban Strategies.
ARCAM, Amsterdam
22 September – 17 November 2007

OMBOUWEN/RESTRUCTURE

Tentoonstelling over drie benaderingen van intelligent bouwen, volgens sommigen de revolutie van de eenentwintigste eeuw: hergebruik ('Superuse'), lichte contructies ('Building Lightness') en ontwerpen met het oog op toekomstig hergebruik ('Cradle to Cradle').
Stroom, Den Haag
23 september – 11 november 2007
Exhibition highlighting three approaches to what some regard as the revolution of the 21st century – smart building: re-use ('Superuse'), light constructions ('Building Lightness') and designing with an eye to future adaptive re-use ('Cradle to Cradle').
Stroom, The Hague
23 September – 11 November 2007

VERHEERLIJKING VAN DE GOUDEN EEUW. A.A. KOK EN DE GRACHTENGORDEL
GLAMORIZING THE GOLDEN AGE. A.A. KOK AND THE CANAL ZONE

Samen met zijn zoon IJsbrand maakte A.A. Kok deel uit van de stroming die een historisch ideaalbeeld van de Gouden Eeuw hanteerde bij restauratiewerkzaamheden. Ze restaureerden aan het begin van de twintigste eeuw meer dan honderd panden in de Amsterdamse grachten-gordel. De tentoonstelling liet zien hoe ze grachtenhuizen hun gesloopte klokgevels teruggaven, nieuwe deuren toevoegden en grote ramen door vensters met kleine ruitjes vervingen.
Nederlands Architectuurinstituut, Rotterdam
12 oktober 2007 – 17 februari 2008
Together with his son IJsbrand, A.A. Kok was part of the movement that approached restoration with an idealized image of the Golden Age. In the early twentieth century they restored over a hundred buildings in Amsterdam's historical canal zone. The exhibition showed how they reinstated the demolished bell gables on canal houses, added new doors and replaced large windows with frames filled with small panes of glass.
Netherlands Architecture Institute, Rotterdam
12 October 2007 – 17 February 2008

ELKE STAD IS UNIEK. STATIONS AND SQUARES
EVERY CITY IS UNIQUE. STATION AND SQUARES

In Haarlem is al jaren discussie over de invul-ling van het stationsplein als 'visitekaartje' van de stad, als een plek met een eigen identiteit. Op dit moment is de gemeente bezig met het creëren van de randvoorwaarden en de uitwerking van deelgebieden. De expositie toonde voorbeelden van stations in Alphen a/d Rijn, Apeldoorn, Breda, Delft, Groningen en Zutphen – sommige projecten al opgeleverd, andere nog in de ontwerpfase.
ABC Architectuurcentrum, Haarlem
23 september – 18 november 2007
For years Haarlem has been discussing how to remodel its station square as the city's 'visiting card' – a place with a unique identity. The city council is currently working on the parameters and detailed plans for constituent areas. The exhibition showed examples of station precincts in other cities – Alphen a/d Rijn, Apeldoorn, Breda, Delft, Groningen and Zutphen – some already completed, others still in the design phase.
ABC Architectuurcentrum, Haarlem
23 September – 18 November 2007

EEN EIGENWIJZE OPDRACHTGEVER
A HIGHLY ORIGINAL DEVELOPER

Vijfentwintig jaar lang drukten Woning-corporatie De Alliantie (Flevoland) en haar rechtsvoorgangers (Groene Stad Almere, SWAZ) een eigenwijs stempel op de ontwikkeling van de sociale woningbouw in Almere. De geschiedenis hiervan werd geschetst aan de hand van meer dan twintig voorbeeldprojecten, verteld vanuit het perspectief van scheidend directeur Jan de Vletter. Hij trok vermaarde architecten aan onder wie Herman Hertzberger, Benthem Crouwel, Atelier Pro en Wytze Patijn.
Casa CASLa, Almere
28 oktober – 13 januari 2008
For twenty-five years, housing corporation De Alliantie (Flevoland) and its predecessors (Groene Stad Almere, SWAZ) have been putting their highly original stamp on the construction of social housing in Almere. The history of their

activities was portrayed in more than twenty examples seen from the perspective of retiring director Jan de Vletter, who managed to attract celebrated architects like Herman Hertzberger, Benthem Crouwel, Atelier Pro and Wytze Patijn.
Casa CASLa, Almere
28 October – 13 January 2008

BRUIKBAAR / 8 jaar BAR / 62 projecten / 10 realisaties
USEFUL / 8 years of BAR / 62 projects / 10 realizations

Met een aantal bijzondere projecten in Utrecht levert het Rotterdamse bureau BAR Architects een opvallende bijdrage aan de architectuur in de stad. Onder de tot nu toe gerealiseerde projecten in Utrecht behoren het interieur van BAK aan de Lange Nieuwstraat, het junkiehotel aan de Maliebaan, drukkerij Rotosmeets aan de Kanaalweg (genomineerd voor de Rietveld-prijs 2001) en een mobiele ontmoetingsruimte in Leidsche Rijn.
Architectuurcentrum Aorta, Utrecht
7 november – 5 januari 2008
Rotterdam-based BAR Architects have made a significant contribution to the architecture of the city of Utrecht with a number of striking projects. Among those realized to date are the interior of BAK on Lange Nieuwstraat, the junkie hostel on the Maliebaan, the Rotosmeets printery or Kanaalweg (nominated for the Rietveld Prize 2001) and a mobile meeting place in Leidsche Rijn.
Architectuurcentrum Aorta, Utrecht
7 November 2007 – 5 January 2008

TANGIBLE TRACES. DUTCH ARCHITECTURE AND DESIGN

Op deze inzending van het NAi voor de zevende Architectuurbiënnale in São Paulo was werk te zien van architectenbureau Onix, ruimtelijk vormgever Frank Havermans, stoffen-ontwerpster Claudy Jongstra, modeontwerper Alexander van Slobbe en industrieel vorm-geefster Hella Jongerius.
Nederlands Architectuurinstituut, Rotterdam
10 november – 16 december 2007
This NAi entry for the seventh architecture biennale in São Paulo included work by architects Onix, spatial designer Frank Havermans, fabric desiger Claudy Jongstra, fashion designer Alexander van Slobbe and industrial designer He la Jongerius.
Netherlands Architecture Institute, Rotterdam
10 November – 16 December 2007

1:1500 ONTWERP HEESTERVELD
1:1500 DESIGN HEESTERVELD

Woningcorporatie Ymere schrijft tweejaar-lijks een prijsvraag uit waarbij een te (her)ontwikkelen gebied centraal staat. Met 1:1500 Ontwerp Heesterveld wilde Ymere samenwerking met het NAi een stimulans geven aan de visievorming voor de inrichting van een stedelijke woonomgeving. De genomineerde ontwerpen werden in het NAi gepresenteerd.
Nederlands Architectuurinstituut, Rotterdam
17 november – 24 februari 2008
Every two years, the Ymere housing corporation holds a competition focusing on a site that has been earmarked for development or redevelop-ment. With 1:1500 Ontwerp Heesterveld, Ymere and the NAi hoped to elicit imaginative ideas for the development of an urban residential environment. The nominated designs were displayed in the NAi.

Netherlands Architecture Institute, Rotterdam
17 November 2007 – 24 February 2008

SUNCITY EINDHOVEN. DE ZILVEREN KRACHT
SUN CITY EINDHOVEN. THE SILVER POWER

Presentatie van meningen en visies op de invloed van de komende vergrijzing op de ruimtelijke ontwikkeling en architectuur. Met werk van architectenbureaus, ontwikkelaars, woningbouwcorporaties en studenten van de TU/e en de Design Academy.
MU, Witte Dame, Eindhoven
23 november – 6 januari 2008
Presentation of opinions and ideas regarding the likely impact of the ageing population on spatial development and architecture. Included contributions by architectural practices, developers, housing corporations and students from the TU/e and the Design Academy.
MU, Witte Dame, Eindhoven
23 November 2007 – 6 January 2008

BOGOTA. THE PROUD REVIVAL OF A CITY

De Colombiaanse hoofdstad Bogotá heeft het hoofd weten te bieden aan de problemen die werden veroorzaakt door onstuimige groei. Getoond werden onder meer nieuwe openbare ruimten, de realisatie van sociale woningbouw, een nieuw transportsysteem, herinrichting van de straten, renovatie van de oude binnen-stad en de realisatie van publieke gebouwen met speciale aandacht voor architectuur.
ARCAM, Amsterdam
24 november 2007 – 26 januari 2008
The Columbian capital Bogotá has managed to resolve some of the problems being caused by rampant growth. On show were new public spaces, social housing, a new transport system, redesigned streets, renovation works in the old city centre and public buildings of architectural merit.
ARCAM, Amsterdam
24 November 2007 – 26 January 2008

TITUS MATIYANE. CITIES OF THE WORLD
De tentoonstelling vormde het hart van de manifestatie African Perspectives, georganiseeerd door de TU Delft. Met werk van Titus Matiyane, die woont en werkt in Atteridgeville, een township in bij Pretoria. Zijn panoramische tekeningen (1,5 meter hoog en van 6 tot 46 meter lang) wekken de indruk dat de kunstenaar de steden en landschappen vanuit een vliegtuig heeft bekeken.
TU Bouwkunde, Delft
6 december – 25 januari 2008.
This exhibition was at the heart of the African Perspectives event organized by TU Delft. It showed work by Titus Matiyane, who lives and works in Atteridgeville, a township near Pretoria. His panoramic drawings (1.5 metre high and from 6 to 46 metres long) give the impression that the artist viewed these cities and landscapes from an aeroplane.
TU Bouwkunde, Delft
6 December 2007 – 25 January 2008

NIET BESCHREVEN RUIMTE. DE ARCHITECTUUR VAN KOEN VAN VELZEN
BLANK SPACE. THE ARCHITECTURE OF KOEN VAN VELZEN

Overzicht van het oeuvre van Koen van Velsen ter gelegenheid van het dertig jarig bestaan van zijn bureau, inclusief enkele nog niet uitgevoerde projecten, zoals het NS-station van Breda.

Museum Hilversum, Hilversum
25 mei – 6 januari 2008
Retrospective of the work of Koen van Velsen on the occasion of the thirtieth anniversary of his practice. It included several as yet unbuilt projects such as the railway station in Breda.
Museum Hilversum, Hilversum
25 May 2007 – 6 January 2008

169

ROTTERDAM 2007 CITY OF ARCHITECTURE

Vanaf 1 januari 2007 werd de Erasmusbrug in Rotterdam paars verlicht als startsein van Rotterdam 2007 City of Architecture: een jaar lang tentoonstellingen en speciale evenementen rond bijzondere plekken en gebouwen. Voor de manifestatie Sites & Stories maakte Studio VollaersZwart een spectaculair ontwerp voor veertig gebouwen die een eeuw Rotterdamse architectuur vertegenwoordigden. Onder de naam Cliffhangers werden kenmerkende delen van de bouwwerken door middel van paarse kleurvlakken geaccentueerd. Een audiotour met levendige geluidsfragmenten begeleidde een zwerftocht door de stad. Rond de geselecteerde panden werd een aanvullende programmering verzorgd: van een rondleiding op plekken die normaal gesproken verboden terrein zijn, tot toneel op locatie.

On 1 January 2007, the Erasmus Bridge in Rotterdam was bathed in a purple light, thereby signalling the beginning of Rotterdam 2007 City of Architecture: 12 months of exhibitions and special events centred around particular places and buildings. For the Sites & Stories event, Studio VollaersZwart produced a spectacular design encompassing forty buildings that represent a century of Rotterdam architecture. The 'Cliffhangers' project entailed accentuating characteristic parts of those buildings by means of purple lighting. There was also an audio tour of the city with lively sound clips. A supplementary programme, ranging from a guided tour of normally restricted areas to on the spot theatre, was organized around selected buildings.

3E INTERNATIONALE ARCHITECTUUR BIËNNALE ROTTERDAM
3RD INTERNATIONAL ARCHITECTURE BIENNALE ROTTERDAM

De 3e Internationale Architectuur Biënnale Rotterdam ging op 25 mei van start met het thema 'Power – Producing the Contemporary City', waarin vragen centraal stonden als: hoe zien steden er in de toekomst uit en welke rol zullen ontwerpers spelen in de vorming van steden. De IABR is een tweejaarlijks evenement dat kennis en ervaring in de disciplines architectuur, stedenbouw en landschaps-architectuur van over de hele wereld in Rotterdam samenbrengt en presenteert aan een publiek van onder meer architecten, stedenbouwers, theoretici, studenten, ontwikkelaars, beleidsmakers en politici uit binnen- en buitenland. Het programma werd deze keer samengesteld door het Berlage Instituut en vond plaats op verschillende locaties met als hoofdkwartier de Kunsthal, waar debatten, lezingen en conferenties plaatsvonden.

The 3rd International Architecture Biennale Rotterdam opened on 25 May. The theme of 'Power – Producing the Contemporary City' centred around such questions as 'what will our cities look like in the future?' and 'what role will designers play in the formation of cities?'. The IABR is a biennial event that brings knowledge and experience in the disciplines of architecture, urban design and landscape architecture to Rotterdam from all over the world and presents it to an international audience of architects, urban designers, theorists, students, developers, policymakers, politicians and others. The programme, which on this occasion was organized by the Berlage Institute, was held in several locations around the city, in particular the Kunsthal where the debates, lectures and conferences took place.

DAG VAN DE ARCHITECTUUR
ARCHITECTURE DAY

De jaarlijkse Dag van de Architectuur, een tweedaagse manifestatie georganiseerd door de Bond van Nederlandse Architecten (BNA), had dit jaar als thema 'tijdelijk verblijf'. Op veel plaatsen in het land werden gebouwen opengesteld waar we ons slechts voor een korte periode bevinden, van hotels, lobby's van kantoorgebouwen, winkelcentra, theaters en poliklinieken tot noodlokalen van scholen. Er werden lezingen, rondleidingen, wandel- en fietstochten en tentoonstellingen binnen het thema georganiseerd. De Dag van de Architectuur trok een recordaantal van 175.000 bezoekers.
Diverse locaties
23 en 24 juni 2007

The theme of this year's Architecture Day, a two-day event organized by the BNA (Royal Institute of Dutch Architects), was 'temporary residence'. In many towns and cities across the country, places where we usually spend only a short period of time – like hotels, office building lobbies, shopping centres, theatres, outpatients departments, temporary classrooms – were opened to the public. Lectures, exhibitions, guided tours, walks and cycle rides were organized around the chosen theme. Architecture Day 2007 attracted a record number of 175,000 visitors.
Various locations
23 & 24 June 2007

OPEN MONUMENTENDAG 2007 – MODERNE MONUMENTEN
OPEN HERITAGE DAYS 2007 – MODERN MONUMENTS

De Open Monumentendag was met naar schatting 900.000 bezoekers een groot succes. Het thema 'Moderne Monumenten' leverde interessante en vaak ook eenmalige openstellingen op. Grootste publiekstrekker was dit jaar was de 'Inktpot', het Derde Administratiegebouw van de NS in Utrecht, met ruim 7000 bezoekers. Het gebouw van de voormalige Nederlandsche Handelmaat-schappij (1926) van architect K.P.C. de Bazel in Amsterdam, waarin sinds september 2007 het Stadsarchief is gehuisvest, werd door circa 4000 mensen bezocht.
Diverse locaties
8 en 9 september 2007

With an estimated 900,000 visitors, the Open Heritage Days 2007 were a resounding success. The 'Modern Monuments' theme produced interesting and often unique openings. The biggest crowd-puller was the so-called 'Inkpot', Dutch Railways' third administration building in Utrecht; it attracted over 7000 visitors. In Amsterdam, the building designed by K.P.C. de Bazel in 1926 for the former Netherlands Trading Company and now occupied by the City Archives, was visited by some 4000 people.
Various locations
8 & 9 September 2007

BOUWPUTTENFESTIVAL
CONSTRUCTION SITE FESTIVAL

Liefhebbers van bouwputten konden hun hart ophalen in Rotterdam tijdens het vijfde Rotter-damse Bouwputtenfestival, georganiseerd door het City Informatiecentrum. Onderdelen van het festival waren Bouwputbezoeken, de Dag van de 1e Paal, Bouwputtenfiets- en skatetochten en de verkiezing van de Rotter-damse bouwput van het jaar. Nieuw dit jaar waren de Verkiezing van de 'Bouwvakker op

Zuid' en de spectaculaire show *Branie in de bouwput*.
Diverse locaties. Rotterdam. 7 oktober 2007

Construction site enthusiasts could really let their hair down during the fifth Rotterdam Construction Site Festival, organized by the City Information Centre. The programme included old favourites such as Construction Site Visits, the Day of the 1st Pile, Construction Site cycle and skate tours and the selection of Rotterdam's construction site of the year. New this year was a contest for 'Construction Worker on Zuid' and a spectacular show, *Daring on the construction site*.
Various locations, Rotterdam
7 October 2007

DAG VAN DE OPENBARE RUIMTE
PUBLIC SPACE DAY

In 2007 vond de vierde editie van de Dag van de Openbare Ruimte plaats. Deze eendaagse vakbeurs wordt georganiseerd voor ambtenaren bij gemeentelijke en regionale overheden, architecten en ontwerpers en andere beroepsmatig betrokkenen die op de hoogte willen blijven van de laatste ontwikkelingen binnen alle sectoren van de openbare ruimte.
Euretco Expo Center, Houten
11 oktober 2007

2007 saw the fourth edition of Public Space Day. This one-day trade fair is aimed at local and regional authority employees, architects and designers and other professionals keen to keep abreast of the latest developments in every aspect of public space.
Euretco Expo Center, Houten
11 October 2007

REVIEWING ROTTERDAM

AIR (Architectuur International Rotterdam) organiseerde als onderdeel van 'Rotterdam, City of Architecture' in samenwerking met Paul Groenendijk en Piet Vollaard de conferentie 'Reviewing Rotterdam'. Aan drie jonge critici, Jaime Salazar (Spanje), Angelika Schnell (Duitsland) en Michael Speaks (Verenigde Staten), werd de vraag gesteld of Rotterdam zich op grond van zijn architec-tonische productie van de laatste dertig jaar nog steeds architectuurstad kan noemen. Zij gaven hun opinie over de kwaliteit van 25 gebouwen die kenmerkend zijn voor de Rotterdamse bouwproductie uit deze periode.
De Doelen, Rotterdam
11 oktober 2007

As part of 'Rotterdam, City of Architecture', AIR (Architecture International Rotterdam) in collaboration with Paul Groenendijk and Piet Vollaard, organized the conference 'Reviewing Rotterdam'. A panel of three young architecture critics – Jaime Salazar (Spain), Angelika Schnell (Germany) and Michael Speaks (United States) – were asked whether Rotterdam, based on its architectural production during the last thirty years, can still call itself a city of architecture. They gave their opinion of the quality of 25 representative buildings from this period.
De Doelen, Rotterdam.
11 October 2007

ARCHITECTUUR FILMFESTIVAL ROTTERDAM
ARCHITECTURE FILM FESTIVAL ROTTERDAM

Het 4e Architectuur Film Festival Rotterdam had dit jaar als thema 'horizon'. De techno-logische ontwikkelingen zorgen ervoor dat grenzen vervagen en nieuwe horizons ont-

staan. Dit heeft grote invloed op de steden-bouw en de infrastructuur. Tijdens de vier festivaldagen werden vijftig architectuur- en stadsfilms vertoond en debatten en lezingen gehouden.
Diverse locaties, Rotterdam
11-14 oktober 2007

The theme of the 4th Architecture Film Festival Rotterdam was 'horizon'. Technological developments result in the blurring of boundaries and the creation of new horizons. This in turn has an enormous impact on urban development and infrastructure. During the four-day festival, fifty architecture and city films were shown and debates and lectures held.
Various locations, Rotterdam
11-14 October 2007

RUIMTECONFERENTIE
SPACE CONFERENCE

Het Ruimtelijk Planbureau (RPB) organiseerde voor de vijfde keer zijn jaarlijkse werkcon-ferentie 'De staat van ruimte; afgeschermde woondomeinen in Nederland'. Zowel het RPB als andere onderzoeksinstellingen en bureaus presenteerden hun lopende onderzoek. Het programma bestond uit een groot aantal parallelle workshops, omlijst door een plenaire inleiding door vooraanstaande sprekers, onder wie dr. Pieter Winsemius (lid van de Wetenschappelijke Raad voor Regerings-beleid en voormalig minister van VROM) en prof. dr. Wim Derksen (directeur RPB).
Cruiseterminal, Rotterdam
30 oktober 2007

The RPB (Netherlands Institute for Spatial Research) organized its fifth annual work conference 'The state of space; protected living domains in the Netherlands' at which the RPB together with other research institutes and agencies presented the results of ongoing research. The programme consisted of a large number of parallel workshops framed by a plenary session with leading speakers such as Pieter Winsemius (member of the Policy Research Council and a former minister for Housing, Spatial Planning and Environment) and Professor Wim Derksen (director of the RPB).
Cruise Terminal, Rotterdam
30 October 2007

BELVEDERE FESTIVAL

De vitale en veelzijdige praktijk van Belvedere stond centraal op het Belvedere Festival, gehouden in een voormalige Scheepsijzer-gieterij, voor opdrachtgevers (publiek en privaat), projectleiders, ontwerpers, beleids-makers, adviseurs en bestuurders. De inzet van cultuurhistorie bij ruimtelijke inrichting heeft een grote vlucht genomen. Een scala aan oplossingen, werkwijzen en doorbraken uit inmiddels zeven jaar Belvedere-uitvoeringspraktijk passeerde de revue. Het programma bestond uit workshops, interviews, films, gesproken columns en presentaties van inspirerende Belvedere-projecten.
Talentfactory, Den Bosch
1 november 2007

The dynamic and many-sided Belvedere operation was the focus of the Belvedere Festival, held in a former shipbuilding iron foundry and aimed at clients (public and private), project leaders, designers, policy-makers, consultants and administrators. Respect for and integration of cultural history in spatial planning is now widespread. A whole range of solutions, working methods and breakthroughs, the fruit of seven years of

Belvedere-generated practice, was reviewed during the festival which consisted of workshops, interviews, films, polemics and presentations of inspiring Belvedere projects.
Talent Factory, 's-Hertogenbosch
1 November 2007

ARCHITECTUUR 2.0 – THE DESTINY OF ARCHITECTURE

Op dit eendaagse symposium spraken architecten Wiel Arets, Ben van Berkel, Francine Houben, Rem Koolhaas, Winy Maas en Willem Jan Neutelings zich uit over de toekomst van de architectuur, de stad en de stedenbouw. Sprekers waren onder anderen Elco Brinkman (voorzitter Bouwend Nederland) en Mels Crouwel (rijksbouwmeester) en NAi-directeur Ole Bouman trad op als moderator. Intermezzo's werden verzorgd door de jonge architecten Ronald Rietveld, Jochem Heijmans, Marten de Jong en Sander Lap.
De Doelen, Rotterdam
9 november 2007
At this one-day symposium, architects Wiel Arets, Ben van Berkel, Francine Houben, Rem Koolhaas, Winy Maas and Willem Jan Neutelings spoke about the future of architecture, the city and urban development. Other speakers included Elco Brinkman (chairman of Bouwend Nederland) and Mels Crouwel (government architect) while NAi director Ole Bouman acted as moderator. Intermezzos were provided by young architects Ronald Rietveld, Jochem Heijmans, Marten de Jong and Sander Lap.
De Doelen, Rotterdam
9 November 2007

ARCHITECTUURNL CONGRES 2007

Het ArchitectuurNL Congres 2007 had als thema 'Facelift of metamorfose?' en concentreerde zich op de middelen voor transformatie, renovatie, verbetering en herbestemming van onder meer leegstaande kantoren, woonwijken uit de wederopbouw, ontzielde industriële complexen, achterhaalde stedenbouwkundige concepten en werkloos agrarisch gebied. Sprekers waren onder anderen Liesbeth van der Pol, Lodewijk Baljon, Trude Hooykaas, Frits van Dongen, Jurjen van der Meer, André van Stigt en Jo Coenen.
De Philharmonie, Haarlem
15 november 2007
The ArchitectuurNL Congres 2007 was on the theme of 'Facelift or metamorphosis?' and focused on ways of transforming, renovating, upgrading and converting empty office space, post-war residential districts, abandoned industrial complexes, outdated urban design concepts and idle agricultural land. Speakers included Liesbeth van der Pol, Lodewijk Baljon, Trude Hooykaas, Frits van Dongen, Jurjen van der Meer, André van Stigt and Jo Coenen.
De Philharmonie, Haarlem
15 November 2007

TRADITION TODAY

De Academie van Bouwkunst Rotterdam zocht met de manifestatie 'Tradition Today' een antwoord op de vraag hoe het komt dat traditionele architectuur zo populair is. Tijdens het seminar onderzocht een internationaal gezelschap van sprekers de definitie en de rol van de klassieke traditie in de hedendaagse architectuur in Nederland. Architectuur-criticus Hans Ibelings hield een lezing over de actuele betekenis van traditie en continuïteit in de architectuur. In het verlengde hiervan wijdde de Academie van Bouwkunst Rotterdam ook haar jaarlijkse Winter School, een combinatie van workshop, atelier en een reeks colleges en laboratoria, aan traditioneel ontwerpen.
Academie van Bouwkunst, Rotterdam
15 november 2007
The Rotterdam Architecture Academy's 'Tradition Today' event attempted to discover why it is that traditional architecture is so popular. During the seminar, an international group of speakers discussed the definition and role of the classical tradition in contemporary architecture in the Netherlands. Architect critic Hans Ibelings lectured on the current significance of tradition and continuity in architecture. Following up on this, the academy devoted its annual Winter School, a combination of workshop, atelier, lectures and laboratory work to traditional designs.
Academy of Architecture, Rotterdam
15 November 2007

AFRICAN PERSPECTIVES

Deze door BNA, de Faculteit Bouwkunde van de Technische Universiteit Delft en de Stichting ArchiAfrika georganiseerde manifestatie werd ingericht als een marktplaats waar architecten, stedenbouwkundigen, academici, maar ook landschaps-architecten en planners en overige experts, het brede publiek en studenten vanuit de hele wereld elkaar konden treffen en ontmoeten. Naast workshops en debatten vonden lezingen, tentoonstellingen en filmvertoningen plaats. 'African Perspectives' werd afgesloten met een symposium waarin vier 'megacities' in Afrika werden geportretteerd door Afrikaanse en Nederlandse kunstenaars, schrijvers en journalisten, in interviews, verhalen en debatten.
TU, Faculteit Bouwkunde, Delft
6-8 december 2007
Organized jointly by the BNA (Royal Institute of Dutch Architects), the Architecture faculty at TU Delft and the ArchiAfrika foundation, this event was set up as a market place where architects, urban designers, academics as well as landscape architects, planners and other experts could meet and mingle with the general public and students from around the world. In addition to workshops and discussions, there were lectures, exhibitions and film shows. 'African Perspectives' closed with a symposium in which four 'mega cities' in Africa were portrayed by African and Dutch artists, writers and journalists in interviews, stories and debates.
TU Delft, Architecture Faculty
6-8 December 2007

TECTONICS MAKING MEANING

In het kader van het veertig jarig bestaan van de faculteit Bouwkunde van de TU Eindhoven werd het congres 'Tectonics Making Meaning' gehouden. Het maken van een gebouw stond centraal. Sprekers waren onder anderen Petra Blaisse, Mels Crouwel, Kenneth Frampton, Jesse Reiser, John Thackara en Ken Yeang. Het driedaagse evenement bestond verder uit een internationale ontwerpwedstrijd voor studenten en een dag met workshops voor de bouwwereld.
TU, Faculteit Bouwkunde, Eindhoven
10-12 december 2007
This conference was held to mark the fortieth anniversary of the Architecture Faculty at TU Eindhoven. The focus was on the making of a building and the speakers included Petra Blaisse, Mels Crouwel, Kenneth Frampton, Jesse Reiser, John Thackara and Ken Yeang. The three-day event also included an international design competition for students and a day of workshops for the construction sector.
TU Eindhoven, Architecture Faculty
10-12 December 2007

10 JAAR ARCHI-EF-NED
10 YEARS OF ARCHI-EF-NED

Een reeks van drie presentatie- en debatavonden onder de titel ArchiNed@NAi, over de plaats en betekenis van het internet in de hedendaagse architectuurpraktijk en ruimtelijke ordening. Wat heeft de enorm toegenomen mogelijkheid tot communicatie tussen ontwerpers, bewoners en beleidsmakers via internet opgeleverd? Wat zijn/waren de mogelijkheden en onmogelijkheden, de kansen en valkuilen. Tijdens de debatten werd ingegaan op drie thema's: het publieke domein, ontwerpen en publiceren.
Nederlands Architectuurinstituut, Rotterdam
21 september 2007
2 oktober 2007
5 november 2007
Three evenings of presentations and debates under the title ArchiNed@NAi about the place and significance of the Internet in contemporary architectural practice and spatial planning. What have been the effects of the greatly increased capacity for communication among designers, residents and policymakers via the Internet? What are/were the possibilities and impossibilities, the opportunities and pitfalls? The debates addressed three themes the public domain, design and publication.
Netherlands Architecture Institute, Rotterdam
21 September 2007
2 October 2007
5 November 2007

10TH INTERNATIONAL ARCHITECTURAL EXHIBITION: LA BIENNALE DI VENEZIA; CITIES, ARCHITECTURE AND SOCIETY
Fondazione La Biennale, Venice

ADOLESCENT ALMERE: HOE EEN STAD WORDT GEMAAKT
Jaapjan Berg, Simon Franke, Arnold Reijndorp (red./eds.)
NAi Uitgevers/Publishers, Rotterdam

ALPHONS BOOSTEN (1839–1951) ARCHITECT
P. Mertens, L. Schiphorst (red./eds.)
Sun, Nijmegen

AMSTERDAM, HET MEKKA VAN DE VOLKSHUISVESTING: SOCIALE WONINGBOUW 1909–1942
Vladimir Stissi
Uitgeverij 010 Publishers, Rotterdam

ARCHIEF ARCHINED: 10 JAAR ARCHITECTUUR OP HET INTERNET
Marina van den Bergen, Lotte Haagsma, Piet Vollaard (red./eds.)
ArchiNed, Rotterdam

ARCHIPRIX 2007. THE BEST DUTCH GRADUATION PROJECTS
Henk van der Veen (red./ed.)
Uitgeverij 010 Publishers, Rotterdam

ARCHIPRIX INTERNATIONAL SHANGHAI 2007
Henk van der Veen (red. /ed.)
Uitgeverij 010 Publishers, Rotterdam

ARCHITECTURE. EHV 2006–2007: JAARBOEK TECHNISCHE UNIVERSITEIT EINDHOVEN, FACULTEIT BOUWKUNDE
Jos Bosman, Merel Pit, Mieke Verschoor (red./eds.)
Uitgeverij 010 Publishers, Rotterdam

THE ARCHITECTURE ANNUAL 2005–2006: DELFT UNIVERSITY OF TECHNOLOGY
Uitgeverij 010 Publishers, Rotterdam

ARCHITECTUUR IN NEDERLAND: JAARBOEK 2006-07 / ARCHITECTURE IN THE NETHERLANDS: YEARBOOK 2006-07
Daan Bakker, Allard Jolles, Michelle Provoost, Cor Wagenaar (red./eds.)
NAi Uitgevers/Publishers, Rotterdam

ARCHITECTUURBULLETIN 04: ESSAYS OVER DE GEBOUWDE OMGEVING
Ole Bouman, Tim de Boer, Evelien van Es, Bart Verschaffel, Jan Kolen, Olof van de Wal, Yoeri Albrecht
NAi Uitgevers/Publishers, Rotterdam

ARCHITECTUURGIDS ROTTERDAM
Paul Groenendijk, Piet Vollaard
Uitgeverij 010 Publishers, Rotterdam

A/S/L 2006: JAARBOEK ACADEMIE VAN BOUWKUNST AMSTERDAM
Vibeke Gieskes, Arjen Oosterman (red./eds.)
Uitgeverij 010 Publishers, Rotterdam

ATELIER VAN LIESHOUT
Jennifer Allen, Aaron Betsky, Rudi Laermans, Wouter van Stiphout
NAi Uitgevers/Publishers, Rotterdam

DE BAZEL: TEMPEL AAN DE VIJZELSTRAAT IN AMSTERDAM
Mariëlle Hageman
Thoth, Bussum

BEDACHTZAME DYNAMIEK: HET GEBOUW VAN DE KONINKLIJKE BIBLIOTHEEK 1982–2007 / CAUTIOUS DYNAMISM: THE KONINKLIJKE

171

BIBLIOTHEEK BUILDING 1982–2007
Dorine van Hoogstraten
NAi Uitgevers/Publishers, Rotterdam

BLIKVELD: ONTWERP HEESTERVELD:
STIMULERINGSPRIJSVRAAG VOOR WONEN EN
WOONOMGEVING
Ole Bouwman, Lex Pouw, Olof Koekebakker et al.
NAi Uitgevers/Publishers, Rotterdam

BOUWEN IN NEDERLAND: 600–2000
Koos Bosman et al. (red./eds.)
Waanders, Zwolle

BOUWEN VOOR DE KINDEROPVANG:
TOEKOMSTVISIES
Ed Hoekstra, Ine van Liemp (red./eds.)
Thoth, Bussum

BOUWEN VOOR DE NEXT GENERATION
Marlies Rohmer, Anneloes van der Leun,
Hans Ibelings
NAi Uitgevers/Publishers, Rotterdam

BOUWMEESTERS: HET PODIUM AAN EEN
GENERATIE
Dikkie Scipio, Simon Franke (red./eds.)
NAi Uitgevers/Publishers, Rotterdam

BOUWPLAATS ENSCHEDE: EEN STAD
HERSCHEPT ZICHZELF
BUILDING SITE ENSCHEDE: A CITY RE-CREATES
ITSELF
Theo Baart, Ton Schaap
NAi Uitgevers/Publishers, Rotterdam

G.C. BREMER (1880–1949)
Rosa Visser-Zaccagnini
Stichting Bonas, Rotterdam

BRUSSELS – A MANIFESTO: TOWARDS THE
CAPITAL OF EUROPE
Berlage Institute (ed.)
NAi Uitgevers/Publishers, Rotterdam

DE COMPOSITIE VAN NEDERLAND: GOUDEN
PIRAMIDE 2007, RIJKSPRIJS VOOR
INSPIREREND OPDRACHTGEVERSCHAP
Ton Idsinga, Ingrid Oosterheerd
(samenst./comp.)
Uitgeverij 010 Publishers, Rotterdam

CROSSOVER: ARCHITECTURE URBANISM
TECHNOLOGY
Arie Graafland, Leslie Jaye Kavanaugh
Uitgeverij 010 Publishers, Rotterdam

P.J.H. CUYPERS (1827–1921): HET COMPLETE
WERK
P.J.H. CUYPERS (1827–1921): THE COMPLETE
WORK
Hetty Berens (red./ed.)
NAi Uitgevers/Publishers, Rotterdam

DE DIABOLISCHE SNELWEG
Wim Nijenhuis, Wilfried van Winden
Uitgeverij 010 Publishers, Rotterdam

DOEL, METHODEN EN ANALYSEKADER: REEKS
INTEGRALE PLANANALYSE VAN GEBOUWEN
Theo van der Voort, Hielkje Zijlstra, Andy van
den Dobbelsteen, Machiel van Dorst (red./eds.)
VSSD, TU Delft

THE DOMESTIC AND FOREIGN IN
ARCHITECTURE
Sang Lee, Ruth Baumeister (eds.)
Uitgeverij 010 Publishers, Rotterdam

DROMEN VAN EEN METROPOOL: DE CREATIEVE
KLASSE VAN EEN METROPOOL, 1970–2000
IMAGINE A METROLIS: ROTTERDAM'S CREATIVE
CLASS, 1970–2000

Patricia van Ulzen
Uitgeverij 010 Publishers, Rotterdam

DYNAMISCH KANTOOR HAARLEM: REEKS
INTEGRALE PLANANALYSE VAN GEBOUWEN
Theo van der Voort, Hielkje Zijlstra, Andy van
den Dobbelsteen, Machiel van Dorst (red./eds.)
VSSD, TU Delft

EASTERN HARBOUR DISTRICT AMSTERDAM:
URBANISM AND ARCHITECTURE
Marlies Buurman et al.
NAi Uitgevers/Publishers, Rotterdam

EXURBIA / WONEN BUITEN DE STAD
Harry den Hartog, Eleonoor Jap Sam
Episode, Rotterdam

DE FUNCTIONELE STAD: DE CIAM EN CORNELIS
VAN EESTEREN, 1928–1960
Kees Somer
NAi Uitgevers/Publishers, Rotterdam

GEBOUW VOOR BOUWKUNDE TU DELFT
Theo van der Voort, Hielkje Zijlstra, Andy van
den Dobbelsteen, Machiel van Dorst (red./eds.)
VSSD, TU Delft

HET GEHEUGEN VAN DE STAD:
CULTUURHISTORIE EN STEDENBOUWKUNDIG
ONTWERP
Han Meyer, Leo van den Burg
Boom, Amsterdam

GIDS DOOLHOVEN EN LABYRINTEN IN
NEDERLAND
Fons Schaefers, Anne Miek Backer
Uitgeverij de Hef, Rotterdam

GIDS VOOR ARCHITECTUUR, STEDENBOUW EN
LANDSCHAPSARCHITECTUUR
Jean Gardeniers, Kees Gast, Harry Harsema,
Petra Leenknegt, Maarten van den Wijngaart
Uitgeverij Blauwdruk, Wageningen

DE GRONDMARKT VOOR
WONINGBOUWLOCATIES: BELANGEN EN
STRATEGIEËN VAN GRONDEIGENAREN
Arno Segeren
NAi Uitgevers/Publishers, Rotterdam;
Ruimtelijk Planbureau, Den Haag/The Hague

DE GROOTSTE BOUWWERKEN VAN DE MODERNE
TIJD
David Littlefield, Will Jones
Thoth, Bussum

GROUND-UP CITY: PLAY AS A DESIGN TOOL
Liane Lefaivre, Döll
Uitgeverij 010 Publishers, Rotterdam

DE HAAGSE SCHOOL: ARCHITECTUUR OM IN TE
LEVEN
Dorine van Hoogstraten
NAi Uitgevers/Publishers, Rotterdam

HEY HO, LET'S GO! POPPODIA IN NEDERLAND
Allard Jolles, Jaap van Beusekom (red./eds.)
NAi Uitgevers/Publishers, Rotterdam

INSIDE OUTSIDE: PETRA BLAISSE
Kayoko Ota (ed.)
NAi Uitgevers/Publishers, Rotterdam

JAN WILS: DE STIJL EN VERDER
Herman van Bergeijk
Uitgeverij 010 Publishers, Rotterdam

DE KUNST VAN DE VERSMELTING
J. Coenen
VSSD, Delft

KIJKEND NAAR NEDERLAND
Wim Derksen (red./ed.)
NAi Uitgevers/Publishers, Rotterdam;
Ruimtelijk Planbureau Nederland, Den
Haag/The Hague

LABORATORIUM ROTTERDAM: DECODE SPACE:
NIEUWE PERSPECTIEVEN VOOR DE PUBLIEKE
RUIMTE
Alex de Jong, Marc Schuilenburg
Stichting AIR, Rotterdam

LAS PALMAS: CULTUURPAKHUIS OP DE KOP VAN
ZUID
Frits Gierstberg; Ruud Visschedijk (red./eds.)
NAi Uitgevers/Publishers, Rotterdam

LEXICON VAN DE ARCHITECTUUR VAN DE
TWINTIGSTE EEUW
Vittorio Magnago Lampugnani
Boom, Amsterdam

LIGPLAATS AMSTERDAM
Marijke Beek, Jord den Hollander, Fransje
Hooimeijer, Ties Rijcken, Frank Bos
ARCAM, Amsterdam

MAATWERK: BIJDRAGEN VAN AWV, ROCHDALE EN
DELTA FORTE AAN DE VERNIEUWING VAN DE STAD
Thoth, Bussum

MEDIAPOLIS: POPULAIRE CULTUUR IN DE STAD
Alex de Jong, Marc Schuilenburg
Uitgeverij 010 Publishers, Rotterdam

METROPOLITAN WORLD ATLAS
Arjen van Susteren
Uitgeverij 010 Publishers, Rotterdam

MODELSTAD HOUTEN: DORP >GROEIKERN
>VINEX
Sjoerd Cusveller, Jutta Hinterleitner, Frank de
Josselin de Jong, Ivan Nio, Marinke Steenhuis
Uitgeverij Blauwdruk, Wageningen

MONUMENTEN VAN HERREZEN NEDERLAND:
101 RIJKSMONUMENTEN UIT DE
WEDEROPBOUW
RACM, Den Haag/The Hague

DE NEDERLANDSE ARCHITECTUUR 1000–2007
Mariëlle Hageman
Thoth, Bussum

DE NEDERLANDSE KASTELENGIDS
Thoth, Bussum

NEW EUROPEAN ARCHITECTURE 07–08
Hans Ibelings, Kirsten Hannema (eds.)
A10, Amsterdam

HET NIEUWE OMMELAND: VERANDERINGEN IN
STAD-LANDRELATIES
Willemieke Hornis, Jan Ritsema van Eck
NAi Uitgevers/Publishers, Rotterdam;
Ruimtelijk Planbureau, Den Haag/The Hague

NIJMEGEN ONTWIKKELT: CULTUURHISTORIE
AAN DE WAAL
Yana van Tienen
Thoth, Bussum

OASE 72: TERUG NAAR SCHOOL / BACK TO
SCHOOL
Johan Lagae, Mechtild Stuhlmacher, Bas van
der Pol (red./eds.)
NAi Uitgevers/Publishers, Rotterdam

OASE 73: GENTRIFICATION: STROMEN EN
TEGENSTROMEN / FLOWS AND COUNTERFLOWS
Pnina Avidar, Klaske Havik, David Mulder
(red./eds.)
NAi Uitgevers/Publishers, Rotterdam

OASE 74: INVENTION
Tom Avermaete, Christoph Grafe, Anne Holtrop
(red./eds.)
NAi Uitgevers/Publishers, Rotterdam

(ON)BEGRENSD LAND
De transformatie van de stadsrand van Haarlem
Frank Suurenbroek
Thoth, Bussum

ONLAND EN GEESTGROND
Steven van Schuppen
Boom, Amsterdam

OVERSTROMINGSRISICO ALS RUIMTELIJKE
OPGAVE
Leo Pols, Pia Kronberger, Nico Pieterse, Joost
Tennekes
NAi Uitgevers/Publishers, Rotterdam;
Ruimtelijk Planbureau, Den Haag/The Hague

PANORAMA NEDERLAND: LANDSCHAP EN
INFRASTRUCTUUR
Siebe Swart
Waanders, Zwolle

THE PAST IN THE PRESENT: ARCHITECTURE IN
INDONESIA
Peter J.M. Nas (ed.)
NAi Uitgevers/Publishers, Rotterdam

PAUL DE LEY
Tonny Claassen
ARCAM, Amsterdam

PERRON VAN EER: COOLHAVEN ALS BOUW- EN
BOUWKUNSTGALERIE
Jeroen Visschers (red./ed.)
Hogeschool Rotterdam

PERSPECTIEVEN OP HET LANDSCHAP
Marc Antrop
Gent, Academia Press

PLAN O: GIDS VOOR PLANNING EN ONTWERP
06–07
De Blauwe Kamer i.s.m./with BNSP en/and NVTL.

PROTOTYPEN: HET WERK VAN CEPEZED:
ARCHITECTUUR – PRODUCT – PROCES
Piet Vollaard (red./ed.)
Uitgeverij 010 Publishers, Rotterdam

REACHING BEYOND THE GOLD: THE IMPACT OF
GLOBAL EVENTS ON URBAN DEVELOPMENT
Tim van Vrijaldenhoven
Uitgeverij 010 Publishers, Rotterdam

RE-PUBLIC: NAAR EEN NIEUWE RUIMTE-
POLITIEK / TOWARDS A NEW SPATIAL POLITICS
Elma van Boxel, Kristian Koreman (Zus)
NAi Uitgevers/Publishers, Rotterdam

ROTTERDAM HERZIEN: DERTIG JAAR
ARCHITECTUUR 1977–2007
Piet Vollaard, Wijnand Galema
Uitgeverij 010 Publishers, Rotterdam

DE RUIMTELIJKE VRAAGSTUKKEN VAN DE
TOEKOMST VOOR DE BELEIDSAGENDA NU
J. Schuur
Ruimtelijk Planbureau, Den Haag/The Hague;
Milieu en Natuurplanbureau, Bilthoven

THE SCHOOLS OF HERMAN HERTZBERGER
Abraham de Swaan, Viebeke Gieskes
Uitgeverij 010 Publishers, Rotterdam

SPACE AND LEARNING
Herman Hertzberger
Uitgeverij 010 Publishers, Rotterdam

DE STAAT VAN RUIMTE 2007: NEDERLAND ZIEN VERANDEREN
Wim Derksen, Anton van Hoorn, Han Lorzir g,
Siebe Swart, Joost Tennekes
NAi Uitgevers/Publishers, Rotterdam;
Ruimtelijk Planbureau, Den Haag/The Hague

STEDENBOUW IN HET LANDSCHAP: PIETER VERHAGEN (1882–1950)
Marinke Steenhuis
NAi Uitgevers/Publishers, Rotterdam

SUBURBAN ARK
Duzan Doepel; Ton Matton; Wim Timmermans
Episode Publishers, Rotterdam

SUPERUSE: CONSTRUCTING NEW ARCHITECTURE BY SHORTCUTTTING MATERIAL FLOWS
Ed van Hinte, Jan Jongert, Césare Peeren
Uitgeverij 010 Publishers, Rotterdam

EEN SYMFONIE VAN ZES GEBOUWEN, ARCHITECT HAN WESTELAKEN
A&NP, Amsterdam

IR. C. B. VAN DER TAK JR., 1900–1977: STADSARCHITECT TUSSEN MODERNISME EN TRADITIE
Anton Groot, Max Cramer
Thoth, Bussum

TIEN JAAR STEDELIJKE VERNIEUWING: IN VIJFTIG TEKSTEN EN PROJECTEN
Esther Agricola, Gerben Helleman
NAi Uitgevers/Publishers, Rotterdam

TITUS MATIYANE: CITIES OF THE WORLD
NAi Uitgevers/Publishers, Rotterdam

DE TOEKOMST VAN SCHIPHOL
H. Gordijn, Arjan Harbers, Kersten Nabiciek,
Cees van der Veeren
NAi Uitgevers/Publishers / Ruimtelijk
Planbureau, Den Haag/The Hague

TRANSFORMATIE VAN KANTOORGEBOUWEN: THEMA'S, ACTOREN, INSTRUMENTEN EN PROJECTEN
Theo van der Voordt
Uitgeverij 010 Publishers, Rotterdam

URBAN POLITICS NOW: RE-IMAGINING DEMOCRACY IN THE NEO-LIBERAL CITY
BAVO (ed.)
NAi Uitgevers/Publishers, Rotterdam

VANZELFSPREKENDE SCHOONHEID: TUIN - EN LANDSCHAPSARCHITECT HANS WARNEAU
Gerrie Andela, Anja Guinee
Uitgeverij Blauwdruk, Wageningen

VIA VINEX: STRAATBEELD VAN 10 JAAR VINEX
Matthijs van 't Hoff, Gladys Jacobson, Martine
Leroi
Episode, Rotterdam

VINEXLOCATIE VOLGERLANDEN: IMPRESSIES VAN NEDERLANDS LANDSCHAP
Anne Bousema
Uitgeverij 010 Publishers, Rotterdam

VISIONARY POWER: PRODUCING THE CONTEMPORARY CITY
Christine de Baan, Joachim Declerck (eds.)
NAi Uitgevers/Publishers, Rotterdam

VMX ARCHITECTS AGENDA
Olav Klein, Angela Zondervan, Jeroen Visscher
Uitgeverij 010 Publishers, Rotterdam

VRIJHEID VAN CULTUUR: REGULERING EN PRIVATISERING VAN INTELLECTUEEL

EIGENDOM EN OPENBARE RUIMTE
Jorinde Sneijder
NAi Uitgevers/Publisher; SKOR, Amsterdam

WIMBY! HOOGVLIET – TOEKOMST, VERLEDEN EN HEDEN VAN EEN NEW TOWN
Crimson Architectural Historians,
Felix Rottenberg
NAi Uitgevers/Publishers, Rotterdam

W.G. WITTEVEEN EN ROTTERDAM
Noor Mens
Uitgeverij 010 Publishers, Rotterdam

WONEN IN OOST-EUROPA
Wim Kwekkeboom
Uitgeverij 010 Publishers, Rotterdam

THE WORLD ACCORDING TO CONCRETE
Timo de Rijk (ed.)
NAi Uitgevers/Publishers, Rotterdam

THE WRONG HOUSE: THE ARCHITECTURE OF ALFRED HITCHCOCK
Steven Jacobs
Uitgeverij 010 Publishers, Rotterdam

COLOFON
AKNOWLEDGEMENTS

ALLE GENOEMDE BEDRAGEN BIJ DE PROJECT-GEGEVENS ZIJN EXCL. BTW/ALL COSTS QUOTED IN THE PROJECT DETAILS ARE EXCL. VAT.

SAMENSTELLING/EDITED BY
DAAN BAKKER, ALLARD JOLLES, MICHELLE PROVOOST, COR WAGENAAR

TEKSTEN/TEXTS
DAAN BAKKER, ALLARD JOLLES, MICHELLE PROVOOST, COR WAGENAAR

SAMENSTELLING JAAROVERZICHT/YEAR IN REVIEW
INEKE SOETERIK

VORMGEVING/DESIGN
JOSEPH PLATEAU GRAFISCH ONTWERPERS, AMSTERDAM

VERTALING/TRANSLATION
ROBYN DE JONG-DALZIEL

BEELDREDACTIE/PICTURE EDITING
INGRID OOSTERHEERD

TEKSTREDACTIE/TEXT EDITING
ELS BRINKMAN

PROJECTLEIDING/PROJECT COORDINATOR
BARBERA VAN KOOIJ, NAi PUBLISHERS

UITGEVER/PUBLISHER
EELCO VAN WELIE, NAi PUBLISHERS

DRUK EN LITHOGRAFIE/PRINTING AND LITHOGRAPHY
DRUKKERIJ DIE KEURE, BRUGGE/BRUGES

ADVERTENTIES/ADVERTISMENTS
**RSM CO-PUBLISHERS
PAULUS POTTERSTRAAT 26
1071 DA AMSTERDAM
T +31 (0)20-3050550
F +31 (0)20-3050551
MAIL@RSMINFO.NL
WWW@RSMINFO.NL**

FOTO'S PROJECTEN/ PROJECT PHOTOS

ABN AMRO HISTORISCH ARCHIEF 37
JAN BARTELMANS 32, 33
JAN BITTER 144, 146
STIJN BRAKKEE 57, 58
CHRISTIAAN DE BRUIJNE 21
BUROBEB 6
HARRY COCK 102, 105
COURAGE 154, 155
JOSJE DEEKENS 122
GEMEENTEARCHIEF ROTTERDAM 58
FRANK HAASWIJK 15, 16, 17
ROB 'T HART 70, 72, 73, 87, 88, 89
SJAAK HENSELMANS 133, 134, 135
ALLARD VAN DER HOEK 80
ROB HOEKSTRA 19, 21L, 25
BASTIAAN INGENHOUSZ 107, 108, 109
LUUK KRAMER 18, 25, 28, 35, 36, 37, 66, 67, 68, 69, 79, 80, 81, 121, 123, 140, 142, 143
JOHN LEWIS MARSHALL (HOUTBLAD) 60-61
JANNES LINDERS 150, 151, 152, 153
ALEXANDER VAN DER MEER 112
STEFAN MÜLLER 134
JEROEN MUSCH 23, 24, 25B, 26, 27, 28, 29, 82, 83, 84, 104, 105B, 108, 109, 111, 112, 113, 148, 149
OTH 18
PROJECTBUREAU ROOMBEEK 78
CHRISTIAN RICHTERS 41, 62, 64, 65, 75, 76, 77
MARLIES ROHMER 113, 118
IEMKE RUIGE 99, 100, 101
DARIA SCAGLIOLA/STIJN BRAKKEE 39, 40, 41, 117, 118, 119
ARJEN SCHMITZ 30, 32, 33
SEARCH 77
STADSARCHIEF AMSTERDAM 14, 37
CHRYS STEEGMANS 114, 115
MARTIN THOMAS 137, 138, 139
WOUTER VELDHUIS 59, 60
FEDDE DE WEERT 20, 21

FOTO'S BEELDESSAY/PHOTOS VISUAL ESSAY

BRABANTBEELD 4
JEANNEWORKS 6
JAN HUSSLAGE/MARION MEHRL E.A. 7
RIJKSDIENST VOOR ARCHEOLOGIE, CULTUURLANDSCHAP EN MONUMENTEN (RACM) 42-43
RUIMTELIJK PLANBUREAU: HAN LÖRZING, ARJAN HARBERS EN SANDRA SCHLÜCHTER 44
MAARTEN LAUPMAN 45
WEST 8, URBAN DESIGN & LANDSCAPE ARCHITECTURE 90
FOTOGRAFIE RONALD TILLEMAN 92
RENÉ VAN ZUUK, LIESBETH VAN DER POL, MECANOO 93
JEROEN MUSCH 124
ALLE GENOEMDE BUREAUS/ALL FIRMS LISTED 126
BAS CZERWINKSKI 156 b/t
WEST 8, URBAN DESIGN & LANDSCAPE ARCHITECTURE 156 o/b
KARIN VLIEGER 158 b/t
ALLARD JOLLES 158 o/b
NEDERLANDS ARCHITECTUURINSTITUUT ROTTERDAM, KATRIEN FRANKE 159 b/t
NEDERLANDS ARCHITECTUURINSTITUUT ROTTERDAM, KEES SPRUIJT 159 o/b

NAi Uitgevers is een internationaal georiënteerde uitgever, gespecialiseerd in het ontwikkelen, produceren en distribueren van boeken over architectuur, beeldende kunst en verwante disciplines.
NAi Publishers is an internationally orientated publisher specialized in developing, producing and distributing books on architecture, visual arts and related disciplines.
www.naipublishers.nl info@naipublishers.nl

Available in North, South and Central America through D.A.P./Distributed Art Publishers Inc, 155 Sixth Avenue 2nd Floor, New York, NY 10013-1507, Tel. 212 627.1999 Fax 212 627.9484

Available in the United Kingdom and Ireland through Art Data, 12 Bell Industrial Estate, 50 Cunnington Street, London W4 5HB, Tel. 181-747 1061 Fax 181-742 2319

Printed and Bound in Belgium
ISBN 978-90-5662-050-9

Serie Terra XXL

Mosa. Tegels.

for inspiration

Forbo geeft de natuur de ruimte

Forbo Flooring werkt graag mee aan het creëren van ruimten die inspirerend én functioneel moeten zijn. Hierbij laten we ons inspireren door de natuur, door beeldende kunst, door de laatste designtrends én door onze intensieve samenwerking met architecten en interieurontwerpers. Dit ziet u terug in een veelheid aan verrassende en innovatieve collecties op het gebied van linoleum, consumentenvinyl, projectvinyl en projecttapijt. De ontelbare dessins, kleuren en natuurlijke materialen bieden ongekend creatieve (combinatie)mogelijkheden. Kijk voor meer inspiratie op www.forbo-flooring.nl.

creating better environments

FLOORING SYSTEMS

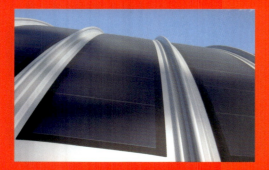

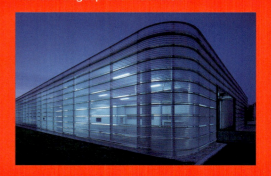

Kraanspoor, Amsterdam

Winnaar MIPIM 'Green Building' en 'Special Jury' award 2008

ING Real Estate is al decennia lang trendsetter op het gebied van duurzaamheid, met een uitgebreid track record aan duurzame en innovatieve ontwikkelingen.

Bij Kraanspoor is dit duidelijk zichtbaar; het bestaande kraanspoor is hergebruikt en het ontwerp van het gebouw is flexibel, waardoor het gemakkelijk geschikt kan worden gemaakt voor andere bestemmingen, zelfs voor wonen. Maar bovenal is het een inspirerend kantoorgebouw voor zowel werknemers als bezoekers!

Meer weten over hoe ING Real Estate duurzaamheid vertaalt in innovatieve projecten? Neem contact op met René Hersbach.

ING Real Estate Development
Postbus 90463
2509 LL Den Haag
Nederland
Telefoon +31 70 341 8612
www.ingrealestate.com

REAL ESTATE

WWW.INGREALESTATE.COM

Hans Ruijssenaars / Architect

Licht

Zonder licht waren wij er niet
was er geen verwondering
geen architectuur
licht is misschien wel het mooiste bouwmateriaal
altijd anders
altijd in beweging
onbarmhartig en kwetsbaar
geeft leven
maakt zichtbaar

licht

is